高等职业院校国家技能型紧缺人才培养工程规划教材

物流管理专业

电子商务物流

DIANZI SHANGWU WULIU

(第3版)

周云霞 主编　王智利 蔡业颖 副主编

電子工業出版社

Publishing House of Electronics Industry

北京 · BEIJING

图书在版编目（CIP）数据

电子商务物流 / 周云霞主编. —3 版. —北京：电子工业出版社，2015.1
高等职业院校国家技能型紧缺人才培养工程规划教材. 物流管理专业
ISBN 978-7-121-24790-3

Ⅰ. ①电… Ⅱ. ①周… Ⅲ. ①电子商务－物流－高等职业教育－教材 Ⅳ. ①F713.36②F252

中国版本图书馆 CIP 数据核字(2014)第 270118 号

策划编辑：刘露明
责任编辑：袁桂春
印　　刷：三河市鑫金马印装有限公司
装　　订：三河市鑫金马印装有限公司
出版发行：电子工业出版社
　　　　　北京市海淀区万寿路 173 信箱　邮编 100036
开　　本：787×980　1/16　印张：17.25　字数：377 千字
版　　次：2008 年 1 月第 1 版
　　　　　2015 年 1 月第 3 版
印　　次：2015 年 1 月第 1 次印刷
定　　价：38.00 元

高等职业院校国家技能型紧缺人才
培养工程规划教材·物流管理专业

编委会名单

出版说明

21 世纪既是一个竞争日益激烈的世纪，也是一个充满机遇的时代。随着我国经济的发展，物流管理与技术飞速发展的时代已经到来。物流人才被列为全国 12 种紧缺人才之一。为了满足经济建设与人才培养的需要，2005 年 9 月教育部推出了“高等职业教育物流管理专业紧缺型人才培养指导方案”（以下简称“指导方案”），它的颁布对全国高职院校起到了规范与引导的作用。

为了密切配合教育部此次推出的“指导方案”，满足培养物流技能型人才的需要，我们于 2005 年启动了“高等职业院校国家技能型紧缺人才培养工程规划教材 · 物流管理专业”的策划、组织与编写工作。本套教材出版多年来受到广泛好评，现已全面升级更新为第 3 版。

本套教材约由 20 本组成，由来自高等院校物流专业教学第一线的“双师型”教师参与编写，基本满足高职高专院校物流管理专业物流运输管理方向、仓储与配送方向、企业物流方向与国际物流方向的培养需求，并将突出以下几个特色：

- 以教育部新推出的“高等职业教育物流管理专业紧缺型人才培养指导方案”为依据，构建丛书框架结构与每本书的基本内容，从而符合物流管理专业教学指导委员会对本专业建设的规划与精神。
- 针对高职高专学生的特点、培养目标，控制内容深浅度、覆盖面及写作风格。
- 突出基础理论知识够用、应用和实践技能加强的特色；保持相对统一的活泼的编写体例与丰富的栏目。增加任务引领等综合实训内容。
- 在内容构建上，将学位教育与职业资格证书考试相结合，满足学生获得双证的需求。
- 写作上强调文图表有机结合，使内容与知识形象化，学生好学易记。
- 配套可免费下载的用于教学的 PPT 及习题参考答案（下载网址：www.hxedu.com.cn），使老师好用，学生好学。

本套教材主要作为高职高专院校物流管理专业的教材，也可供全国高等教育自学考试物流管理专业、初中级物流专业人才培训或物流行业从业人员的充电参考使用。希望本套教材对我国物流管理人才培养及物流行业的发展有所贡献。

全国高职高专教学研究与教材出版编委会

E-mail:lmliu@phei.com.cn

前 言

随着电子商务的迅猛发展，现代物流的重要性越来越为人们所重视，电子商务对传统物流提出了挑战。电子商务的任何一笔完整交易，都包含着几种基本的“流”，即信息流、商流、资金流和物流。物流虽然只是若干环节中的一部分，但往往是商品和服务价值的最终体现，如果没有处理好，前端环节的价值就无法体现。随着网络技术、信息技术的不断发展，电子商务物流的观念、方法及手段也在不断发展。如何建立电子商务物流体系，加强对电子商务物流的现代化管理，使其适应社会的需要，这些问题已成为当前电子商务物流实践的一个重要课题。

《电子商务物流》一书是电子工业出版社在对市场充分调研的基础上，根据全国电子商务、物流专业教学指导委员会制定的最新的课程与教学内容规划，并结合电子商务专业、物流专业方向特点，组织编写的一套“高等职业院校国家技能型紧缺人才培养工程规划教材·物流管理专业”教材之一，针对高职高专学生接受能力，突出基础理论知识够用、实践技能加强的特色；在内容构建上，将学位教育与职业证书考试相结合，满足学生获得双证的需求。本书可供高职高专电子商务专业、物流管理专业师生、相关职业证书考生、企业从业人员等使用。

本书主要从电子商务与现代物流的关系入手，系统地介绍在电子商务环境下现代物流系统设计、运营过程和成本控制、电子商务与供应链管理等。作者写作前大量地收集、分析、研究了国内外物流领域、电子商务领域最新研究成果和全球500强企业的物流实践经验，并参阅了大量同类教材、专著，力图在理论和实践上反映出企业物流管理的最新成果。

社会在快速发展变革，电子商务物流形式也发生了一定的变化，结合教改特点，苏州经贸职业技术学院周云霞老师主持了本书第3版的修订。本书第3版共10章，其中周云霞老师撰写第1、2、5、6章，并担任主编；广州航海高等专科学校王智利老师编写第9章，并担任副主编；广州航海高等专科学校蔡业颖老师编写第10章，并担任副主编；蔡业颖老师和苏州经贸职业技术学院杨浩军老师共同编写第7章；苏州经贸职业技术学院杨思东老师编写第4章；苏州经贸职业技术学院王翠老师编写第3章；苏州经贸职业技术学院刘桓老师编写第8章。

本书授课具体课时分配建议如表0-1所示。

表 0-1　课时分配表

内　　容	理论课时	实践课时	合计课时
第1章　认识电子商务与现代物流	4	0	4
第2章　电子商务物流系统	2	4	8
第3章　电子商务物流系统分析与设计	4	2	6
第4章　电子商务物流过程	4	6	10
第5章　电子商务物流配送	4	4	8
第6章　电子商务物流成本	2	2	6
第7章　电子商务物流管理	4	2	6
第8章　电子商务下的供应链管理	4	2	6
第9章　电子商务下的国际物流	4	2	6
第10章　电子商务物流相关法律问题	4	0	4
总课时	38	24	62

本书在编写过程中，参考并引用了许多学者的研究资料，作者尽可能在参考文献中列出，谨在此向他们一并表示衷心的感谢。由于时间仓促和水平有限，书中难免有不妥之处，欢迎读者批评指正。

编　者

目 录

第1章

认识电子商务与现代物流

学习目的

- 了解电子商务的含义、特点与分类；
- 掌握电子商务的流程；
- 理解现代物流的含义、功能与分类；
- 掌握电子商务与现代物流的关系；
- 掌握电子商务物流的概念与特点。

工作任务

电商物流之战

我国电商争夺战，最近呈现出新的特点：一是“价格战”稍歇，“物流战”升温；二是从专注大中城市，转向广袤的农村。农村电商物流热正在掀起。

各类大牌电商企业接连推出新举措，全面提升用户体验。京东商城宣称联合万家便利店实现“最快15分钟送达”的物流服务，将众电商企业逼入绝境。国美在线也不吃素，推出了“一日三达，晚就赔”服务，用户拍案叫绝。苏宁也不是省油的灯，从每天两送变成一日三送。当当网“玩的就是心跳”，进行物流大幅提速，70 %以上的订单将实现当日达或次日达，而且声称物流成本只有京东的70 %。电商大咖或自建物流，将供应链全程操控于股掌之间；或物流服务外包，有钱大家赚，推行合作共赢策略。无论何种模式，电商都打“物流牌”，将物流服务能力作为自己的核心竞争力。

电商热战的另一个特点，就是主战场从城市移到农村。高大上的电商企业纷纷跑到农村“刷墙”，已成一时风尚，诸如“生活想要好，赶紧上淘宝”、“老乡见老乡，购物去当当”标语，刷遍了农村院墙。乡土气息中弥漫着浓烈的商战氛围。我国农村网络基础不断向好，网民人口已占全国网民的28%，县乡农村电子商务正呈爆发式增长，网购增速已高于城市13个百分点。唯品会三四线以下城市的订单增幅超过200%。这些都是明显的信号，逼迫电商企业眼睛下沉：农村有着巨大的消费群体和巨大的农副产品外销市场。马云最近请了全国176个县的书记、县长到阿里做客，诱人的农村电商市场定是其动机所在。而让电商企业有底气将渠道下沉的根本原因，还是物流基础设施和物流服务能力的提升，社会的物流服务重心正向农村聚集。

此时，谁拥有农村最后一公里配送资源，谁就主宰农村电商主战场。中国邮政遍布中国城乡11.8万个营业网点，包括村邮站、三农服务站等，看得马云心里发痒，双方签署了战略合作协议。仅此一举，阿里就获得了邮政体系覆盖全国农村、城镇服务网点资源，进而克服了“四通一达”在乡村物流上的短板。众多电商企业都将下一步的物流着眼点向下延伸，着力打造四至六线城市以外的电商配送渠道。可以说，农村电商物流热战已悄然展开。

电商打物流牌，物流企业怎么办？大批的物流服务商，对农村物流资源，常因偏远、成本太高而不敢光顾。电商自建物流对于农村最后一公里是否奏效，尚待时间考验。专业化的物流公司一定有用武之地，可以成为农村物流主力军，因为整合物流资源，第三方物流企业有其得天独厚的优势。近日山东时时顺物流有限公司在全省发起的乡镇“物流超市”，让乡民在家门口送货取货，实现货物自乡镇到全国的往返循环运输，大大提升了车辆的实载率，吸引了大批物流企业加盟。大型快递企业也在寻求与其对接合作。“物流超市”大有星火燎原之势。谁能肯定，这种模式就不能成为农村物流的主流趋势呢？

（资料来源：倪玮. 电商物流之战. 物流时代，2014-8-8）

请思考

当今电子商务物流的发展趋势如何？电商企业如何选择物流运作模式？

1.1 电子商务概述

1.1.1 电子商务的定义

电子商务是指在互联网（Internet）、企业内部网（Intranet）和增值网（Value Added Network，VAN）上以电子交易方式进行交易活动和相关服务活动，是传统商业活动各环节的电子化、网络化。电子商务是IT和商务运行相结合而产生的，是一种新型的商务交易过程，是21世纪市场经济商务运行的主要模式，也是新经济含义下的一种主要经济方式。从某种意义上讲，电子商务是一种在21世纪高科技技术背景条件下，新型生产关系发展建立过程中所形成的一种新经济模式。

电子商务包括电子货币交换、供应链管理、电子交易市场、网络营销、在线事务处理、电子数据交换（EDI）、存货管理和自动数据收集系统。电子商务利用到的信息技术包括互联网、外联网、电子邮件、数据库、电子目录和移动电话等，买卖双方不谋面地进行各种商贸活动，实现消费者的网上购物、商户之间的网上交易和在线电子支付以及各种商务活动、交易活动、金融活动和相关的综合服务活动。

电子商务的概念模型如图 1-1 所示。

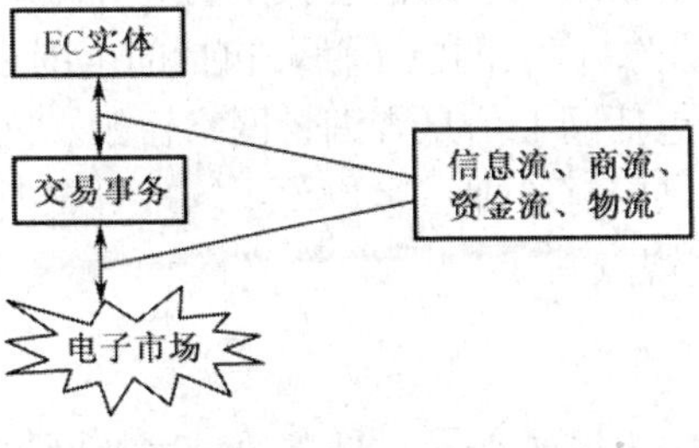

图 1-1　电子商务的概念模型

人们因自己所处的地位和对电子商务参与的角度和程度的不同，给出了许多不同的定义。

1. 世界电子商务会议对电子商务的定义

1997 年 11 月 6 日至 7 日在法国首都巴黎，国际商会举行了世界电子商务会议（The World Business Agenda For Electronic），该会议对电子商务制定了最权威的概念阐述：电子商务（Electronic Commerce，EC）是指实现整个贸易活动的自动化和电子化。电子商务涵盖的业务包括：信息交换、售前售后服务（如提供产品和服务的细节、产品使用技术指南、回答顾客意见等）、销售、电子支付（如使用电子资金转账、信用卡、电子支票、电子现金等）、运输（包括商品的发送管理和运输跟踪，以及可以电子化传送的产品）、组建网上企业等。

2. IBM 公司对电子商务的定义

IBM 公司在 1997 年首次提出了电子商务（Electronic Business，EB）的概念，它给电子商务下的定义是：电子商务是在因特网的广阔联系与传统信息技术系统的丰富资源相互结合的背景下，应运而生的一种在因特网上展开的相互关联的动态商务活动。电子商务有广义和狭义之分。狭义的电子商务称作电子交易，主要是利用网络提供的通信手段在网上进行的交易；而广义的电子商务是包括电子交易在内的，利用网络进行的全面的商业活动，如市场调查分析、财务核算、生产计划安排、客户联系、物资管理等，所有这些活动涉及企业的内外。

3. 上海市电子商务安全证书管理中心对电子商务的定义

电子商务是指采用数字化电子方式进行商务数据交换和开展商务业务活动。电子商务主要包括利用电子数据交换（Electronic Data Interchange，EDI）、电子邮件、电子资金转账（EFT）及因特网的主要技术在个人间、企业间和国家间进行无纸化的业务信息交换。

由以上定义可以分析出电子商务有广义与狭义之分。

4. 广义的电子商务

首先，电子商务是一种采用最先进的信息技术的商务方式。其次，电子商务的本质是商务。最后，对“广义”的理解，广义的电子商务包括的范围很广，既包括电子数据交换，也包括因特网电子商务；既包括网上信息查询、网络营销、网上广告等明显的电子商务活动，也包括企业资源计划、供应链管理、客户关系管理等企业信息化领域的诸多方面。这是以IBM公司为代表的主流观点。

5. 狭义的电子商务

狭义的电子商务一般也称为电子交易，是指通过因特网进行的商务活动。在大多数情况下，一般所说的电子商务概念就是狭义的电子商务。

1.1.2 电子商务的特点及分类

1. 电子商务的特点

（1）普遍性

电子商务作为一种新型的交易方式，将生产企业、流通企业以及消费者和政府带入了一个网络经济、数字化生存的新天地。

（2）方便性

在电子商务环境中，人们不再受地域的限制，客户能以非常简捷的方式完成过去较为繁杂的商业活动。如通过网络银行能够全天候地存取账户资金、查询信息等，同时使企业对客户的服务质量得以大大提高。

（3）整体性

电子商务能够规范事务处理的工作流程，将人工操作和电子信息处理集成为一个不可分割的整体，这样不仅能提高人力和物力的利用率，也可以提高系统运行的严密性。

（4）安全性

在电子商务中，安全性是一个至关重要的核心问题，它要求网络能提供一种端到端的安全解决方案，如加密机制、签名机制、安全管理、存取控制、防火墙、防病毒保护等，这与传统的商务活动有着很大的不同。

（5）协调性

商业活动本身是一种协调过程，它需要客户与公司内部、生产商、批发商、零售商间的协调。在电子商务环境中，它更要求银行、配送中心、通信部门、技术服务等多个部门的通力协作，电子商务的全过程往往是一气呵成的。

（6）集成性

电子商务以计算机网络为主线，对商务活动的各种功能进行了高度的集成，同时也对参加商务活动的商务主体各方进行了高度的集成，高度的集成性使电子商务进一步提高了效率。

2. 电子商务的分类

（1）按照交易主体分类

根据交易主体类型不同，电子商务可以分为多种类型：B2B、B2C、B2G、C2C、C2B、ABC、B2M、M2C、O2O、B2B2C、B2T 等。

1）B2B（Business to Business），即企业与企业之间通过互联网进行产品、服务及信息的交换。通俗地说就是，进行电子商务交易的供需双方都是商家（或企业、公司），它们使用 Internet 技术或各种商务网络平台，完成商务交易的过程。这些过程包括：发布供求信息，订货及确认订货，支付过程及票据的签发、传送和接收，确定配送方案并监控配送过程等。

2）B2C（Business to Customer），即企业与消费者之间的电子商务，是中国最早产生的电子商务模式，以 8848 网上商城正式运营为标志，如今的 B2C 电子商务网站非常多，比较大型的有天猫商城、京东商城等。

3）B2G（Business to Government），即企业与政府管理部门之间的电子商务，如政府采购、海关报税的平台、国税局和地税局报税的平台等。

4）C2C（Consumer to Consumer）同 B2B、B2C 一样，都是电子商务的几种模式之一。不同的是，C2C 是消费者对消费者的模式，C2C 商务平台就是通过为买卖双方提供一个在线交易平台，使卖方可以主动提供商品上网拍卖，而买方可以自行选择商品进行竞价。

5）C2B（Customer to Business）是电子商务模式的一种，即消费者对企业的电子商务。C2B 模式的核心是通过聚合分散分布但数量庞大的用户形成一个强大的采购集团，以此来改变 B2C 模式中用户一对一出价的弱势地位，使之享受到以大批发商的价格购买单件商品的利益。

6）ABC（Agents to Business to Consumer）模式是新型电子商务模式的一种，被誉为继阿里巴巴 B2B 模式、京东商城 B2C 模式以及天猫 B2D 模式、淘宝 C2C 模式之后电子商务界的第五大模式。它是由代理商（Agents）、商家（Business）和消费者（Consumer）共同搭建的集生产、经营、消费为一体的电子商务平台。

7）B2M（Business to Manager）是相对于 B2B、B2C、C2C 的电子商务模式而言的，

是一种全新的电子商务模式。这种电子商务相对于以上三种有着本质的不同，其根本区别在于目标客户群的性质不同，前三种的目标客户群都是作为一种消费者的身份出现的，而 B2M 所针对的客户群是该企业或该产品的销售者或为其工作者，而不是最终消费者。

8）M2C（Manager to Consumer）是针对 B2M 的电子商务模式而出现的延伸概念。在 B2M 环节中，企业通过网络平台发布该企业的产品或服务，职业经理人通过网络获取该企业的产品或服务信息，并且为该企业提供产品销售或者提供企业服务，企业通过经理人的服务达到销售产品或获得服务的目的。而在 M2C 环节中，经理人将面对 Consumer，即最终消费者。

9）O2O（Online to Offline）是新兴起的一种电子商务新商业模式，即将线下的商务机会与互联网结合在一起，让互联网成为线下交易的前台。这样线下服务就可以用线上来揽客，消费者可以用线上来筛选服务，另外，成交可以在线结算，很快达到规模。该模式最重要的特点是：推广效果可查，每笔交易可跟踪。

10）B2B2C（Business To Business To Customers）是一种新的网络通信销售方式。第一个 B 指广义的卖方（成品、半成品、材料提供商等），第二个 B 指交易平台，即提供卖方与买方的联系平台，同时提供优质的附加服务，C 指买方。卖方不仅仅是公司，可以包括个人，即一种逻辑上的买卖关系中的卖方。

11）B2T（Business To Team）是继 B2B、B2C、C2C 后的又一电子商务模式。B 是通常意义上的商家，而 T 则指的是团队，简单来说，B2T 就是企业对团队的模式。团购 B2T 本来是“团体采购”的定义，而今，网络的普及让团购成为很多中国人参与的消费革命。所谓网络团购，就是互不认识的消费者，借助互联网的“网聚人的力量”来聚集资金，加大与商家的谈判能力，以求得最优的价格。尽管网络团购的出现只有短短两年多的时间，却已经成为在网民中流行的一种新消费方式。据了解，网络团购的主力军是 25 ~ 35 岁的年轻群体，在北京、上海、深圳等大城市十分普遍。

（2）按照商务活动内容分类

按照商务活动内容分类，电子商务主要包括两类商业活动：一是间接电子商务，即有形货物的电子订货，它仍然需要利用传统渠道，如邮政服务和商业快递车送货；二是直接电子商务，即提供无形货物和服务，如计算机软件、娱乐内容的联机订购、付款和交付及全球规模的信息服务。直接和间接电子商务均有各自的特色，同一家公司往往二者兼营。间接电子商务要依靠一些外部要素，如运输系统的效率等。直接电子商务能使双方越过地理界限而直接进行交易，充分挖掘全球市场的潜力。区分两类商业活动的主要标志是物流环节是在网上还是在网下进行。

（3）按照使用网络类型分类

根据使用网络类型的不同，电子商务目前主要有 3 种形式：EDI（电子数据交换）商务、Internet 商务、Intranet 商务。

1）EDI 商务。EDI 是“将商务或行政事务按照一个公认的标准，按照从计算机到计算机的电子传输方法形成结构化的事务处理或文档数据格式”。简单地说，EDI 就是按照商定的协议，将商业文件标准化和格式化，并通过计算机网络，在贸易伙伴的计算机网络系统之间进行数据交换和自动处理。这种形式主要应用于企业与企业、企业与批发商、批发商与零售商之间的批发业务。与传统的订货和付款方式相比，EDI 大大节约了时间和费用。相对于 Internet，EDI 较好地解决了安全保障问题。但是，由于 EDI 必须租用 EDI 网络上的专线，即通过购买增值网服务才能实现，费用较高；而且还需要有专业的 EDI 操作人员，同时需要贸易伙伴使用 EDI，因此阻碍了中小企业使用 EDI。

2）Internet 商务。Internet 是按照美国因特网协会的定义，因特网是一种“组织松散、国际合作的互联网络”。该网络通过自主遵守计算的协议（TCP/IP）和过程，支持主机对主机的通信。

Internet 商务是国际现代商业的最新形式。它以计算机、通信、多媒体、数据库技术为基础，通过因特网，在网上实现营销、购物服务。它突破了传统商业生产、批发、零售及进、销、存、调的流转程序与营销模式，真正实现了少投入、低成本、零库存、高效率，避免了商品的无效搬运，从而实现了社会资源的高效运转和最大节余。消费者可以不受时间、空间、厂商的限制，广泛浏览、充分比较、模拟使用，力求以最低的价格获得最为满意的商品和服务。

3）Intranet 商务。Intranet 是在 Internet 基础上发展起来的企业内网。它在原有的局域网上附加了一些特定的软件，将局域网与 Internet 连接起来，从而形成企业内部的虚拟网络。Intranet 与 Internet 之间的最主要的区别在于 Intranet 内的敏感度或享有产权的信息受到企业防火墙安全网点的保护，它只允许有授权者介入内部网络站点，外部人员只有在许可条件下才可进入企业的 Intranet。Intranet 将大、中型企业分布在各地的分支机构及企业内部有关部门和各种信息通过网络予以连通，使企业各级管理人员能够通过网络读取自己所需的信息，利用在线业务申请和注册代替纸张贸易和内部流通的形式，从而有效地降低了交易成本，提高了经营效益。

1.1.3　电子商务的流程

电子商务的一般流程可简要描述如下：

- 企业将商品信息通过网络展示给客户，客户通过因特网访问网站，选择需要购买的商品，并填写订单。
- 企业通过订单确认客户，告之收费方法，同时通知自己的应用系统组织货源程序。
- 客户通过电子结算与金融部门交互执行资金转移。

- 金融部门通过电子邮件（或其他方式）通知买卖双方资金转移的结果。
- 企业组织货物，并送达到客户手中。

从上述电子商务的实际流程中可见，电子商务是集信息流、商流、资金流、物流于一身，是整个的贸易交易过程，如图 1-2 所示。

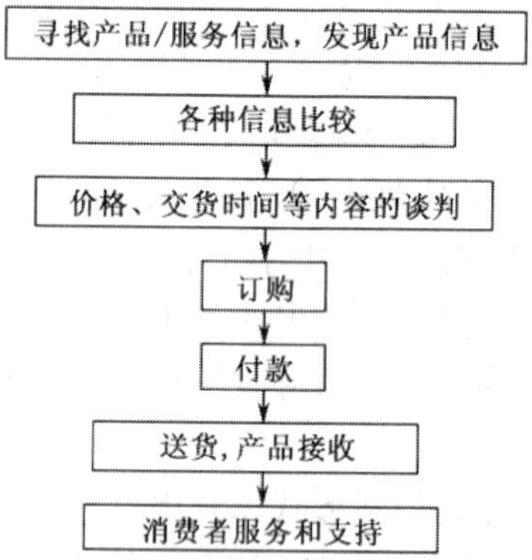

图 1-2 电子商务的一般流程

1.1.4 电子商务的功能

电子商务可提供网上交易和管理等全过程的服务。因此，它具有广告宣传、咨询洽谈、网上订购、网上支付、电子账户、服务传递、意见征询、交易管理等各项功能。

1. 广告宣传

电子商务可凭借企业的 Web 服务器和客户的浏览，在 Internet 上发播各类商业信息。客户可借助网上的检索工具迅速找到所需商品信息，而商家可利用网上主页和电子邮件在全球范围内作广告宣传。与以往的各类广告相比，网上广告成本最为低廉，而给顾客的信息量却最为丰富。

2. 咨询洽谈

电子商务可借助非实时的电子邮件、新闻组和实时的讨论组来了解市场和商品信息、洽谈交易事务，如有进一步的需求，还可用网上的白板会议来交流即时的图形信息。网上的咨询和洽谈能超越人们面对面洽谈的限制、提供多种方便的异地交谈形式。

3. 网上订购

电子商务可借助 Web 中的邮件交互传送实现网上订购。网上订购通常都是在产品介绍的页面上提供十分友好的订购提示信息和订购交互格式框。当客户填完订购单后，通常系统会回复确认信息单来保证订购信息的收悉。订购信息也可采用加密的方式使客户和商家的商业信息不会泄露。

4．网上支付

电子商务要成为一个完整的过程，网上支付是重要的环节。客户和商家之间可采用信用卡账号实施支付。在网上直接采用电子支付手段可省略交易中很多人员的开销。网上支付需要更为可靠的信息传输安全性控制以防止欺骗、窃听、冒用等非法行为。

5．电子账户

网上支付必须要有电子金融来支持，即银行或信用卡公司及保险公司等金融单位要为金融服务提供网上操作的服务，而电子账户管理是其基本的组成部分。信用卡号或银行账号都是电子账户的一种标志，其可信度需配以必要技术措施来保证，如数字凭证、数字签名、加密等手段的应用提供了电子账户操作的安全性。

6．服务传递

对于已付款的客户应将其订购的货物尽快地传递到他们的手中。有些货物在本地，有些货物在异地，而电子邮件能将货物在网络中进行物流的调配。最适合在网上直接传递的货物是信息产品，如软件、电子读物、信息服务等，它能直接从电子仓库中将货物发到客户端。

7．意见征询

电子商务能十分方便地采用网页上的“选择”、“填空”等格式文件来收集用户对销售服务的反馈意见。这样使企业的市场运营能形成一个封闭的回路。客户的反馈意见不仅能提高售后服务的水平，更使企业获得改进产品、发现市场的商业机会。

8．交易管理

整个交易的管理将涉及人、财、物多个方面，企业和企业、企业和客户及企业内部等各方面的协调和管理。因此，交易管理是涉及商务活动全过程的管理。电子商务的发展将会提供一个良好的交易管理的网络环境及多种多样的应用服务系统，保障电子商务获得更广泛的应用。

1.1.5　电子商务的产生与发展

电子商务早期的形式是 EDI，EDI 最初的想法来自美国运输业。1968 年，美国运输业的许多公司联合成立了一个运输数据协调委员会（Transportation Data Coordinating Committee，TDCC），研究开发电子通信标准的可行性。这个委员会提出的方案形成了 EDI 的基础。1970 年，美国银行家协会（American Bankers Association）的一个研究委员会开发了无纸金融信息传递的美国全国结算系统，并提出了行业标准。1972 年美国第一个自动票据交换所系统成立。1975年TDCC发表了第一个EDI标准。1978年，美国全国性EDI委员会——X12委员会成立。1981年，该委员会出版了第一套EDI标准。1989年，美国公布了重新修订的《统一法典4A编—资金划拨草案》，规范了电子商务中的资金划拨问题，EDI的应用逐渐成为现实。

1987年，联合国公布了EDI运作标准UN/EDIFACT（United Nations Rules for Electronic Data Interchange for Administration，Commerce and Transport），并且每年进行修订。1990年3月正式推出了UN/EDIFACT标准，并被国际标准化组织正式接受为国际标准ISO 9735。联合国为此成立了联合国贸易网络组织。1996年12月18日，联合国贸易网络组织中国发展中心（CNTPDC）在北京成立，1996年12月24日北京海关与中国银行北京分行在中国首次开通EDI通关电子划款业务，并成为联合国贸易网络组织的成员。

1．因特网商业的发展状况

现在，世界因特网的使用人数呈级数增长。一份最新的研究报告显示，到2014年年底，全球互联网用户数量将逼近30亿户。如此众多的使用者，为电子商务的广泛应用奠定了良好的群众基础。因特网商业的发展也是伴随着因特网用户的急剧增加而迅速膨胀的。

因特网商业这种迅猛发展的势头引起人们的众多推测。许多调查公司、学者对未来因特网的市场潜力进行了预测。IBM公司的欧洲、中东、非洲网络计算机营业部副总裁汤姆逊预测，因特网将发展成为“全世界最广大、最深厚、最快捷和最安全的市场，在因特网上实现的购物和服务交易额将不少于1万亿美元”。一家名为Input的民间调查公司预测：网络购物将以200%以上的年增长幅度上升。伴随着呈级数发展的现代信息技术，电子商务必将取得更大更快的发展。

2．我国电子商务发展概况

（1）起步期

1990—1993年，电子数据交换时代，成为中国电子商务的起步期。

（2）雏形期

1993—1997年，政府领导组织开展“三金工程”阶段，为电子商务发展期打下坚实基础。

1993年，成立以时任国务院副总理邹家华为主席的国民经济信息化联席会议及其办公室，相继组织了金关、金卡、金税等“三金工程”，取得了重大进展。

1996年1月，成立国务院国家信息化工作领导小组，由副总理任组长，20多个部委参加，统一领导组织中国信息化建设。

1996年，全桥网与因特网正式开通。

1997年，信息办组织有关部门起草编制中国信息化规划。

1997年，中国第一家垂直互联网公司——浙江网盛科技股份有限公司（浙江网盛生意宝股份有限公司）诞生。

1997 年 4 月，在深圳召开全国信息化工作会议，各省市地区相继成立信息化领导小组及其办公室，各省开始制定本省包含电子商务在内的信息化建设规划。

1997 年，广告主开始使用网络广告。

1997 年 4 月以来，中国商品订货系统（CGOS）开始运行。

（3）发展期

1998—2000 年，互联网电子商务发展阶段。

1998 年 3 月，中国第一笔互联网网上交易成功。

1998 年 10 月，国家经贸委与信息产业部联合宣布启动以电子贸易为主要内容的“金贸工程”，它是一项推广网络化应用、开发电子商务在经贸流通领域的大型应用试点工程。

1999 年 3 月，8848 等 B2C 网站正式开通，网上购物进入实际应用阶段。

1999 年，兴起政府上网、企业上网，电子政务（政府上网工程）、网上纳税、网上教育（湖南大学、浙江大学网上大学）、远程诊断（北京、上海的大医院）等广义电子商务开始启动，并进入实际试用阶段。

（4）稳定期

2000—2009 年，电子商务逐渐以从传统产业到 B2B 为主体，标志着电子商务已经进入可持续性发展的稳定期。

（5）成熟期

3G 的蓬勃发展促使全网全程的电子商务 V5 时代成型，电子商务受到国家高层的重视，并提升到国家战略层面。

1.2　现代物流概述

1.2.1　现代物流的含义

1．物流的产生

物流的产生可以追溯到 20 世纪初，美国经济学家提出了“物的流通”概念，但真正完整的物流概念和理论都是在第二次世界大战中形成的。

最早关于物流的概念是 1915 年由阿奇·萧（Arch W.Shaw）提出的。他在《市场分销中的若干问题》一书中首次提出了物流（Physical Distribution, PD）的概念，有的人把它翻译成“实物分销”，也有的翻译成“物流”，这就是最早的物流概念。

1935 年，美国销售协会进一步阐述了物流的概念：物流是包含于销售之中的物质资料和服务，在从生产场所到消费场所的流动过程中所伴随的种种经济活动。

第二次世界大战后，西方经济进一步发展，生产力水平进一步提高，需求规模进一步扩大，市场竞争进一步加剧，进入大量生产、大量销售时期。这时候，为了进一步扩大市场占有率、降低流通成本，企业和社会就更加关注物流，把军事后勤管理的理论引入经济部门，应用于流通领域和生产经营管理全过程中所有与物品获取、运送、存储、分销有关的活动，并取得了很好的效果。

表现特别突出的是在 20 世纪 50 年代的日本。当时，日本正处于经济高速成长期，出现了大量生产、大量流通的局面，生产规模的迅速扩大导致流通基础设施严重不足。1956 年，日本向美国派出“流通技术专业考察团”，该考察团在美国发现，美国人讲的 PD 涉及大量的流通技术，可提高流通的劳动生产率，于是在考察报告中对 PD 进行了介绍。

随后，这一概念引起了日本产业界的重视，日本人把 PD 译为“物的流通”，1965 年更进一步简化为物流。在物流理论的指导下，物流技术成为人们关心的重点，通过加强道路、港口和公路等物流基础设施建设，实现运输手段的大型化、专用化和高速化，建造物流中心、配送中心，以提高货物的处理能力及商品供应效率。这样不但降低了流通成本，还扩大了市场，提高了服务水平，取得了显著的效果。

到了 20 世纪 80 年代末，人们已经对物流概念有了较全面深刻的认识，认为原来的 PD 作为物流的概念已经不够确切。因为它只能描述分销物流，而实际上物流不仅包括分销物流，还包括购进物流、生产（制造）物流、回收物流、废弃物物流、再生物流等多个方面，应该是一个闭环的全过程，就像军事后勤管理（Logistics Management）所包含的内容一样广泛，并逐渐认识到用 Logistics 作为物流的概念更合适一些。20 世纪 80 年代末、90 年代初，人们逐渐把 Logistics 作为物流的正式概念。此后，Logistics 逐渐取代 PD，成为“物流”的概念和英文名词。日本物流界使用 Logistics 读音构成的外来语作为物流的概念名称，以此和汉字表达的“物流”相区别，这些都是物流科学走向成熟的标志。

1979 年，我国物资工作者代表团赴日考察，在考察报告中第一次引用“物流”这一术语。早在计划经济年代，国家组织过物流试点，如产、供、销一条龙、储运公司等形式，但由于经济体制的问题，没有显示出物流的特有优点，试点也只是流于形式。当时接受的概念是 PD，译成物流。因此，我国许多文献中也是按 PD 的概念来阐述物流的，并一直沿用到 20 世纪 90 年代初。自 20 世纪 90 年代初以来，中文虽然仍然叫物流，但是翻译成英文时都用 Logistics，不用 PD。20 世纪 90 年代中期，我国市场经济发展达到一定程度，特别是电子商务的出现与发展，把物流推向一个崭新的发展阶段，形成了自 20 世纪 90 年代末以来不断升温的“物流热”。

改革开放后，1989 年在北京召开第八届国际物流会议，物流一词在我国得到推广，理论界开始对物流进行较深入的讨论。随着中国经济体制改革、企业产权关系明晰，企业界开始认识物流在企业发展中的作用，我国对物流的研究也从理论范畴走向生产领域。

20 世纪 90 年代中期，在建设社会主义市场经济的过程中，物流概念又一次被实业界和政府所关注。1996 年，为满足宝洁公司物流配送的需要，宝洁公司选中了宝供物流公司，标志着我国物流企业——第三方物流的诞生。

20 世纪 90 年代末，海尔物流也应运而生，标志着我国第一方物流的诞生。此后，中远物流、中外运物流、中海物流、华润物流、招商局物流等中国的物流“巨人”纷纷亮相，海外的物流企业如马士基物流、APL 物流、UPS 物流、FedEx 物流也竞相登陆，许多运输和仓储公司都挂上物流公司的牌子。此时理论界对物流的功能和作用达成了共识。

进入 21 世纪，我国各级政府也在全力推进物流，物流在中国的发展出现一片欣欣向荣的局面。

2．物流的定义

物流（Logistics）是指为物品及其信息流动提供相关服务的过程。

物流活动（Logistics Activity）是指物流过程中的运输、储存、装卸、搬运、包装、流通加工与信息处理。

现代物流是指在信息网络平台基础上，以信息技术为支撑，对各种物流资源进行优化处理，最大限度地降低物流成本，提高物流效率，满足客户对物流服务的需求过程。

1.2.2　现代物流的分类

现代物流分类如表 1-1 所示。

表 1-1　现代物流分类

分类标准	类　型	说　明
物流活动涉及的空间和范围	国际物流	是现代物流系统发展快、规模大的一个物流领域，是伴随和支撑国际经济交往、贸易活动和其他国际交流所发生的物流活动
	区域物流	相对于国际物流而言，是一个国家范围内的物流、一个城市的物流或一个经济区域的物流
物流系统性质	社会物流	指超越一家一户的以一个社会为范畴面向社会为目的的物流
	行业物流	在一个行业内部发生的物流活动
	企业物流	从企业角度研究与之有关的物流活动，是具体的、微观的物流。可细分为企业生产物流、企业供应物流、企业销售物流、企业回收物流、企业废弃物物流等
在社会再生产过程中的作用	供应物流	生产、流通企业或消费者购入原材料、零部件或商品的物流
	销售物流	生产、流通企业售出产品或商品的物流
	生产物流	在制造业中，从工厂的原材料购进入库起，直到工厂成品库的发送为止的物流

续表

分类标准	类　型	说　明
在社会再生产过程中的作用	回收物流	在生产或流通中一些要回收并加以利用的资材而产生的物流
	废弃物物流	生产或流通中所产生的无用废弃物的物流
	企业自营物流	指企业自身经营物流
	专业子公司物流	指部分电子商务企业采取把自己的一部分职工分离出来，成立物流子公司的物流经营方式
	第三方物流	指由供方与需方以外的物流企业提供物流服务的业务模式
物流活动的主体	一般物流	指物流活动的共同点和一般性，物流活动的一个重要特点是涉及全社会、各企业，因此物流系统的建立及物流活动的开展必须有普遍适用性
	特殊物流	带有特殊的制约因素、应用领域、管理方式、劳动对象、机械装备特点的物流皆属于特殊物流范围

1.2.3　现代物流的功能

1．物流的总体功能

（1）组织“实物”进行物理性的流动

这个物理性运动的动力来自以下几个方面：

- 生产活动和工作活动的需求；
- 生活活动和消费活动的需求；
- 流通活动的需求；
- 军事活动的需求；
- 社会活动、公益活动的需求。

（2）实现对用户的服务

实现对用户的服务是物流的总体功能。某些物流活动具有“利润中心”、“成本中心”等作用，但所有的物流活动无一例外地具有服务这个共同的功能特性。

2．物流的具体功能

（1）主体功能

1）运输。在物流中的运输，主要是指物流企业或受货主委托的运输企业，为了完成物流业务所进行的运输组织和运输管理工作。例如，生产过程中的原材料运输，半成品、成品的运输，包装物的运输；流通过程中的物资运输、商品运输、粮食运输及其他货物运输；回收物流过程中的各种回收物品的分类、捆装和运输；废弃物物流过程中的各种废弃物包括垃圾的分类和运输等。

无论哪种物流，都离不开运输作业，也可以说，运输工作是物流的中心业务活动。同时无论哪种运输，都追求同一个目标，即最大限度地实现运输合理化。

2）储存。这里所说的储存，主要是指生产储存和流通储存。例如，生产企业为了维持连续生产而进行的原材料储存、零部件储存；商业企业和物资企业为了保证供应、避免脱销所进行的商品储存和物资储存；在回收物流过程中，为了分类、加工和运送而进行的储存；在废弃物物流过程中，为了进行分类和待处理的临时储存等。

这些储存业务活动，除了保证社会生产和供应外，也要实现储存合理化。为了要做到储存合理化，需要采取一些措施。例如，国外有的工厂实现“零库存”措施，即按计划供应，随用随送，准时无误，避免积压原材料和资金。

3）配送。配送是物流业中一种新的服务形式，它的业务活动面很广。例如，物资供应部门给工厂的配送；商业部门给消费者的配送；工矿企业内部的供应部门给各个车间配送原材料、零部件等。配送业务强调及时性和服务性。

（2）辅助功能

在由储存、运输和配送构建的物流体系框架中，还存在着诸多辅助功能。这些辅助功能，就整个物流体系而言是不可缺少的，甚至可以说，这些辅助功能同样存在于每次细微的物流活动中。

1）包装。包装是物流的重要职能之一，包装不仅是为了商品销售，在物流的各个环节——运输、储存、装卸、搬运当中，都需要包装。特别是在运输和装卸作业时，必须强调包装加固，以避免商品破损。

我国每年由于包装不善和包装过度，给国家造成相当惊人的损失，据统计每年损失为 100 亿元以上。

2）装卸搬运。装卸搬运是物流业务中经常性的活动。无论是生产物流、销售物流及其他物流，还是运输、储存或其他物流作业活动，都离不开物品的装卸搬运。所以说，装卸搬运在整个物流业务活动中也是一项很重要的职能。

3）流通加工。流通加工是指产品已经离开生产领域，进入流通领域，但还未进入消费领域时，为了销售和方便顾客而进行的加工。

流通加工是生产过程在流通领域内的继续，也是物流功能的一个重要发展。无论是生产资料还是生活资料，都有一部分物资和商品，必须在商业或物资部门进行加工后，才便于销售和运输，如钢材的剪裁、木材的切割、粮食的包装等。

4）物流信息处理。物流信息是连接物流过程中各个环节业务活动的链条，也是开展、完成物流事业的重要阶段。

在物流工作中，每日都有大量的物流信息产生，如订货、发货、配送、结算等，都需要及时进行信息处理，才能顺利完成物流任务。信息的积压或处理失当，都会给物流业务活动带来不利影响。因此，如何接收、整理并及时处理物流信息，也是物流的重要功能之一。

1.2.4　现代物流的特点

1．反应快速化

现代物流服务提供者对上游、下游的物流、配送需求的反应速度越来越快，前置时间越来越短，配送间隔越来越短，物流配送速度越来越快，商品周转次数越来越多。

2．功能集成化

现代物流着重于将物流与供应链的其他环节进行集成，包括物流渠道与商流渠道的集成、物流渠道之间的集成、物流功能的集成、物流环节与制造环节的集成等。

3．现代物流是货物流、信息流和资金流的统一

现代物流通过供应链的概念建立起对企业供产销全过程的计划和控制，从整体上完成最优化的生产体系的设计和运营，在利用现代信息技术的基础上，实现了货物流、信息流和资金流的有机统一，降低了社会生产总成本，从而使供应商、厂商、销售商、物流服务商及最终消费者达到共赢的战略目的。

4．现代物流与电子商务结合紧密

电子商务的推广加快了世界经济的一体化，使物流在商务活动中占有举足轻重的地位。电子商务带来对物流的巨大需求，推动了物流的进一步发展，而物流同时也在促进电子商务的发展。实践表明，凡是电子商务蓬勃发展的企业，必定是物流技术发达、物流服务到位的企业；相反，由于缺乏及时配送等物流服务，将会导致电子商务发展困难。

1.3　电子商务与物流的关系

电子商务的迅速发展引发了交易方式的创新，更重要的是流通模式的变革。在电子商务的发展过程中，作为支持有形商品网上商务活动的物流，已经成为有形商品网上交易活动能否顺利进行的一个关键因素。没有一个有效的、合理的、畅通的物流体系，电子商务所具有的优势就难以发挥，同时电子商务也难以得到有效的开展。电子商务在促进我国物流业由传统模式向现代模式的转变中，发挥着不可替代的作用。

1.3.1　电子商务影响物流的发展

1. 电子商务要求物流实现信息化、自动化和智能化

电子商务的发展要求物流实现信息化，因为电子商务的一个优点是能够保证企业与各级客户间的即时互动，企业能够与客户一起就产品的设计、质量、包装、交付条件、售后服务等进行交流。这些要求物流系统每个功能环节中提供即时信息支持，在信息化的基础上，物流才能实现自动化，从而提高物流的效率。电子商务要求物流实现智能化，以提高物流的现代化水平，物流的智能化已成为电子商务下物流发展的一个新趋势。

相关链接　　尤尼西斯公司的配送改进

尤尼西斯公司在采用了 EDI 的 MRP 系统后，将其欧洲区的 5 个配送中心和 14 个辅助仓库缩减为 1 个配送中心。在企业保留若干地区性仓库以后，更多的仓库被改造为配送中心。由于存货的控制能力变强，物流系统中仓库的总数减少。随着运营管理政策的逐步放宽，更多的独立承运人将为企业提供更加专业化的配送服务，配送的服务半径也将加大。

2. 电子商务提高物流的运作效率

电子商务使企业可寻求物流的合理化，使商品实体在实际的运动过程中达到效率最高、费用最省、距离最短、时间最少。电子商务对物流的最大影响就是，提高运输速度以缩短客户在网络中产生的产品虚拟可得性与产品实际可得性之间的差距。

相关链接　　耐克公司通过电子数据交换与供应商联系

著名的耐克公司，从 1999 年开始改用电子数据交换（EDI）方式与其供应商联系，直接将成衣的款式、颜色和数量等条件以 EDI 方式下单，并将交货期缩短至 3～4 个月。它同时要求供应布料的织布厂先到美国总公司上报新开发的布样，由设计师选择合适的布料设计为成衣款式后，再下单给成衣厂商生产，而且成衣厂商所使用的布料也必须是耐克公司认可的织布厂生产的。这样一来，织布厂必须提早规划新产品供耐克公司选购。但由于布料是买主指定，买主给予成衣厂商订布的时间缩短，成衣厂商的交货期也就越来越短，从以往的 180 天缩短为 120 天甚至 90 天。显然，耐克公司的库存压力减轻了，但成衣厂商为了提高产品的可得性就必须对织布厂提出快速交货的要求。这时织布厂将面临要么增加基本原材料的存货，要么投资扩大其新产品的开发能力。

3. 电子商务改变物流企业的竞争状态

在传统经济活动中，物流企业之间的竞争往往是依靠本企业提供优质服务、降低物流

费用等方面来进行的。在电子商务时代，这些竞争内容虽然依然存在，但有效性大大降低，原因在于电子商务需要一个全球性的物流系统来保证商品实体的合理流动，而单个企业难以达到这一要求，这就要求物流企业在竞争中形成一种协同竞争的状态，在相互协同实现物流高效化、合理化、系统化的前提下相互竞争。

4．电子商务将促进物流基础设施的改善、物流技术与物流管理水平的提高

电子商务高效率和全球性的特点要求物流相应改善基础设施，同时也要求物流提高技术水平，以提高物流的效率。此外，物流管理水平的高低直接决定和影响着物流效率的高低，也影响着电子商务高效率优势的实现。只有提高物流的管理水平，建立科学合理的管理制度，将科学的管理手段和方法应用于物流管理当中，才能确保物流的畅通进行，实现物流的合理化和高效化，促进电子商务物流的发展。

5．电子商务对物流人才提出了更高的要求

电子商务要求物流管理人员不仅要具有较高的物流管理水平，而且要具备较高的电子商务知识，并且在实际的运作过程中，将二者进行有机结合。

1.3.2 现代物流助推电子商务的发展

电子商务的发展需要现代物流的支撑。与传统交易模式相同，电子商务是商流、信息流、物流、资金流的统一。在电子商务模式下，商流、资金流、信息流都可以通过网络虚拟化实现，而最终的资源配置，还是需要通过商品的实体转移来实现的，这就离不开物流服务的支撑。现代物流业是融合运输业、仓储业、货代业和信息业等的复合型服务产业，与电子商务类似，都是通过对原有资源的重组整合形成的新兴业态模式。

1．专业化服务要求提升

电子商务对现代物流提出了更高的要求。电子商务中商流、信息流、资金流实现方式便捷，较易形成同质化竞争，物流服务成为电子商务打造差异化优势的突破点。随着电子商务市场的发展和成熟，物流服务的要求从简单收发货向更具专业化的综合服务延伸。物流企业加快开发标准化、个性化、一体化的物流服务，提高服务整体满意度。服务内容从简单的仓储和运输服务，逐步向上下游延伸，提供与电子商务产业链相关的采购、集货、配载、配送、代收货款等各种增值服务，形成多功能、专业化的电子商务物流服务模式，有效提升了电子商务整体服务满意度。例如，申通快递为从 C2C 转变为 B2C 的网商提供“仓储服务+配送服务”的整体电子商务物流供应链服务产品，全面介入企业物流管理，提升企业物流效率，协助企业成功实现转型。

2. 物流服务体系建设加快

物流服务体系的战略地位日益重要。为更好地控制物流质量，提升客户体验水平，企业开始重视自身物流体系建设。其中，大型平台企业自建物流配送中心的趋势越来越明显，而大部分中小企业将更多地依赖专业化的第三方物流服务。物流体系的构建取决于企业自身战略的制定，自营和外包物流的区别在于是拥有还是控制物流资源，两种方式都可以实现供应链的协调发展，关键是要与自身核心竞争力相匹配。达到一定业务规模的电子商务企业可以选择自营物流业务，打造物流网络平台，保证网购物流的快速、稳定和客户满意，将自身核心竞争力构筑在物流优势上。而外包物流业务的企业，借助第三方物流专业化服务，通过科学规划、规范管理、绩效考核和反馈调整，能够实现对物流资源的有效控制，并实现物流服务的灵活、便捷和低成本，同样能够形成自身的竞争优势。

3. 联盟合作走向深入

电子商务与现代物流产业融合联动趋势日趋明显。与价格博弈相比，两者在业务创新和模式对接方面的机会更加突出，是一种“你中有我，我中有你”的关系。以物流为切入点，电子商务企业加快对自身业务流程的梳理和整合，挖掘降低成本和提高效率的措施，从根本上改变电子商务供应链服务模式。阿里巴巴公司与天天快递、韵达快递、申通快递、圆通快递四家物流企业实现了平台对接，网商可直接在阿里巴巴网站选择物流企业下订单，实现下订单、分拨、配送、查询等一条龙服务，形成了联系紧密、资源共享的联盟合作体系。2010 年年初，阿里巴巴又入股星晨急便快递公司，加强在电子商务配送服务方面的合作，努力营造健康的电子商务生态链。

4. 网络布局向均衡发展

物流网络的均衡布局提高了物流服务效率。为配合电子商务市场的发展，快递和物流企业加快网络调整，通过多种手段编织了覆盖面广、快捷高效的物流网络。中邮速递对中国邮政的物流资源进行重组和改造，并积极整合社会物流资源，构建由运输、仓储、配送平台组成的全国一体化物流配送网络，形成各大区域 24 小时、48 小时、72 小时配送服务圈。当前，中国正在兴起的新兴消费市场潜力巨大，二三线城市和农村市场消费品零售额的迅速增长，持续带动了电子商务的繁荣。物流网络建设顺应市场需求，加快网点下沉，在二三线城市布局。目前，网商和网购最为集中的是江、浙、沪等地，物流网点几乎覆盖到乡镇，助推了电子商务的市场全覆盖。

5. 系统对接助力联动融合

电子商务信息系统与物流系统的集成与对接尤为必要。在电子商务模式下，要提供最佳的服务，电子商务和现代物流企业必须要有良好的信息处理和传输系统。企业与企业间要打破传统思想，推进系统整合和对接，充分发挥整合资源、优化配置的优势，大幅提升电子商务的服务质量。淘宝网与推荐物流公司之间的信息平台对接已初步完成。用户在淘宝网上达成交易后，可直接在线发送订单，买家和卖家还可以随时跟踪订单。全国邮政电子商务速递业务系统正式上线运行，实现了分派订单、回执录入、信息监控、订单查询、数据记录等功能，可有效保障信息共享和实时传输，同时实现了与淘宝网网商的实时对接。信息系统对接支撑了电子商务快速响应客户需求，保证了物流服务更加快速、高效、便捷，开拓了行业未来的发展空间。

1.4 电子商务物流

1.4.1 电子商务物流的概念与内容

1．电子商务物流的概念

电子商务物流实际就是在电子商务环境下的现代物流。具体来说，它是指基于电子化和网络化的信息流、商流、资金流下的物资或服务的配送活动，包括软性商品（如服务）的网络传送和实体商品的物理传送。它包括一系列机械化、自动化工具的应用，准确利用及时的物流信息对物流过程的监控，使得电子商务中物流的速度加快、准确率提高，从而有效减少库存，缩短生产周期，最终达到使物流的流动速度加快，尽量达到与电子商务中的其他“三流”相匹配的目的。

2．电子商务物流的内容

电子商务与非电子商务从实现商品销售的本质来讲并无区别，即物流是实现销售过程的最终环节，但由于采用不同形式，使这一部分的特殊服务变得格外重要。因此，电子商务的物流内容反映了这一特点。概括来讲，电子商务的物流内容可以分为传统物流服务（包含储存功能、装卸搬运功能、包装功能、流通加工功能、物流信息处理功能等和增值性物流服务（包含增加便利性的服务、加快反应速度的服务、降低成本的服务、延伸服务等）。

1.4.2 电子商务物流的特点

1．信息化

电子商务时代，物流信息化是电子商务的必然要求。物流信息化表现为物流信息的商品化、物流信息收集的数据库化和代码化、物流信息处理的电子化和计算机化、物流信息传递的标准化和实时化、物流信息存储的数字化等。因此，条形码技术、数据库技术、电子订货系统、电子数据交换、快速反应及有效的客户反映、企业资源计划等技术与观念在中国的物流中将会得到普遍的应用。信息化是一切的基础，没有物流的信息化，任何先进的技术设备都不可能应用于物流领域，信息技术及计算机技术在物流中的应用将会彻底改变世界物流的面貌。

2. 自动化

自动化的基础是信息化，自动化的核心是机电一体化，自动化的外在表现是无人化，自动化的效果是省力化，另外，还可以扩大物流作业能力、提高劳动生产率、减少物流作业的差错等。物流自动化的设施非常多，如条码/语音/射频自动识别系统、自动分拣系统、自动存取系统、自动导向车、货物自动跟踪系统等。这些设施在发达国家已普遍用于物流作业流程中，而在中国由于物流业起步晚，发展水平低，自动化技术的普及还需要相当长的时间。

3. 网络化

物流领域网络化的基础也是信息化，是电子商务下物流活动主要特征之一。这里指的网络化有两层含义：一是物流配送系统的计算机通信网络，包括物流配送中心与供应商或制造商的联系要通过计算机网络，另外，与下游顾客之间的联系也要通过计算机网络通信。比如物流配送中心向供应商提出订单这个过程，就可以使用计算机通信方式，借助增值网上的电子订货系统和电子数据交换技术来自动实现。物流配送中心通过计算机网络收集下游客户的订货的过程也可以自动完成。二是组织的网络化，即所谓的企业内部网。比如，台湾的计算机企业在 20 世纪 90 年代创造出了“全球运筹式产销模式”，这种模式的基本点是按照客户订单组织生产，生产采取分散形式，即将全世界的计算机资源都利用起来，采取外包的形式将一台计算机的所有零部件、元器件、芯片外包给世界各地的制造商去生产，然后通过全球的物流网络将这些零部件、元器件和芯片发往同一个物流配送中心进行组装，由该物流配送中心将组装的计算机迅速发给订户。这一过程需要有高效的物流网络支持，当然物流网络的基础是信息、计算机网络。

物流的网络化是物流信息化的必然，是电子商务下物流活动的主要特征之一。当今世界 Internet 等全球网络资源的可用性及网络技术的普及为物流的网络化提供了良好的外部环境，物流网络化不可阻挡。

1.4.3 电子商务物流发展现状

2014 年上半年，我国电子商务继续保持快速发展的势头，市场规模不断扩大，网上消费群体增长迅速。根据研究机构初步测算，上半年我国电子商务交易额约为 5.66 万亿元，同比增长 30.1%。网络零售市场交易规模约 1.1 万亿元，同比增长 33.4%，半年度环比增长 7.9%，相当于上半年社会消费品零售总额的 8.4%。

我国电子商务的发展尤其是网络购物的爆发式增长，大大促进了电子商务物流服务业尤其是快递服务业的发展，使其成为社会商品流通的重要渠道。据统计，与淘宝网合作密切的圆通、申通等快递企业，其六成以上的业务量都来自网络购物。

1．电子商务物流服务业受到了国家和地方政府的重视

“十一五”期间，国家和政府层面出台了一系列相关法律法规和政策。如国务院发布的《物流业调整和振兴规划》、《长江三角洲地区快递服务发展规划（2009—2013年）》和《珠江三角洲地区快递服务发展规划》、《快递业务经营许可管理办法》、《关于促进运输企业发展综合物流的若干意见》、新《邮政法》等。这些法律法规和标准对于规范我国电子商务物流市场、推动我国电子商务物流行业的健康发展具有十分重要的意义。

2．我国快递物流业迅速发展，网络购物快递市场呈现爆发式发展

随着我国电子商务的迅速发展和网上购物的人数逐渐增多，快递市场呈现出爆发式的发展。据统计，目前我国规模不等的快递公司有2万余家，快递业务量每年以60%～120%的速度递增。2010年，国家邮政局颁发了5889件快递业务经营许可证，占快递市场90%以上份额的快递企业依法获得了经营许可。但我国快递企业由于进入门槛低、从业人员素质低，同时行业规模较小，行业发展内生动力不足，使得快递市场远远不能够满足网络购物的需求，物流仍是电子商务发展的瓶颈。网络购物异军突起，在给快递行业带来发展机遇的同时，也对其服务能力提出了挑战。

2014年前三季度，全国快递业务量累计完成93.9亿件，同比增长52%；业务收入累计完成1409.9亿元，同比增长41.6%。

3．电子商务物流瓶颈越来越凸显

物流一直是电子商务发展的“瓶颈”，随着电子商务在近几年爆发式的发展，更使得两者之间的差距扩大。据相关数据统计，国内电子商务的发展速度是200%～300%，而物流增速只有40%，物流发展水平远远不能满足电子商务发展的需求，尤其在节假日，快递物流公司频频出现“爆仓”现象，再加上物流服务水平不高，出现到货慢、货物丢失、商品损毁、送货不到位等服务问题，成为消费者主要的投诉对象之一。

1.4.4 电子商务物流发展趋势

1．服务一流化

在电子商务下，物流业是介于供货方和购货方之间的第三方，以服务作为第一宗旨。从当前物流的现状来看，物流企业不仅要为该地区服务，而且还要进行长距离的服务。因为客户不但希望得到很好的服务，而且希望服务点不是一处，而是多处。因此，如何提供高质量的服务便成了物流企业管理的中心课题。美、日等国物流企业成功的要诀，就在于它们都十分重视客户服务的研究。

首先，在概念上变革，由“推”到“拉”。配送中心应更多地考虑“客户要我提供哪些

服务”，从这层意义讲，它是“拉”，而不是仅仅考虑“我能为客户提供哪些服务”，即“推”。如有的配送中心起初提供的是区域性的物流服务，以后发展到提供长距离服务，而且能提供越来越多的服务项目。又如配送中心派人到生产厂家“驻点”，直接为客户发货。越来越多的生产厂家把所有物流工作全部委托配货中心去做，从根本意义上讲，配送中心的工作已延伸到生产厂家了。

配送中心不仅与生产厂家保持紧密的伙伴关系，而且直接与客户联系，能及时了解客户的需求信息，并沟通厂商和客户双方，起着桥梁作用。物流企业不仅为货主提供优质的服务，而且要具备运输、仓储、进出口贸易等一系列知识，深入研究货主企业的生产经营发展流程设计和全方位系统服务。优质和系统的服务使物流企业与货主企业结成战略伙伴关系（或称策略联盟），一方面有助于货主企业的产品迅速进入市场，提高竞争力；另一方面则使物流企业有稳定的资源，对物流企业而言，服务质量和服务水平正逐渐成为比价格更为重要的选择因素。

2．信息化

在电子商务时代，要提供最佳的服务，物流系统必须要有良好的信息处理和传输系统。例如，美国洛杉矶西海报关公司与码头、机场、海关信息联网，当货从世界各地起运时，客户便可以从该公司获得到达的时间、到泊（岸）的准确位置，使收货人与各仓储、运输公司等做好准备，使商品在几乎不停留的情况下，快速流动、直达目的地。又如，美国干货储藏公司有 200 多个客户，每天接受大量的订单，需要很好的信息系统。为此，该公司将许多表格编制了计算机程序，大量的信息可迅速输入、传输，各子公司也是如此。再如，美国橡胶公司的物流分公司设立了信息处理中心，接受世界各地的订单；IBM 公司只需按动键盘，即可接通 USCO 公司订货，通常在几小时内便可把货送到客户手中。良好的信息系统能提供极好的信息服务，以赢得客户的信赖。

商品与生产要素在全球范围内以空前的速度自由流动。EDI 与 Internet 的应用，使物流效率的提高更多地取决于信息管理技术，电子计算机的普遍应用提供了更多的需求和库存信息，提高了信息管理科学化水平，使产品流动更加容易和迅速。物流信息化，包括商品代码和数据库的建立、运输网络合理化、销售网络系统化和物流中心管理电子化建设等，现在还有很多工作有待实施。可以说，没有现代化的信息管理，就没有现代化的物流。

3．全球化

20 世纪 90 年代早期，由于电子商务的出现，加速了全球经济的一体化，致使物流企业的发展达到了全球化。生产企业从许多国家收集所需资源，再加工后向各国出口。全球化战略的趋势，使物流企业和生产企业更紧密地联系在一起，形成了社会大分工。生产企业集中精力制造产品、降低成本、创造价值；物流企业则花费大量时间、精力从事物流服务。物流企业的满足需求系统比原来更进一步了。例如，在配送中心里，对进口商品的代理报关业务、暂时储存、搬运和配送、必要的流通加工，从商品进口到送交消费者手中的服务实现一条龙。

电子商务时代，由于企业销售范围的扩大，企业和商业销售方式及最终消费者购买方式的转变，使得送货上门等业务成为一项极为重要的服务业务，促使了物流行业的兴起。物流行业是能完整提供物流机能服务，以及运输配送、仓储保管、分装包装、流通加工、等以收取报偿的行业，主要包括仓储企业、运输企业、装卸搬运、配送企业、流通加工业等。信息化、全球化、多功能化和一流的服务水平，已成为电子商务下的物流企业追求的目标。

案例分析

超人归来：当当网的物流“进攻”

天津仓储“银河一号”的开仓似乎更加印证了当当网“开放协同”的大理念。当当网能否凭借“社会化物流模式”后来者居上，成为业界关注的焦点。

曾被赞誉为“中国亚马逊”的当当网终于赢利了。

2014 年当当网一季度财报显示，其总营收（含第三方平台 GMV）28.5 亿元，增长 53%，并实现持续赢利，净利润 200 万元。而去年同期，当当网还是一个大幅亏损的局面。

7 月 3 日，当当网“银河 1 号”天津仓储中心正式投入使用。当当网宣布在全国 400 个城市实现“111 全天达”服务承诺，即“上午 11 点前下单当日达，凌晨 1 点前下单次日达”。同日，当当网还与申通、圆通、韵达、中通 4 家快递公司签署战略协议。

1. 自建物流 VS 社会化物流

美国好莱坞大片《超人归来》里面的男主角，在扮演拯救地球角色的同时，也在显著提升自身实力。但此时的当当网，或许更像《星球大战》里面绝地反击的黑武士，而攥在手里的武器便是其颇显“另类”的物流配送模式。

与其他 B2C 电商自建模式不同，当当网采用“仓储自建+城际同城外部合作”模式，自建仓储构筑全国物流的关键节点，城际运输和同城配送，采取开放协同、外包整合策略，打破各管一块的传统做法，形成物流、数据和管理的统一，在速度、效率、成本和服务标准上建立用户体验优先的共同价值链。

电商资深观察员鲁振旺指出，“当当网模式并不是简单的外包，挑战在于与外部社会化物流的无缝对接。当当网成功地将物流大数据、客户大数据和商务大数据与合作伙伴实现全面协同对接，而自建模式在仓储、配送和快递等方面的一条龙微弱优势被彻底弱化，这是当当网反超的关键。”

据当当网官方提供的数据，当当物流配送比自建快递成本低30%。在一线城市，当当网物流成本每单不超过4元，仅是竞争对手的70%。同时，当当网通过与快递公司的合作，可以省去400万～500万单规模的配送成本。

同时，当当网将与中铁总公司开展电商专列合作，利用全国高铁1 000多条线路，以更低成本实现跨省当日递。当当网借助大型快递、运输公司跨省的班车体系，平均提速1.1天，例如，从北京运抵广州不超过24小时，成本预计比航空低10%以上。

当当网副总裁段宇告诉记者，把更专业的事情交给更专业的企业来做，这是当当网最基本的出发点。其次，快递行业也是一个劳动密集型行业，专业化的公司比我们管理得更好，而这不仅仅涉及人盯人，也涉及管理成本问题；再次，整个快递行业竞争十分激烈，市场的成本壁垒非常高，当当网只会在自己的长处发力。

他强调，“我们坚决不买车、不自建，宁管一个连，不管一个驾驶员，因为我们对社会化物流的力量与进步充满信心。”

据介绍，新仓储对当当网物流加速效果明显。“银河1号”带动当当网日均订单处理能力增长10倍，将起到当当网全国仓库中枢神经作用。一期仓储每年图书吞吐量可达100亿元，接近全国图书市场的1/4。二期建成后将满足服装、百货的物流需求。

据不完全统计，“四通一达”和顺丰一线服务员工总数达50万人，运输车辆近4万辆，远远超过任何一家电商的自有数量，规模优势促成成本集约与效率提升。通过与优秀物流伙伴战略合作，当当网大幅节约车辆购买、人员管理和运营成本，并整合超过京东自建10倍规模的服务资源，实现速度倍增。

业内人士戏称，当当网以“社会化的物流模式”将了以自建配送为重要筹码的京东商城一军。“当当网在送货速度、送货准确率、物流成本等几个关键指标上超过了京东。”段宇表示。

2．进攻三、四线城市堡垒

“进攻！”段宇用一个词形容当当网今年在三、四线城市的战略布局。业内人士分析，在今年众多电商上市后，国内的B2C电商竞争进入后IPO时代。一、二线城市市场将趋缓，广袤的三、四线市场将充当电商发展的引擎，增长将井喷。

“三、四线市场既是电商今后的天堂，也会是‘自建物流’的噩梦，一方面广泛的分布和庞大的城市数量让自建物流成本倍增；另一方面自建物流较长的周期难以满足目前的井喷需求，效率无法与成熟的社会化物流相比。”段宇并不看好自建物流在三、四线城市的应用布局。他向记者介绍，当当网向三、四线城市物流方面渗透，策略部署主要包括品类的扩展；对18～45岁人群的年龄层覆盖扩展；价格上，差价双倍返还等。在体验方面，以前是以中心城市为主，现在是围绕三、四线城市来渗透，而当当网的大目标是要做到全省货到付款无缝对接，全境覆盖。

段宇解释，对于三、四线城市来讲，跟平常所说的乡镇也要区分一下概念。对于电商而言，三、四线城市既包括西北的乡镇，也同样包含沿海城镇。当当网货到付款除了做到华东、华南、珠三角等沿海乡镇，像西北、西南、东北等地方的偏远乡镇也是当当所考虑的，目前，全国已有1 800多个城市都可以实现货到付款。

为此，当当网第一是做到提速；第二是保证货到付款的区域全境覆盖；第三，是“最后一公里”的综合体验。段宇表示，对当当网来说，其承诺便是要保证产品时效，买家在下订单之后必须在当当网承诺的时间内送达，目前当当网的送货准时率已达到90%~92%，未来还将进一步提高。

谈到包裹自提，段宇表示，当当网会根据客户不同的选择来利用第三方资源，包括通达系站点、中国邮政，以及第三方的自提货柜。“当当网利用它们的优势，结合资源互补，而不是自己去打造。”段宇总结道。

同时，当当网还不断推进新技术应用和流程创新提升仓储管理效率。充分发挥物联网优势，利用大数据运算和需求预测系统，所有订单都可在1小时内完成生产。

目前，当当网正在全国七大区快速推进仓储网络布局， 2014 年年底仓储物流中心将达到45家，在3年内完成100个仓储布点，重点下沉到三、四线城市；同时与物流战略伙伴深度合作，在新建仓储周边300公里范围同步实现“111全天达”标准。

（资料来源：李云飞. 物流时代，2014-8-6）

思考题

（1）当当网是如何进行物流进攻的？

（2）自营物流和社会化物流各有什么优缺点？

本章小结

本章首先介绍了电子商务的概念、特点、分类、流程和作用；其次，对现代物流的产生、发展和概念、作用分类及内容作了阐述；最后，就两者之间的关系详细进行了论述，并就电子商务物流的概念、内容、发展现状、发展趋势和特点加以说明。

综合实训

利用网络搜索访问我国部分物流网站，查找相关资料，了解我国物流现状，完成小论文，主要讨论：我国电子商务物流存在哪些问题，如何解决？发展趋势如何？（内容约 1 000 字，以 E-mail 形式上交）。

思考与练习题

（1）简述电子商务的含义和类型。
（2）电子商务的特点是什么？
（3）简述电子商务的流程。
（4）什么是现代物流，如何分类？
（5）现代物流的功能有哪些？
（6）现代物流有什么特点？
（7）电子商务与物流有何关系？
（8）什么是电子商务物流？
（9）电子商务物流具有什么特点？

第2章

电子商务物流系统

学习目的

- 了解物流系统的组成；
- 了解电子商务对物流提出的新要求；
- 掌握典型电子商务物流系统运作模式。

工作任务

美国先进的电子商务物流模式

美国的物流配送业发展起步早，经验成熟，尤其是信息化管理程度高，对我国物流发展有很大的借鉴意义。

从20世纪60年代起，商品配送合理化在发达国家普遍得到重视。为了向流通领域要效益，美国企业采取了以下措施：一是将老式的仓库改为配送中心；二是引进计算机管理网络，对装卸、搬运、保管实行标准化操作，提高作业效率；三是连锁店共同组建配送中心，促进连锁店效益的增长。美国连锁店的配送中心有多种类型，主要有批发型、零售型和仓储型3种类型。

（1）批发型

美国加利福尼亚州食品配送中心是全美第二大批发配送中心，建于1982年，建筑面积10万平方米，工作人员2 000人左右，共有全封闭型温控运输车600多辆，1995年销售额达20亿美元。经营的商品均为食品，有43 000多个品种，其中有98%的商品由该公司组织进货，另有2%的商品是由该中心开发加工的，主要是牛奶、面包、冰激凌等新鲜食品。该中心实行会员制，各会员超市因店铺的规模大小不同、所需商品配送量的不同，而向中心交不同的会员费。会员店在日常交易中与其他店一样，不享受任何特殊的待遇，但可以参加配送中心定期的利润处理。该配送中心本身不是营利单位，可以不交营业税。所以，当配送中心获得利润时，采取分红的形式，将部分利润分给会员店。会员店分得红利的多少，将按在配送中心的送货量和交易额的多少进行正比例分红。

该配送中心主要靠计算机管理。业务部通过计算机获取会员店的订货信息，及时向生产厂家和储运部发出要货指示单；厂家和储运部再根据要货指示单的先后缓急安排配送的先后顺序，将分配好的货物放在待配送口等待发运。配送中心 24 小时运转，配送半径一般为 50 公里。

该配送中心与制造商、超市协商制定商品的价格，主要依据是：商品数量与质量；付款时间，如在 10 天内付款可以享受 2%的价格优惠；配送中心对各大超市配送商品的加价率，根据商品的品种、档次不同及进货量的多少而定，一般为 2.9%～8.5%。

（2）零售型

美国沃尔玛商品公司的配送中心是典型的零售型配送中心。该配送中心是沃尔玛公司独资建立，专为本公司的连锁店按时提供商品，确保各店稳定经营。该中心的建筑面积为 12 万平方米，总投资 7 000 万美元，有职工 1 200 多人。配送设备包括 200 辆车头、400 节车厢、13 条配送传送带，配送场内设有 170 个接货口。该中心 24 小时运转，每天为分布在纽约州、宾夕法尼亚州等 6 个州的沃尔玛公司的 100 家连锁店配送商品。

该中心设在 100 家连锁店的中央位置，商圈为 320 公里，服务店的平均规模为 1.2 万平方米。中心配送商品达 4 万种，主要是食品和日用品，通常库存为 4 000 万美元，旺季为 7 000 万美元，年周转库存 24 次。在库存商品中，畅销商品和滞销商品各占 50%，库存商品期限超过 180 天为滞销商品，各连锁店的库存量为销售量的 10%左右。1995 年，该中心的销售额为 20 亿美元。

在沃尔玛各连锁店销售的商品，根据各地区收入和消费水平的不同，其价格也有所不同。总公司对价格差价规定了上下限，原则上不能高于所在地区同行业同类商品的价格。

（3）仓储型

美国福来明公司的食品配送中心是典型的仓储式配送中心。它的主要任务是接受美国独立杂货商联盟加州总部的委托业务，为该联盟在该地区的 350 家加盟店负责商品配送。该配送中心建筑面积为 7 万平方米，其中有冷库、冷藏库 4 万平方米，杂货库 3 万平方米，经营 8.9 万个品种，其中有 1 200 个品种是美国独立杂货商联盟开发的，必须集中配送。在服务店经营的商品中，有 70%左右的商品由该中心集中配送，一般鲜活商品和怕碰撞的商品，如牛奶、面包、炸土豆片、瓶装饮料和啤酒等，从当地厂家直接进货到店，蔬菜等商品从当地的批发市场直接进货。

请思考：

（1）何为电子商务物流系统？

（2）美国的电子商务物流有哪些模式？

（3）美国的电子商务物流对我国物流业的发展会产生什么影响？

电子商务是通过因特网进行商务活动的新模式，它集信息流、资金流、物流于一身，物流虽然包含在电子商务之中，但是人们对电子商务过程的认识却往往只局限于信息流、资金流的电子化、网络化，而忽略了物流的电子化过程。应当指出的是，信息流、资金流在电子工具和网络通信技术支持下，可通过点击鼠标瞬间完成，而物流是物质资料的空间位移，即具体的运输、储存、装卸、保管、配送等各种活动，是不可能直接通过网络传输的方式来完成的。我国电子商务目前刚刚起步，由于物流系统的滞后，网上购物受到了极大的限制。因此，应当加强物流系统技术的建设和改造，以迎接电子商务时代的到来。

2.1 物流系统与物流系统工程

相关链接　　**电商该如何控盘物流系统**

1. 全程透明管理的物流信息系统

IT 优势本应是电商的基本功能，但物流信息的获取却依赖更多线下的资源，如车辆、库位、人员、货物的状态都需要配备专业的信息采集设备，要达到所有物流信息独立采集、互相印证、实时传递就必须从一开始就规划订单、仓储、运输、财务、支付等系统的有机融合。固定场所的信息采集与处理比较容易解决，而与运输相关的则相对比较难。虽然，从技术上已经没有障碍，但现实还是教人难以满意。位置服务依赖卫星导航定位设备，而我国目前的现状是地方保护严重、全国品牌难以快速扩展；而物流属于大范围服务，电商物流需要在一个平台对所有车辆进行监控、调度、分析。

另外，很多电商在配送环节采用小型车辆，国家并未强制安装定位装置，这就必然会出现很多运输难以纳入系统管理。从目前电商采用的物流承运商管理模式来看，也存在着部分承运商同时服务于多个电商平台的现象，承运商有很大一部分又采用社会车辆进行运输。如此种种，都会造成运输信息的不完整。如果政府监管平台能够向物流企业及其客户开放有业务关系车辆的监控数据，则可以解决平台车辆多位置服务运营商的问题，而临时租用车和未安装导航定位装置的车辆可以采用司机手机安装 APP 软件的方式解决，最终实现物流运输的全程透明、无缝管理。

2．布局合理的仓储网络和强大的库存管理

电商的初级发展阶段，物流基本依靠快递，自己也没有太多的仓库来支撑全国服务。随着业务规模和电商品类的扩展，在消费者身边建库的思路越来越明确。京东的快速发展，苏宁、国美的成功转型都与其仓库网络关系甚大。自建枢纽与中心仓、合作二三级城市寻求合作，是目前的主流，但越往后期发展，自主管理的仓库一定会下沉，虽然 O2O 很热，但那属于社区服务类的生活日用品，定位不同的电商还没有必要加入战团。布局仓库，需要的不光是强大的财力和政府关系，更重要的是数据分析能力，只有有效的库存管理才能创造性价比最高的物流服务，支撑电商平台稳步发展。

3．高效开放的资源整合平台

每个供应链主都不会自己建立所有的物流体系，多数资源都需要整合社会资源，毕竟分工合作是现代社会的主流方向。以自建物流为框架、以供应商为血肉的复合型物流体系是多数电商平台的选择，而开放的供应商管理和资源整合平台也是电商物流的核心。电商平台应有与自身品牌相称的定位，不能一味地以价格为重要考量，而应更多地考虑合作的长期性和服务品质。有些高端品牌的第三方物流就是因为一味压价最终导致无人应标的尴尬局面。用开放平台管理供应商可以最大限度减少物流招标中的潜规则给企业带来的损失。

（资料来源：南兴军，深圳市易流科技有限公司首席顾问，物流指闻，2014-7-31）

2.1.1 物流系统

1．系统的含义

所谓系统，是指“为达成某种共同的目的，若干构成要素相互有机地结合成的复合体”。它具有以下特点：

- 各个系统都具有一定的目的；
- 在系统中通常有多种要素存在；
- 各要素之间互相关联。

所以，系统是“为有效地达到某种目的的一种机制”，也就是为了达成某一目的，把人力、物力、金钱、信息等资源作为指令输入使它产生某种结果的功能。因此，物流系统可以认为“有效达成物流目的的机制”。物流的目的是“追求以低物流成本向顾客提供优质物流服务”。

2. 物流系统化的目标

（1）服务（Service）

在为用户服务方面要求对用户的订货能按照预订时间进行配送和送达；做到缺货率低，无货物损伤、变质和丢失等现象，且物流成本控制在一定水平，费用较低；物流信息系统能够保障物流活动流畅进行，能够及时反馈信息；在网络时代一些货主还要求能够进行在线查询，实时了解货物的在途情况。

（2）快捷（Speed）

要求把货物按照用户指定的地点和时间迅速送到。为此可以把物流设施建在供给地区附近以便缩短运输距离，或者利用有效的运输工具和合理的配送计划等手段来实现这一目的。在实施供应链管理时代，对市场需求的快速反应能力极为重要。供应链有关企业要实行信息共享、业务流程要协同运作，还需要有高效率的物流作业体系。

（3）有效利用面积（Space Saving）

主要目的是节约资源，此外，物流节点布局紧凑也有利于提高其运作效率。应逐步发展立体化设施和有关物流机械，求得空间的有效利用。我国目前土地资源日趋紧张，不允许发生浪费，特别是对城市市区土地面积的有效利用必须加以充分考虑。

（4）规模适当（Scale Optimization）

应该考虑物流设施集中与分散的问题处理是否适当。物流系统在考虑必要的发展余地情况下规模大小应该适度。物流系统的水平应根据需求合理确定，如机械化与自动化程度、信息系统所要求的设备类型等。此项目标的设定对投资成本影响极大。

（5）库存控制（Stock Control）

必要的库存是为了保证需求、减少缺货风险，但库存过多则占用更多的保管场所，并且会积压库存资金，造成存储费用上升。因此，必须按照生产与流通的需求变化对库存进行控制。降低供应链库存必须与上下游企业形成伙伴关系、协同运作。

上述物流系统化的目标简称为“5S”，要发挥“5S”物流系统化的效果，就要进行研究，把从生产到消费过程以至供应链全程的货物量作为一贯流动的物流量看待，依靠缩短物流路线、供应链企业实行信息共享与统筹管理、科学管理库存等手段，使物流系统作业合理化、现代化，从而降低其总成本。

相关链接　　**斯麦基教授定义物流系统的目的**

密歇根大学的斯麦基教授倡导的物流系统的 7R 目的：Right Quality（优良的质量）、Right Quantity（合适的数量）、Right Time（适当的时间）、Right Place（恰当的场所）、Right Impression（良好的印象）、Right Price（适宜的价格）、Right Commodity（适宜的商品）。

2.1.2　物流系统的组成

物流系统由物流作业系统和支持物流系统的信息流动系统（物流信息系统）两个分系统组成。

（1）物流作业系统

在运输、保管、搬运、包装、流通加工等作业中使用各种先进技能和技术，并使生产节点、物流节点、输配送路线、运输手段等网络化，以提高物流活动的效率。

（2）物流信息系统

在保证订货、进货、库存、出货、配送等信息通畅的基础上，使通信节点、通信线路、通信手段实现网络化，从而提高物流作业系统的效率。

2.1.3　物流系统工程

物流系统工程属于物流学和系统工程两门学科的交叉性边缘学科。第二次世界大战以后，随着工业化的进展，城市人口、就业、环境污染和资源等各种社会问题日趋严重，迫切需要用新的方法对这些问题进行综合研究。

1955 年以后，计算机技术渐趋成熟和普及，于是系统工程学应运而生。美国麻省理工学院的福雷斯特于 1957 年首次提出工业动力学，随后研究对象从工程系统发展到社会系统，运用这一方法建立了世界模型和美国国家模型。由于各个领域的研究方法在本质上并没有什么区别，因此在 1972 年将其定为系统工程学。

系统工程学研究的对象是复杂的系统。除了一般大系统所具有的结构复杂、因素众多、系统行为有时滞现象及系统内部诸参数随时间而变化等特征外，系统工程学认为的复杂系统还有一些其他的特征，如系统都是高阶数、多回路、非线性的信息反馈系统；系统的行为具有“反直观”性，即其行为方式往往与多数人们所预期的结果相反；系统内部诸反馈回路中存在一些主要回路；系统的非线性多次反馈以后，呈现出对外部扰动反应迟钝的倾向，对系统参数变化不敏感等特征。

从系统方法论来说，系统工程学是结构方法、功能方法和历史方法的统一。它有一套独特的解决复杂系统问题的工具和技巧，如双向因果环、反馈、流位和速率等概念。

系统工程学通过人和计算机的配合，既能充分发挥人的理解、分析、推理、评价、创造等能力的优势，又能利用计算机高速计算和跟踪的能力，以此来实验和剖析系统，从而获得丰富的信息，为选择最优的或次优的系统方案提供有力工具。

2.1.4　现代自动化物流系统工程

现代自动化物流系统工程是工厂自动化的一个基本组成部分，是实现现代管理的物质基础，也是我国目前信息化带动工业化一个重要的工程领域。它是集光、机、电、信息处理于一体的系统工程。从工厂自动化领域来讲，它由自动导引车搬运系统、自动化输送机系统、自动作业和机器人系统、自动化立体仓库系统及信息管理和监控系统组成。一个自动化物流系统的优良性能应该是整体系统的性能体现，各分系统之间有着良好的衔接，物流过程应该顺畅而不会形成瓶颈！

相关链接　　　　物流技术装备

一般情况下，物流技术装备包括以下内容：厢式货车、自动化立体仓库、工业车辆、货架、物流追踪技术装备、AGV 自动导引车、自动识别技术、RFID 无线射频识别技术、单元化产品、托盘、自动分拣设备、智能交通设备、物流周边设备、物流自动控制技术。

我国目前物流技术的应用正处于不断发展阶段，有许多优秀的工程项目。例如，云南红河卷烟物流系统表现出了物流系统的完整性和自动化水平；青岛海尔物流系统表现出了物流系统的规模和气势；上海通用汽车的物流系统表现出了物流系统的快速反应能力和柔性化。这些项目都代表了我国物流技术应用的较高水平。

2.1.5　适应电子商务的物流管理系统

工业革命用了 200 年创造了工业时代；计算机革命用了 30 年创造了信息时代；而因特网只用了 3 年的时间就建立了电子商务这一全新的商业形态。电子商务的兴起，从根本上改变了企业与客户之间的交互方式。企业不仅需要在前端建立漂亮的网站来吸引客户，更需要在后端通过可靠的订单履行能力来留住客户。在客户要求快速变化和不断提高的环境下，需要怎样的电子履行（E-Fulfillment）能力使客户满意，是电子商务给物流管理者带来的新课题。

1．电子商务对物流提出的新要求

（1）响应性与灵活性

电子商务使得客户的期望值不断提高，客户对配送的要求经常是最紧迫的即时送货（Just In Time，JIT），隔日送货甚至当日送货已成趋势。同时，大量货物直接送达消费者，使得分拣和配送批量减小、批次增多，要求物流系统具有更好的响应性。传统物流可以根据产品数量、高峰期、周期等确定设施与人员配置。相比之下电子商务的业务量难以预测，这就要求物流部门迅速有效地适应需求变化，同时，退货的增多，也要求物流更加灵活地进行退货处理。

电子履行的一体化需求，从可提供承诺（Available To Promise，ATP）转变为有能力配送（Capable To Deliver，CTD）。为提供实时 CTD 功能，电子履行解决方案必须与订单管理系统（OMS）和客户关系管理（CRM）能力一体化。

虽然 ATP 和 CTD 处理首先在 B2C 电子商务中普及，但它们对 B2B 电子商务更为重要，特别是在 JIT 制造的运行过程中尤为重要。在这种情况下，对物流管理人员能力的衡量，不再是他们简单地将正确的货物按时发出的能力，而是要求他们同时能对运输状况进行管理，因为此时按时送货已成为一个关键的绩效指标。

（2）竞争性与最优化

电子商务将竞争的压力提高到一个新高度。随着越来越多的提供同样或相似产品的网上商店和网上交易的出现，产品正在变为商品，品牌优势正在消失，服务成为区分竞争的主要因素。为了保持竞争力，企业必须在不断改进服务的同时将资产的利用最大化。

从物流的观点来看，为了满足客户的服务要求，企业不得不在整个销售区域内建立由许多小型配送中心组成的物流网络，导致库存分散、仓储设施增多、配送频繁，从而使履行成本大大提高，影响了企业的经济效益和市场竞争力。因此，必须从整体上优化供应链，尽可能降低物流成本，在提高劳动率的同时，使仓库和设备的利用率最大化。

物流管理者在努力使资产利用最大化，以提高利润率的同时，使仓库和设备的利用率达到最大化，还必须应付生产部门和客户双方额外服务的需求。生产部门想利用延缓的方式来满足按订单生产和客户化的要求，这就要求仓库人员做一些简单的装配、装箱和特殊的包装；同时客户要求有更多的增值服务，如动态托盘、特殊标签和包装等，这就需要比传统的业务投入更多、更复杂的劳动，需要更高的生产率和系统的服务。

为了在竞争中取得优势，物流管理者必须不断地改进运作以证明其价值，这样就需要实时的指标，使管理者迅速解决瓶颈和其他问题，以免对工作流程产生严重影响。

（3）可视性与协作性

交易伙伴之间的良好协作一直是企业希望达到的目标，因为这样才会降低对库存和安全储备的要求，消除因供应不足造成的停工现象，并通过整个供应链可视性来改进生产和配送计划。因特网以其实时性、通用性和便宜的价格使交易伙伴之间的协作变得更加可行。

但是，以现有的因特网通信手段进行全面协作仍然存在技术障碍，如缺少网络公共通信协议和一体化应用标准。不过 XML 语言和 EAI 技术的不断推广正在消除这一障碍，使得协作变为现实。

电子商务使得协作必不可少，为满足客户对 CTD 订单处理和可视性要求，供应链中的交易伙伴必须作为一个整体运作。这种“点到点”的物流覆盖了从供应商的供应商到客户的客户。这种系统间的协作要求各个层面实现一体化。从系统外部来讲，物流系统可以与客户的电子采购系统、供应商的生产、库存与分拨系统及承运人的投标和接收系统对接，以提供协调订单、原材料与供应及生产和分拨库存所需的整个供应链的可视性，从而在提高订单履行的准确率和及时性的同时，降低库存需求。从系统内部来看，物流系统必须与 ERP 和供应计划系统一体化，从而实现生产流线化、资产利用最大化。

2．响应性与灵活性的解决方案

在快速变化的电子商务时代，成功的首要条件是提供迅速的解决方案。传统的物流管理系统的设计和实施过程需要 6～18 个月，显然不能适应快速变化的环境。目前需要的是在几周内提供解决方案，这些解决方案应预先设置功能模块，具有可配置性，其性能满足大多数必需功能，同时又能制定客户化的特定需求。最重要的是，这些方案必须以事件驱动模式方式执行，以完成处理日常总量、事件及物流管理者必须支持的特殊请求。

这些方案应由物流软件功能模块库配置而成，具有物流行业最广泛的功能，每套方案包括诸如波动分拣、劳动力和资源利用、动态货位选择和运输选择等功能模块，根据行业最佳"事件反应型"工作流程组合在一起，通常包含了 80%～90%必需的功能要求，再通过物流配置模块来定制工作流程，并与每个客户特殊的附加事件的处理结合在一起。

物流配置模块使得用户可以从功能模块库中选择功能模块，或增加新功能模块，来改变他们的"事件反应型"工作流程。调整后的工作流程，须通过物流控制模块在执行期间直接运行，而无须编辑和中断系统。物流控制模块事件驱动时，将预先设置的工作流程和用户输入的事件实时一体化，以执行动态物流解决方案的应用引擎，可很快调整操作流程，处理特殊事件，使紧急事件和特殊要求变成系统处理中的正常部分，从而不产生大的干扰。

为满足客户的响应性与灵活性要求，需要高效的物流操作以快速发运产品，高效操作超出传统的分拣、包装和发货功能，而形成扩展的仓库管理系统（WMS）能力，包括寻址、增值服务、人工管理、任务交叉、理货区管理及与射频（RF）处理一体化。

物流管理系统还应支持广泛的增值服务，包括进货与发货质量保证的 VAS、简单的装配、特殊的包装及退货处理。为确保高效、及时的送货，物流管理系统应具有运输管理功能模块，包括对火车、卡车和零担运输的招标和跟踪，并与包裹发运结合，以满足电子履行的要求。

管理系统不但与 ERP 软件包一体化，而且还可与供应链计划系统、CRM 系统实现一体化。这样就可通过为 ATP 和 CTP 订单处理提供 100%的库存可视性，实现快速、高效的订单履行，满足客户的期望值。

3．竞争性与最优化的解决方案

由于物流占经营成本的 9%～12%，因而成为管理者寻求更高效率的手段之一。

物流管理者长期依靠基本的 WMS 技术帮助运营仓库，降低成本，但面对当前的竞争压力，需要有更先进的能力。物流管理系统应提供额外的 WMS 功能，如任务交叉、理货区管理响应标签、波动管理等功能，以及一体化的寻址、运输管理、人员管理、进货和发货等增值服务。

此外，物流管理系统的模块化设计还可以将用户功能扩展与系统处理相分离。由于软件的改进不影响功能扩展，这样的设计提供了更高的可维护性，且不须花很大力气就可以很快地顺利升级，从而在提高投资回报率的同时降低运行成本。

为了合理地管理仓库、运输和人力资源，物流管理系统需要利用物流执行模块来衡量物流操作完成商业目标的有效性。物流执行模块应是以完善的评估指标构成的图表化报表工具，这是物流管理闭环中关键一步，可以提供有价值的信息，以减少过程改进中的反复。

管理者可以通过物流执行模块确定每一指标设定绩效标准，监控运行并立即做出更正的闭环物流管理，还可以提供不断改进流程的数据，使管理者能更好地利用仓库、运输和人力资源。当"设计→执行→评估→重新设计"这一闭环能快速重复时，就有了不断改进流程、不断创新和为客户提供超值服务的基础。

4．可视性与协作性的解决方案

在电子商务时代，为了满足客户的要求，物流管理者的视野必须超越自己的业务，这就需要整个供应链具备可视性和协作性。要做到以下两点：物流管理系统在内部需要与 ERP 软件包、供应链计划软件和客户关系管理软件一体化；在外部需要与供应商、承运人和客户实现对接。

物流管理系统应通过物流整合模块促进一体化。物流整合模块是一个用来整合各种系统的工具，这些系统包含内部系统、B2B 系统、ERP 软件包、电子商务交易平台、合作伙伴的系统。物流整合模块通过与相关系统对接的适配器，采用标准的 XML 语言与其他系统进行通信。

物流管理系统需要通过多个功能模块来提供供应链的可视性。在物流管理系统顶端，需要数字信息渠道即物流执行中枢系统，以运行基于因特网的供应链可视性及其他应用，并可以为没有信息中枢的企业提供服务。物流执行中枢系统具有物流事件、判定违背计划的例外或与实时绩效标准的偏差带来的影响，并产生解决方法。

最需要可视性的是运输，因此，运输管理系统（TMS）通常具有投标与状态模块，以电子方式进行载货投标，并接收承运人的回应，获取卡车运载、火车运输、联运、空运、零担运输的状态信息。投标与状态模块应具备两大功能：一是与承运人连接，共享货运信息，承运人可接受/拒绝投标，并提供有关的状态信息；二是网络跟踪，让客户能够通过因特网查看他们的货运状态信息。

2.2　电子商务物流系统运作模式

从一定的观念出发，根据现实需要，构建相应的物流管理系统，形成有目的、有方向的物流网络，采用某种形式的物流解决方案，称为物流模式。

2.2.1 物流模式的分类

从微观层次上看，当今物流模式主要有两大不同体系和解决思路。

1．整体化物流系统

典型的整体化物流模式在美国比较流行，许多企业采取了“物流整体化”的模式，即从物流管理的整体格局出发，进行统一规划、统一管理，使物流形成以公司总体利益为最高目标的整合体制。这种物流模式的思路是：公司目标（整体效益）→资源组织（投入产出）→过程运作（整体规范）。

这种模式的基本特点是：消除部门界限，统一运行过程。按照这种模式的操作特征是：① 把物流从总体上分为几个规范的阶段与过程，如物流管理包括战略计划、市场策略、配送安排、货物储运、用户服务等；② 在各个过程的运作中制定具体规程，如在物资流通中含有需求预测、订单处理、采购、加工、送达顾客等各种工作流程，以及为这些工作流程制定规范。

2．围绕配送中心构建物流系统

这是日本企业由其一贯的低成本思想指导下建立的物流模式。这种模式以降低物流成本为解决问题的核心，构建一个低耗、高效的配送中心，由此引申而形成物流的其他方面和过程。在这种思路下，物流管理必须解决物资流动中在时间和空间上遇到的种种难题。例如，首先要统筹安排库存和销售，保持二者的平衡，减少差异，获得总体成本最低；其次要设计货物流动的合理方向和路径问题，避免由于不合理流动造成的消耗和浪费等。按照这种模式建立物流系统，就必须要考虑到种种影响因素，因此在设计阶段它的效率可能就已被决定了。

以上两种模式在本质上是殊途同归，提高总体效益和降低总成本的效果是一致的，区别在于建立物流系统时的侧重点不同。

2.2.2 几种典型的电子商务物流模式

电子商务的优势之一就是能大大简化业务流程，从而降低企业运作成本。电子商务下企业成本优势的建立和保持必须以可靠和高效的物流运作为保证。现代企业要在竞争中取胜，不仅需要生产适销对路的产品、采取正确的营销策略及强有力的资金支持，更需要加强“品质经营”，强调“时效性”，其核心在于服务的及时性、产品的及时性、信息的及时性和决策反馈的及时性。这些都必须以强有力的物流能力作为保证。因此，研究电子商务物流系统的模式就成为一个重要的课题。电子商务物流系统的模式与一般企业物流系统模式无本质的区别，下面介绍几种组建模式。

1．企业自营物流

由于我国的物流公司大多是由传统的储运公司转变过来的，还不能真正满足电子商务的物流需求，因此，很多企业只是借助它们开展电子商务的先进经验而开展物流业务，即电子商务企业自身经营物流，简称自营物流。

在该种方式下，企业会向仓储企业购买仓储服务，向运输企业购买运输服务，但是这些服务都只限于一次或一系列分散的物流功能，而且是临时性的纯市场交易的服务，物流公司并不按照企业独特的业务流程提供独特的服务，即物流服务与企业价值链是松散的关系。

如果企业有很高的顾客服务需求标准，物流成本占总成本的比重极大，而企业自身的物流管理能力很强时，企业一般不应该选择外购物流服务，而应采用自营物流的方式。

目前，电子商务企业采用自营物流形式通常是由其发展方式所决定的，一般包括以下两类形式。

（1）电子商务与普通商务活动共用一套物流系统

部分企业往往已经具有一定规模并正在进行普通商务活动，它们可以通过建立基于因特网的电子商务系统，同时可以利用原有的物流资源承担电子商务的物流业务，同拥有完善流通渠道的制造商或经销商开展电子商务业务，比 ISP（网络服务提供商）、ICP（网络内容提供商）或因特网网站经营者更加方便。国内从事普通销售业务的公司主要包括制造商、批发商和零售商等。

相关链接　　制造商产生自主销售倾向的原因

制造商进行销售的倾向在 20 世纪 90 年代表现得比较明显。一方面，从专业分工的角度看，制造商的核心业务是商品开发、设计和制造，但越来越多的制造商不仅有庞大的销售网络，而且还有覆盖整个销售区域的物流配送网，如有的国内大型制造商的生产人员可能只有 3 000～4 000 人，但营销人员却有 1 万多人，制造企业的物流设施普遍要比专业流通企业的物流设施先进，这些制造企业完全可能利用原有的物流网络和设施支持电子商务业务，开展电子商务不需新增物流、配送投资。对这些企业来讲，比投资更为重要的是物流系统的设计和物流资源的合理规划。

另一方面，批发商和零售商显然比制造商更具有组织物流的优势。因为它们的主业就是流通，在美国有如沃尔玛（Wal-Mart，http://www.wal-mart.com）、凯玛特（Kmart，http://www.kmart.com）、西尔斯（Sears，http://www.sears.com）等，在我国有北京的翠微大厦、西单商场等。为了顺应时代的发展趋势，保持市场地位，批发商和零售商都开展了电子商务业务，其电子商务物流业务与其他一般销售的物流业务一起安排。

（2）第三方物流企业建立电子商务系统

区域性或全球性的第三方物流企业具有物流网络上的优势，当它们扩大到一定规模后，也将其业务沿着主营业务向供应链的上游或下游延伸，向上延伸到制造业，向下延伸到销售业。例如，1999 年美国联邦快递公司（FedEx）决定与一家专门提供 B2B 和 B2C 解决方案的 Intershop 通信公司（http://www.intershop.com）合作开展电子商务业务，FedEx 一直认为，该公司从事的不是快递业而是信息业。该公司进军电子商务领域的理由有两个：第一，该公司已经有覆盖全球 211 个国家的物流网络；第二，公司内部已经成功地应用了信息网络，使消费者在全球通过 Interact 浏览器跟踪其发运包裹的状况。该公司认为，这样的信息网络和物流网络的结合完全可以为消费者提供完整的电子商务服务。像 FedEx 这样的第三方物流公司开展电子商务销售业务，完全有可能利用现有的物流和信息网络资源，使两个领域的业务经营都做到专业化，实现公司资源的最大利用。但物流服务与信息服务领域不同，需要专门的经营管理技术，第三方物流公司涉足电子商务的销售和信息服务领域要慎重。

2. 物流企业联盟

简单地说，物流企业联盟是指在物流方面通过签署合同形成优势互补、要素双向或多向流动、相互信任、共担风险、共享收益的物流伙伴关系。企业之间既不完全采取导致自身利益最大化的行为，也不完全采取导致共同利益最大化的行为。

绝大多数物流服务利益产生于规模经营。因此，专业物流企业的要求是物流方面的规模经营。为了追求这种规模经营，就导致了物流联盟的产生。物流联盟的效益在于物流联盟内的成员可以从其他成员那里得到过剩的物流能力、处于战略意义的市场地理位置及卓越的管理能力等。

物流联盟一般具有以下几种基本特征。

（1）相互依赖

组成物流联盟的企业之间具有很强的依赖性。信息技术不断承担着物流作业的实时衡量。

（2）分工明确

无论对于何种企业，物流需求都产生于市场的需求。物流服务的供应商即物流联盟的各个组成企业应该明确自身在整个物流联盟中的优势所在及所应当担当的角色，这样物流联盟内部的对抗和冲突就会大大减少。这种明晰的分工使供应商把注意力集中在提供用户指定的服务上。

（3）强调合作

既然是联盟，当然就要强调合作。高度成功的物流联盟的营销战略是建立一个合作平台。“不管要什么，随处都可得”这一口号就代表了典型的物流联盟对出色和合作的双重承诺。根据中国目前的物流发展状况，结合物流联盟的特征，可以看到：对于中国当前的电子商务企业来说，物流联盟可以较好地满足其跨地区配送的特性。通过物流联盟可获得如下收益：降低成本，减少投资；获得技术和管理技巧；提高为顾客服务的水平；取得竞争优势；降低风险和不确定性。

一般来说，如果企业自身物流管理水平比较低，组建物流联盟将会在物流设施、运输能力及专业管理技巧上获得极大收益。另外，如果物流在企业战略中不占关键地位，但其物流水平却很高，就应该寻找其他企业共享物流资源，通过增大物流量获得规模效益，降低成本。

此外，许多物流企业自身也利用联盟来改善其竞争能力。在物流企业之间形成战略联盟，普遍提高了它们的竞争能力和竞争效率。许多物流联盟致力于把专门承担特定服务的企业的内在优势汇集在一起；许多不同地区的物流企业正在通过联盟共同为某一电子商务客户服务，满足电子商务企业跨地区、全方位的物流服务要求。

3. 第三方物流

随着现代企业生产经营方式的变革和市场外部条件的变化，第三方物流（Third Party Logistics）开始引起人们的重视，学术界和产业界对此表现出极大的兴趣。在发达国家，先进企业的物流模式已开始向第三方物流方向转变。

所谓第三方物流，是指由物流服务的供方和需方之外的第三方去完成物流服务的物流运作方式。第三方是提供物流交易双方的部分或全部物流功能的外部服务提供者。在某种意义上，它是物流专业化的一种形式，随着物流业的发展而发展。

对于电子商务企业，最需要完善的就是物流和配送。由于信息流的快速、准确传递，物流和配送的持续时间在电子商务环境下会大大缩短，也对电子商务的物流系统提出了更高的要求。这为第三方物流的发展提供了巨大的发展空间。

相关链接　**第三方物流的几个特点**

在西方发达国家第三方物流的实践中，有以下几点值得注意：第一，物流业务的范围不断扩大。商业机构和各大公司面对日趋激烈的竞争不得不将主要精力放在核心业务上，将运输、仓储等相关业务环节交由更专业的物流企业进行操作，以求节约和高效。同时，物流企业为提高服务质量，也在不断拓宽业务范围，提供配套服务；第二，很多成功的物流企业根据第一方、第二方的谈判条款，分析比较自理的操作成本和代理费用，灵活运用自理和代理两种方式，提供客户定制的物流服务；第三，物流产业的发展潜力巨大，具有广阔的发展前景。

在我国的电子商务企业中，将一部分物流作业活动委托给专业物流企业去完成的情况已经比较普遍。但是，对外委托的范围还相当窄，只是局限在一部分作业性活动上，有些委托没有建立长期稳定的关系。例如，在以汽车为货运手段的中短距离运输及保管和配送等物流活动领域，仍然以自营物流为主。一方面，这反映出企业物流管理水平还比较落后；另一方面，这也说明我国的物流业目前还不具备向电子商务企业提供高质量综合物流服务的能力。

第三方物流企业可以站在电子商务企业的立场上，以企业的物流合理化作为设计物流系统运营的目标。第三方物流企业不一定要保有物流作业能力，也就是说，企业可以没有物流设施和运输工具，不直接从事运输、保管等作业活动，只是负责电子商务物流系统设计并对物流系统运营承担责任，具体的作业活动可以再采取对外委托的方式由专业的运输、仓储企业等去完成。从美国情况来看，即使第三方物流企业保有物流设施，也仅是将使用本企业设施的比例控制在二成左右，以保证向货主企业提供最适合的物流服务。第三方物流企业的经营效益直接同电子商务企业的物流效率、物流服务水平及物流效果紧密联系在一起。

相关链接　　电子商务物流合理化运营及最终形态

为了更好地研究电子商务物流合理化运营的问题，有必要对第三方物流企业进行简单的分类。①网络直营型：宅急送、EMS、顺丰等；②网络加盟型：星辰急便、东明等；③区域直营型：卓越网、当当网等，此类大多只做一个大区或一个城市的 COD 配送业务，不做跨区服务，返款及配送较灵活，受到大型电子商务企业的青睐；④加盟性区域配送商：TNT、百世等，这些都是区域内或城市内加盟性质的快递公司；⑤电子商务企业自建的配送公司：卓越亚马逊、京东快递等。

以上电子商务企业在配送服务流程中，由于受产品的种类、运费、体积等因素的制约，配送流程中的价格及服务表现出不一致性的现象，为此，需要做一个策略分析。

（1）小型电子商务企业的物流配送运营策略

小型电子商务企业物流配送的最大难点是货量不足，并且订单的区域集中性不强，这就使第三方物流企业在合作中很难取得理想化价格，如此运作的小型电子商务企业将会在物流成本上付出沉重代价。在前期订单不能保证的情况下，对小型电子商务企业有以下几点建议：

1）采用与较大型的第三方物流企业运营合作的方案，成本可能会稍高，但在订单配送方面和货量及返款及时性方面基本能够保证。

2）与区域型的小型电子商务企业联合发展，积累订单，取得同第三方物流企业谈判的条件。

3）运营风险转嫁或转移，以降低物流成本风险率。在货款结算方面，小型物流企业在返款效率上大多没有大中型物流企业的效率快，由于低货款，第三方物流企业一般会规定周返、半月返，甚至一个月返还一次，这就使资金的安全得不到最佳保障。在退货方面，小型电子商务企业与其他商家没太大差别，只是在物流费用及返款时间上较被动。不过对一些潜力较大的小型电子商务企业，第三方物流企业也会主动提升服务级别，甚至有些第三方物流企业会采用买断的形式来获取这类小型电子商务企业的青睐，以获得更长期的合作。

（2）中型电子商务企业的物流配送运营策略

中型电子商务企业的物流配送难点是订单较多，返款效率及退货效率低，尤其是在物流系统还不完善的情况下，产生的物流成本是相当惊人的。实际中，因为中型电子商务企业的物流配送成本应该更低一些，成本主要体现在运营成本上而不是配送成本上，所以，对于中型的电子商务企业有以下 3 点建议：

1）在同第三方物流企业的长期合作中，有足够订单的中型电子商务企业便可以同第三方物流企业谈判双方得益的条件，包括服务质量控制、成本控制、资金风险控制、运营流程双方协调设定。

2）从成本及运营角度考虑，要建立完善的物流系统来支撑整个物流体系的运作，以完善的系统及合理的运营流程来取代人工操作的流程，实现以最低成本完成最大的工作量，使整个物流的运作流程合理化。

3）由于物流配送的成本及效率原因，中型电子商务企业在选择第三方物流运营商时，大多会集中在 A 类及 C 类，A 类大多是实现 C 类达不到的区域。A 类的优势在于覆盖面广，少有盲区；劣势在于价格较高，退货周期较长。而 C 类为区域性或城市性质的 COD 配送商，在配送、返款、退货等流程方面较为灵活，大多可以做到次日返款退货。在配送服务质量方面因为覆盖区域较小，作业人员及区域性网络大多为直营，所以控制力度较强。同时由于 C 类是区域配送，在价格方面较 A 类就更有优势。“货运费+同城配送费”的模式对于中型电子商务企业的成本控制来讲，的确有很大的吸引力。为此，大多中型电子商务企业较多地选择 C 类物流企业配送商。

分析：中型电子商务企业的核心问题是成本控制难。由于中型电子商务企业的订单量可以保证，所以对配送质量有着较高的要求，尤其是对货款的安全性及退货的及时性要求更为严格。中型电子商务企业在选择第三方物流企业时，会进行多项测评，并尽可能地去筛选行业内规模较大的第三方物流企业运营商来进行合作。

（资料来源：亚博物流）

4．第四方物流

第四方物流主要是指由咨询公司提供的物流咨询服务，但咨询公司并不就等于第四方物流公司。目前，第四方物流在中国还停留在仅是“概念化”的第四方物流公司。南方的一些物流公司、咨询公司甚至软件公司纷纷宣称自己的公司就是从事“第四方物流”服务的公司。这些公司将没有车队、没有仓库当成一种时髦；号称拥有信息技术，其实却缺乏供应链设计能力；只是将第四方物流当作一种商业炒作模式。第四方物流公司应物流公司的要求为其提供物流系统的分析和诊断，或提供物流系统优化和设计方案等。所以，第四方物流公司以其知识、智力、信息和经验为资本，为物流客户提供一整套的物流系统咨询服务。它从事物流咨询服务就必须具备良好的物流行业背景和相关经验，但并不需要从事具体的物流活动，更不用建设物流基础设施，只是对于整个供应链提供整合方案。第四方物流的关键在于为顾客提供最佳的增值服务，即迅速、高效、低成本和个性化服务等。

第四方物流有众多的优势，第一，它对整个供应链及物流系统进行整合规划。第三方物流的优势在于运输、储存、包装、装卸、配送、流通加工等实际的物流业务操作能力，在综合技能、集成技术、战略规划、区域及全球拓展能力等方面存在明显的局限性，特别是缺乏对整个供应链及物流系统进行整合规划的能力。而第四方物流的核心竞争力就在于对整个供应链及物流系统进行整合规划的能力，也是降低客户企业物流成本的根本所在。第二，它具有对供应链服务商进行资源整合的优势。第四方物流作为有领导力量的物流服务提供商，可以通过其影响整个供应链的能力，整合最优秀的第三方物流服务商、管理咨询服务商、信息技术服务商和电子商务服务商等，为客户企业提供个性化、多样化的供应链解决方案，为其创造超额价值。第三，它具有信息及服务网络优势。第四方物流公司的运作主要依靠信息与网络，其强大的信息技术支持能力和广泛的服务网络覆盖支持能力是客户企业开拓国内外市场、降低物流成本所极为看重的，也是取得客户的信赖，获得大额长期订单的优势所在。第四，具有人才优势。第四方物流公司拥有大量高素质国际化的物流和供应链管理专业人才和团队，可以为客户企业提供全面的卓越的供应链管理与运作，提供个性化、多样化的供应链解决方案，在解决物流实际业务的同时实施与公司战略相适应的物流发展战略。

发展第四方物流可以减少物流资本投入、降低资金占用。通过第四方物流，企业可以大大减少在物流设施（如仓库、配送中心、车队、物流服务网点等）方面的资本投入，降低资金占用，提高资金周转速度，减少投资风险。降低库存管理及仓储成本。第四方物流公司通过其卓越的供应链管理和运作能力可以实现供应链“零库存”的目标，为供应链上的所有企业降低仓储成本。同时，第四方物流大大提高了客户企业的库存管理水平，从而降低库存管理成本。发展第四方物流还可以改善物流服务质量，提升企业形象。

5. 物流一体化

物流一体化是指以物流系统为核心，由生产企业、物流企业、销售企业直至消费者的供应链整体化和系统化。它是在第三方物流的基础上发展起来的新的物流模式。20世纪90年代，西方发达国家如美、法、德等国提出物流一体化现代理论，并应用和指导其物流发展，取得了明显效果。在这种模式下，物流企业通过与生产企业建立广泛的代理或买断关系，使产品在有效的供应链内迅速移动，使参与各方的企业都能获益，使整个社会获得明显的经济效益。这种模式还表现为用户之间的广泛交流供应信息，从而起到调剂余缺、合理利用、共享资源的作用。在电子商务时代，这是一种比较完整意义上的物流配送模式，它是物流业发展的高级和成熟的阶段。

物流一体化的发展可进一步分为三个层次：物流自身一体化、微观物流一体化和宏观物流一体化。物流自身一体化是指物流系统的观念逐渐确立，运输、仓储和其他物流要素趋向完备，子系统协调运作，系统化发展。微观物流一体化是指市场主体企业将物流提高到企业战略的地位，并且出现了以物流战略作为纽带的企业联盟。宏观物流一体化是指物流业发展到这样的水平：物流业占到国家国民总产值的一定比例，处于社会经济生活的主导地位，它使跨国公司从内部职能专业化和国际分工程度的提高中获得规模经济效益。物流一体化是物流产业化的发展形式，它必须以第三方物流充分发育和完善为基础。物流一体化的实质是一个物流管理的问题，即专业化物流管理人员和技术人员，充分利用专业化物流设备、设施，发挥专业化物流运作的管理经验，以求取得整体最优的效果。同时，物流一体化的趋势为第三方物流的发展提供了良好的发展环境和巨大的市场需求。

要形成全社会的电子物流系统，需要政府和企业共同出资：政府要在高速公路、铁路、航空、信息网络等方面投入大量资金，以保证交通流和信息流的通畅，形成一个覆盖全社会的交通网络和信息网络，为发展电子商务物流提供良好的社会环境；物流企业要投资于现代物流技术，要通过信息网络和物流网络，为客户提供快捷的服务，提高竞争力，还要吸引更多的制造企业和商业企业上网，通过网络提高企业的竞争力和赢利水平，促进电子商务发展，进而促进电子商务物流的发展。

案例分析

美国联合包裹服务公司（UPS）开展电子商务的启示

美国联合包裹服务公司（UPS）是一家百年老字号，是美国经济的支柱企业。在经过近一个世纪的运作之后，它已经由一家拥有技术的货车运输公司变成拥有货车的技术型公司。这一个突破性的变革，成功来自 UPS 公司在数字时代来临时，紧紧抓住了电子商务这一良机，实现了由传统物流企业向电子化物流企业的跨越。

商业界人士评价，当经济的原动力从实物的传递转向大规模的信息传递时，真正的赢家将是像 UPS 公司这样兼具两种能力的公司。这家以深棕色为代表色的公司，一直严格遵循着自己成功的业务模式，并受到世人称赞。

几年前，UPS 公司的罢工事件使其竞争对手在 15 天内获取了共 3.5 亿美元的收入。事后，UPS 公司感觉到，必须尽快修复与公司广大司机及不满客户之间的关系。同时，也更深刻地认识到，公司日趋成熟的“棕色经营”虽然实现了在每个工作日投递1 300万个邮包的创举，但还不足以在正迈向全球化、知识化的物流业市场中竞争。必须摆脱企业曾墨守成规的经营模式，转向电子物流业发展，才有益于迎接世界商务的新浪潮。

早在20世纪80年代，UPS公司就决定创立一个强有力的信息技术系统。在最近10年中，该公司在技术方面投入110亿美元，配置主机、PC机、手提电脑、无线调制解调器及蜂窝通信系统等设备，并网罗了4 000名软件工程师及技术人员。这种投入，不仅使UPS公司实现了与99%的美国公司和96%的美国居民之间的电子联系，也实现了对每件货物运输状况的实时监控。

UPS公司总裁兼首席执行官吉姆·凯里在解释传统供应链与电子供应链的区别时说：“电子供应链改变了传统供应链的运行方向。”电子供应链主张的是及时生产顾客所需的产品，而不需在仓储上耗费巨资。

在电子商务及新的在线购物系统中，顾客可从供应链的每个环节中“拉出”他们所需的东西。结果是顾客可获得更加快速、可靠的服务，而供应商也可减少成本。为了有效地实施拉动战略，企业必须与供应链中的所有成员建立电子联系。UPS公司一直在争取使自己成为每个客户供应链中不可缺少的环节。在这个过程中，UPS公司成长为一家信息公司。目前，UPS公司可向顾客和供应商提供瞬间电子接入服务，以便查阅有关包裹运输和传递过程的信息。在1998年圣诞节前夕，全球有100万名顾客访问UPS网站，查看所托货物的运送状况，在节日期间，在线购物总量的55%是由UPS公司送达的。

UPS公司能够对每日运送的1 300万个邮包进行电子跟踪。例如，一个出差在外的销售员在某地等待某些样品的送达，他通过IJPS安排的3COM网络系统中输入UPS运单跟踪号码，即可知道货物当前在哪里。当需要将货物送达另一个目的地时，可再次通过网络及附近的蜂窝式塔台找出货物的位置，并指引运送到最近的投递点。

UPS公司的司机是公司大型电子跟踪系统中的关键人物。他们携带了一块电子操作板，称作DLAD（运送信息获取装置），可同时捕捉和发送运货信息。一旦用户在DLAD上签收了包裹，信息将会在网络中传送，寄件人可以登录UPS网站了解货物情况。同时，司机行驶路线的塞车情况，或用户需即时提货等信息也可发送给DLAD。

除利用网络对货件运送与监控外，通过利用其网络，公司还可以开拓新的综合商务渠道，既做中间商，又当担保人。UPS公司通过送货件、做担保及运货后向收件人收款活动，成为商务社会链中一个重要的支点。

1999年，UPS公司在电子商务领域内所取得的业绩继续受到全球的广泛认可。2000年年初，《广告时代的商务营销》杂志将UPS公司的网站列为世界五大企业兼商务网站之一。目前，该网站已采用16种语言提供服务。最近《个人电脑》杂志在“快速跟踪100强”栏目中，将UPS公司网络列为最富创意的企业网络。UPS公司在庆祝提出安全而可跟踪的电子送达服务项目（UPS Document Exchange）一周年之际，又提出了一系列服务强化软件，并与 HP、Oracle 和 Worldtalk 等著名电子商务公司建立了联盟。UPS 公司曾连续多年被《财富》杂志评选为邮政、包裹运送及货运领域内“全球最受推崇”的公司。

思考题

（1）UPS 公司为什么要改变自己的经营模式？

（2）UPS 公司是如何建立电子商务物流系统的模式的？

（3）企业应该如何选择适合自己发展的电子商务物流系统模式？

本章小结

本章首先介绍了物流系统及其建立的“5S”目标；其次阐述了电子商务通过因特网进行商务活动的运作模式，它集信息流、资金流、物流于一身，物流包含在电子商务之中，电子商务对物流提出了新要求；最后重点介绍了几种典型的电子商务物流系统的运作模式。

思考与练习题

（1）何为物流系统？电子商务的发展对物流系统有何要求？

（2）电子商务对物流提出了哪些新的要求？

（3）常见的电子商务物流运作模式有哪些？

（4）什么是第三方物流？

第 3 章

电子商务物流系统分析与设计

学 习 目 的

- 了解电子商务物流系统的含义和功能；
- 掌握电子商务物流系统的构成；
- 理解电子商务物流系统分析的内容与评价；
- 掌握电子商务物流系统设计的过程与技术方法。

工作任务

京东与苏宁易购电商物流系统建设比较

对于电子商务企业来说，呈献给用户的是前台绚丽多姿的网页，用户在上面完成商品的筛选和订单的提交，而真正决定其竞争力的则是后端的物流系统。物流系统的强弱决定了订单的执行效率，从而最大限度地影响用户的消费体验。仓储、干线和配送是物流系统的三个重要节点，各家电商都围绕这三个方面打造了自身的物流体系。下面我们看看国内两大 B2C 电商的物流系统建设状况。

1. 京东

京东在物流方面投入了巨资，是所有电商企业里物流体系最完善的一家，这也是其能占据中国 B2C 半壁江山的重要原因之一。此外，京东是较早开始仓储、干线运输以及配送全部自建的公司，而且最具规模。

（1）仓储

早在 2007 年，京东就开始建设自有的物流体系。2009 年年初，京东斥资成立物流公司，开始全面布局全国的物流体系。目前，京东分布在华北、华东、华南、西南、华中、东北的六大物流中心覆盖了全国各大城市，并在西安、杭州等城市设立了二级库房，仓储面积在2012年年底已经超过100万平方米。除此之外，京东目前正在斥巨资建设“亚洲一号”现代化仓库设施。上海的“亚洲一号”2014年10月已投入使用。诸如上海这样的大型仓储，京东打算在全国建设7个。

（2）配送

为了完善最后一公里服务，京东从2009年开始自建配送团队。目前，京东共有配送员近2万名，在全国360多个核心城市自建有900多个自营配送站、300多个自提点。这些基础设施保证了京东可以提供高效的配送服务，不管是211限时达、还是一日四送、预约配送、极速达，京东一直引领着B2C行业的服务标准。

（3）干线

2012年6月底，京东自营干线运输正式投入运营，实现了城市之间运输的自主性，提高了仓与仓之间的调拨速度，是京东自建物流战略中的重要举措。自此，通过自建的仓储、干线以及配送京东完善了自己在物流领域的布局。京东首批投入干线运营的车辆达300余辆。

（4）总结

仓储（100多万平方米+未来7个“亚洲一号”大型仓储设施）+配送（自建近2万名配送员队伍服务360多个核心城市，其他快递公司为辅助）+干线运输（300多辆的自建车队）。

2. 苏宁易购

得益于线下连锁多年的积累，单纯从数字上来说，苏宁的整体物流实力是很强的，但是之前苏宁的物流能力主要还是面向B2B，服务于实体店面的，通常的流程是从供货商到仓储，从仓储到门店，而且主要的品类以大家电等大件商品为主。

在推出苏宁易购电商平台之后，苏宁的物流体系就显出存在两个重大缺陷：一是苏宁原有的仓库以大件仓为主，中小件仓缺乏，而电商的绝大部分SKU为中小件；二是苏宁易购要求的是面向B2C的物流能力，而这是苏宁的一大短板，一方面这与B2B物流体系存在明显的区别，仓储、配送以及信息系统都有许多需要改造甚至重建的地方，另一方面“门到门”的最后一公里配送需要耗费大量的人力、物力，也需要一定的建设周期，苏宁在这方面的经验明显缺乏，所以物流体验饱受诟病。

（1）仓储

苏宁易购目前主要还是以家电等大件为主，在中小件仓方面苏宁的建设步伐也在加快，2012年苏宁南京自动化中小件仓库投入使用，并在北京、上海、广州同步启动小件仓库的建设，苏宁预计到 2015 年实现“60 个物流基地+10 个自动化仓库+1 700 个实体店”的大物流布局预计的投入在 180 亿～220 亿元。

苏宁易购目前在全国有 10 个始发仓库，分别是南京、北京、上海、广州、沈阳、成都、武汉、西安、杭州、深圳。其中南京、北京、上海、广州四个仓库提供全国发货服务，其他则只提供区域或同城发货。

苏宁易购的仓储实力与京东还是有不小的差距，但苏宁整体的仓储布局要强于京东。

（2）配送

目前苏宁易购的大家电共享原有的采购网和配送网络，再加上苏宁自建的售后服务团队，形成了苏宁易购在大家电领域的独特竞争力，这也使苏宁易购线上销售收入的一半以上来自大家电。而在小件商品上，由于仓储网络以及配送队伍建设的限制，目前优势并不明显。

苏宁易购在北京、广州、上海等一二线城市的配送队伍是自建的，而其他的三四线地区都是与第三方协作。目前苏宁易购拥有 6 000 台自有车辆、超 6 000 人的配送队伍。苏宁易购的网站显示大件商品在大约 74 个城市的部分区域可以实现半日达，而小件商品则仅只在 10 个城市的部分区域可以实现半日达，16 个城市的部分区域实现次日达。

苏宁拥有约 1 700 家门店，原则上都支持中小件商品的上门自提服务。

（3）干线

由于苏宁既有的线下连锁模式，干线运输是苏宁的强点，不仅覆盖面广，而且成本也相对可控。苏宁目前拥有各类干线运输车在 6 000 台。

（4）总结

仓储（全国有十个始发仓库）+配送（6 000 人配送队伍，大件 74 个城市的部分区域半日达，小件 10 个城市的部分区域半日达，16 个城市的部分区域次日达）+干线（6 000 台车辆的自建车队）。

请思考：

对比京东与苏宁易购电商物流系统建设状况，分析其优劣势。

3.1　电子商务物流系统概述

3.1.1　电子商务物流系统的含义和功能

1. 电子商务物流系统的含义

电子商务物流系统与现代物流系统本身没有本质的区别。不同的是，在电子商务时期，物流活动的手段更加先进、物流管理更加强调采用先进的管理思想与方法、更加注重物流活动的整体效益、更加强调物流活动的服务性目的；与之相适应，在现代物流系统的基础上，为达到物流活动的综合目的，更加注重物流功能的拓展和信息系统、技术系统、标准化系统等子系统的建立和功能的发挥。同样，电子商务物流系统也可以从宏观和微观两个层面进行考察。

所谓电子商务宏观物流系统，是指电子商务时期的社会物流系统，它包括由运输基础设施、仓储基础设施、因特网络系统等构成的物流基础设施系统，由国家经济体制与经济制度、法律与规章、行政命令、物流标准化等构成的物流支撑系统，由各种物流活动分系统构成的物流功能系统。

所谓电子商务微观物流系统，是指以企业物流和物流企业为考察对象、以物流运行为中心的物流系统，在物流运行过程中所涉及的各种要素是其构成部分，它可以进一步分为包装系统、装卸系统、运输系统、仓储系统、流通加工系统、回收复用系统、信息系统、管理系统等。

2. 电子商务物流系统的功能

电子商务物流系统与一般系统的功能一样，具有输入、转换、输出等功能，但又有电子商务物流系统自身的特征。例如，输入功能包括人力、物力、财力和信息等，其中，订单和货物信息跟踪功能较为重要；输出功能包括效益、服务、环境的影响等；转换功能包括从输入到输出的各项管理活动、技术措施、设备设施和信息处理等，其中，物流运输工具在全球卫星定位系统下自动调配及敏捷快递服务尤其重要。通过电子商务物流的输入和输出功能可以使物流系统与电子商务系统及社会环境进行交换，并且相互制约、相互依存。

3.1.2　电子商务物流系统的构成

电子商务物流系统一般由作业系统和信息系统组成，具体如图 3-1 所示。该系统通常具有 3 大要素，具体如下。

1. 功能要素

这是指物流系统所具有的基本能力，这些基本能力有效地组合、联结在一起，构成了物流的总功能，能合理、有效地实现物流系统的总目的。物流系统的功能要素一般包括运输、储存保管、包装、装卸搬运、流通加工、配送、物流信息等。

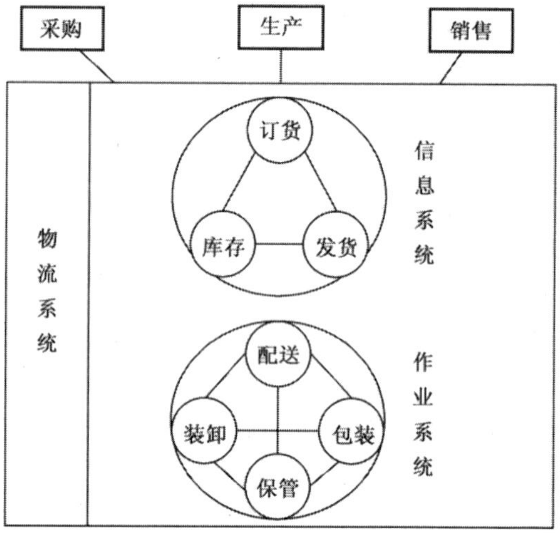

图 3-1 电子商务物流系统的构成

2. 支撑要素

系统的建立需要有许多支撑手段，尤其是处于复杂的社会经济系统中时，要确定物流系统的地位，要协调与其他系统的关系，这些要素必不可少，主要包括体制、制度、法律、规章、行政、命令和标准化系统等。

3. 物质基础要素

物流系统的建立和运行，需要大量技术装备手段，这些手段的有机联系对物流系统的运行有决定意义。这些要素对实现物流和某一方面的功能是必不可少的，主要包括物流设施、物流装备、物流工具、信息技术及网络、组织及管理等。

3.1.3 电子商务物流信息系统

信息是物流进步的基础，众所周知，在当今信息爆炸的时代，企业信息的时效性应该放到各项信息管理工作的首位。一套有效、先进的信息网络系统，对于电子商务物流企业在保证实现对客户各项服务的承诺方面是非常重要的。例如，在伴随着仓储作业流程过程中，一个仓库中会产生大量的信息，如果这些信息流动不畅，就会影响仓储作业，造成许多不良现象，具体体现如表 3-1 所示。因此计算机仓库管理信息系统可以称作仓库提高工作效率、减少库存、提高为顾客服务的水平的重要手段。

表 3-1　信息不畅对仓储作业的不良影响

作业区段	现象症状
收货	货车等待、设备不合理等
临时存放	收货地点过分拥挤、指定地点被占用等
储存	货道拥挤、不同种类货物的不规则混放等
订货拣选	拣选不到所需货物、拣选所需时间过长等
包装	材料无法利用、产品标签贴错等
货物集结	货场拥塞、货物种类不对等
运输	运输延迟、车辆等待、客户抱怨等

1．企业信息系统

企业信息系统通常分为两种，即一般的高效处理日常业务的经营管理信息系统和有效利用情报，使自己在市场竞争中谋求优势的战略信息系统。这两个系统互相关联，战略信息系统所需的资料很多是在日常的业务处理中得到的。

2．经营信息系统

计算机与通信技术迅速结合，发展成为支持整个物流活动即支持从接受订货、库存、发货到配送等实际事务和作业的信息系统，实现了支持整个生产和销售的信息化。

电子商务物流作业系统和电子商务物流信息情报系统应同时运行，因为只有这两个系统很好地结合成一个总体系统，才能完成一个真正的电子商务物流系统。只有建立电子商务企业内部的销售、物流信息、生产、供应等综合信息系统，将电子商务物流信息系统编入社会情报系统，才能建立科学的物流信息网络系统，使电子商务物流企业的投资大幅度减少，而其服务能力、效率和质量却能大大提高。

物流实践

美国电子商务物流的应用——沃尔玛成为第一的秘密

一家属于传统产业的零售企业，如何能在销售收入上超过“制造业之王”的汽车工业，超过全世界所有的银行、保险公司等金融机构成为世界 500 强企业之首？沃尔玛前任总裁大卫·格拉斯这样总结：“配送是沃尔玛成功的关键之一，如果说我们有什么比别人干得好的话，那就是配送中心。”的确，灵活高效的物流配送系统是沃尔玛达到最大销售量和低成本的存货周转的核心。配送中心设立在沃尔玛 100 多家零售卖场中央位置的物流基地。通常以 320 公里为一个商圈建立一个配送中心，同时可以满足 100 多个附近城市的销售网点的需求。配送中心的一端为装货月台，另一端为卸货月台，800 名员工 24 小时倒班装卸搬运配送。沃尔玛的工人工资并不高，因为这些工人基本上是初中生和高中生，只是经过了沃尔玛的特别培训。同时，沃尔玛首创交叉配送的独特作业方式，没有入库储存与分拣作业，进货时直接装车出货。在竞争对手每 5 天配送一次商品的情况下，沃尔玛每天送一次货，至少一天送货一次意味着可以减少商店或者零售店里的库存，使得零售场地和人力管理成本都大大降低。所有这些装卸分开、交叉配送、每天送货的独特细节，恰恰帮助沃尔玛提高了流通速度，降低了作业成本。

围绕着高效的配送中心，沃尔玛逐步建立起一个“无缝点对点”的物流系统。企业物流成本占整个销售额的比例一般都在 10%左右，有些食品行业甚至达到 20%或 30%，而沃尔玛的配送成本仅占其销售额的 2%，是其竞争对手同比成本的 50%，这就是它成功的关键所在。现在，几乎所有的人都知道沃尔玛在全世界的成功源自其物流模式的成功。然而，是什么支撑了沃尔玛的物流模式，使其配送中心的实践和其物流的卓越理念转化为无与伦比的竞争力？答案是物流信息技术。20 世纪 70 年代，沃尔玛建立了物流管理信息系统，负责处理系统报表，加快了运作速度；1983 年，沃尔玛采用了 POS 机，销售时点数据系统的建立实现了各部门物流信息的同步共享；1985 年，建立了 EDI，即电子数据交换系统，进行无纸化作业，所有信息全部在计算机上运作；1986 年，建立了快速反应机制，快速拉动市场需求。凭借包括物流条形码、射频技术和便携式数据终端设备在内的信息技术，沃尔玛如虎添翼，得到了长足的发展。通过与供应商和客户的信息共享，实现供应链的透明化。运用 JIT、CPFR、VMI 和 SMI 等供应链管理技术，实现供应链伙伴之间的协同商务，以便“用信息替代库存”，降低供应链的物流总成本，提高供应链的整体竞争力。

沃尔玛的成功是美国电子商务发展历程的一个缩影。作为其中一个重要的启示，完善且很早就实现了信息化管理的物流系统功不可没。

3.2 电子商务物流系统分析

电子商务物流系统分析是从电子商务物流系统整体最优出发，在确定优化系统目标、确定系统准则的基础上，根据电子商务物流的目标要求，分析构成系统各级子系统的功能和相互关系，以及系统与环境的相互影响，寻求实现系统目标的最佳途径。

电子商务物流系统分析具体包括了两个方面：一方面是对电子商务物流系统构成的分析；另一方面是对电子商务物流系统的评价。

分析时要运用科学的分析工具和计算方法，对系统的目的、功能、结构、环境、费用和效益等方面，进行充分、细致地调查研究，收集、比较、分析和处理有关数据，建立若干个方案，比较和评价物流结果，寻求系统整体效益最佳和有限资源配备最佳的方案，为决策者的最后抉择提供科学依据。

一个物流系统由许多要素组成，且要素之间相互作用，它既受外部环境的制约，也受内部因素的制约。电子商务物流系统受外界环境的影响尤其多，因此，在进行物流系统分析时应该遵循以下原则：

- 系统内部因素与外部环境条件相结合的原则；
- 当前利益与长远利益相结合的原则；
- 局部利益与整体利益相结合的原则；
- 定量分析与定性分析相结合的原则。

3.2.1　电子商务物流系统分析的内容

1. 电子商务物流系统分析的主要要素

（1）目的

物流系统分析人员的首要任务就是充分了解物流系统的目的和要求，同时还应明确物流系统的构成和范围。

（2）替代方案

应充分考虑实现系统目的的各种可行方案，从中选择最合理的方案。

（3）模型

模型是对实体物流系统抽象的描述。借助一定的模型，可有效地求得物流系统分析所需的参数。利用模型还可以预测各个替代方案的性能、费用和效益，进行各个替代方案的分析和比较。

（4）费用和效益

费用和效益是分析、比较、选择方案的重要依据。

（5）评价基准

评价基准一般根据物流系统的具体情况而定，但费用和效益的比较是评价各个方案优劣的基本手段。利用评价标准对各个方案进行综合评价，以确定方案的优先顺序。

2. 电子商务物流系统构成分析

电子商务物流系统构成分析主要包括两个方面的内容，即物流系统外部环境分析和物流系统内部分析。

（1）物流系统外部环境分析

1）商品供应情况。商品是电子商务的主体，商品销售的规模和构成决定了电子商务物流系统的深度和广度。

2）商品的销售情况。商品的销售规模决定了电子商务物流系统的规模。

3）社会经济状况。电子商务和传统商务一样，归根结底是以货币为媒介。社会经济状况决定购买力的投向，电子商务物流系统必然受社会经济状况影响。

4）网络环境状况。在进行电子商务物流系统分析时，需要对该地区的网络环境及发展潜力进行分析，从而确定该地区物流系统的规模和水平。

5）国家的方针、政策和制度等也影响电子商务物流系统的发展。

（2）物流系统内部分析

1）商品需求变化的特点、需求量、需求构成等。

2）物流系统内部各个子系统的有关物流活动的数据，包括采购、运输和储存等。

3）构成物流系统的新技术、新设备和新要求等。

4）库存商品的数量、品种、产品质量情况等。

5）运输能力的变化、运输方式的选择、不同商品的运输条件和运输要求等。

6）各种物流费用的占用和支出等。

3. 电子商务物流系统评价

（1）电子商务物流系统评价的标准

1）经济性。经济性包括初始投资、每年的运营费用、直接或间接的经济效益、投资回收期及全员劳动效率等。

2）可靠性。可靠性包括电子商务物流系统各个环节的可靠性和整个系统的可靠性、技术的成熟程度、设备故障和排除故障所需时间等。

3）灵活性。灵活性包括电子商务物流系统各个环节与企业销售节奏相匹配的能力，以及调整物流路线的可能性。

4）安全性。安全性主要包括商品的安全和人员的安全，以及正常运行和紧急状态下的安全保障。

5）易操作性。易操作性指操作简单，不容易发生错误，只需要少量指令就可以使设备和整个系统投入运行。

6）可扩展性。可扩展性指电子商务物流系统的服务范围和吞吐能力等方面有进一步扩大的可能性。

7）劳动强度。劳动强度指电子商务物流系统需要劳动力的数量，以及劳动者的劳动疲劳程度。

8）服务水平。服务水平指电子商务物流系统对于顾客要求做出快速响应的能力。

9）敏感性。敏感性指电子商务物流系统对于外界环境条件发生变动的敏感程度。

（2）电子商务物流系统评价的内容（见表 3-2）

表 3-2　电子商务物流系统评价的内容

评价项目	评价指标	考虑因素
性能评价	完整性	系统设计是否合理，功能能否达到设计任务书的要求
	可维护性	可理解性、可调试性、可修改性、维护工具
	可靠性	平均无故障工作时间、后备体系
	适应性	运行环境变动时，系统的适应能力
	灵活性	操作和维护的方便和灵活
	安全性	商品的安全和人员的安全等
	响应时间	从用户发出命令到系统做出响应的时间
	系统吞吐量	每秒所能完成的作业量
经济效果评价	直接效果	投资、运行费用、管理水平及效率的提高、资金流通快慢、管理人员等
	间接效果	劳动条件的改善、年生产费用的节约等
其他方面的评价	文档	是否齐全、表达是否清晰合理
	程序规模	总语句行数、占用储存空间大小
	开发周期	从系统规划到新系统转换所用时间

（3）电子商务物流系统评价的方法

由于各个电子商务物流系统的结构、性能及评价因素不同，因此，评价的方法也不相同，必须根据各个系统的不同情况来选择系统评价方法（见表 3-3）。

表 3-3　电子商务物流系统评价的方法

分类标准	评价方法
评价因素的个数	①单个因素评价；②多种因素评价
时间	①对物流现状进行系统评价，为系统调整、优化提供基础信息和思路；②通过研究物流项目的可行性及其效益情况，从而为最终决策提供了辅助信息
评价手段	①定性分析评价；②定量分析评价；③两者相结合

3.2.2　电子商务物流系统分析的过程

电子商务物流系统分析的主要任务是定义或制定新系统“应该做什么”的问题，具体包括了解用户需求、确定系统逻辑模型、形成系统分析报告等方面。

电子商务物流系统分析的一般步骤如下。

1. 现行系统的详细调查

集中一段时间和部分人力，对现行系统做全面、充分和详细的调查，弄清现行系统的边界、组织机构、人员分工、业务流程、各种计划、单据及报表的格式、种类及处理过程、企业资源及约束情况等，为系统开发做好原始资料的准备工作。

2. 组织结构与业务流程分析

在详细调查的基础上，用图表和文字对现行系统进行描述，详细了解各级组织的职能和有关人员的工作职责、决策内容，对新系统的要求，业务流程各环节的处理业务及信息的来龙去脉。

3. 系统数据流程分析

根据业务流程分析结果，结合系统的任务、功能和特点，做出新系统的数据流程分析。

4. 建立新系统的逻辑模型

在系统调查和系统分析的基础上建立新的逻辑模型，用一组图表工具表达和描述，方便用户和分析人员对系统提出改进意见。

5. 提交系统分析报告

对系统分析阶段的工作进行总结和向有关领导提交分析报告，为下一步系统设计提供工作依据。

在运用上述步骤和方法进行系统分析时，调查研究将贯穿于系统分析的全过程。调查与分析经常交替进行，系统分析深入的程度将是影响管理系统成败的关键问题。

相关链接　　**电子商务物流系统分析报告的组成**

系统分析阶段的成果就是系统分析报告，它反映了这一阶段调查分析的全部情况，是下一步设计与实现系统的基础。电子商务物流系统分析报告主要包括以下内容。

（1）组织情况简述

组织情况简述主要是对分析对象的基本情况进行概括性的描述，包括组织的结构、组织的目标、组织的工作过程和性质、业务功能、对外联系、组织与外部实体间有哪些物质及信息的交换关系、研制系统工作的背景如何等。

（2）系统目标和开发的可行性

系统的目标是系统拟采用什么样的开发战略和开发方法，人力、资金及计划进度的安排，系统计划实现后各部分应该完成什么样的功能，某些指标预期达到什么样的程度，有哪些工作是原系统没有而计划在新系统中进行增补等。

（3）现行系统运行状况

利用作业流程图、数据流程图等工具，详细描述原系统信息处理及信息流动情况。同时，各个主要环节对业务的处理量、总的数据存储量、处理速度要求、主要查询和处理方式、现有的各种技术手段等，都应有一个简明扼要的说明。

（4）新系统的逻辑方案

新系统的逻辑方案是系统分析报告的主体。这部分主要反映分析的结果和对今后建造新系统的设想。

3.3　电子商务物流系统设计

电子商务物流系统包括了从产品采购到销售并送达客户手中这样一个很广的范围。因此，系统设计的目标就是要把其中的各个环节联系起来，看成一个整体进行设计和管理，以最佳的结构配合，充分发挥其系统功能和效率，实现电子商务整体物流合理化。

物流实践

戴尔公司电子商务过程中的物流系统构建

1. 戴尔公司电子商务化物流取得的效果

戴尔公司的日销量超过 1 200 万美元，但其销售全是通过国际因特网和企业内部网进行的。在日常的经营中戴尔公司仅保持两个星期的库存（行业的标准是 60 天），存货一年周转 30 次以上。基于这些数字，戴尔公司的毛利率和资本回报率分别是 21%和 106%。戴尔公司实施电子商务化物流后取得的物流效果是：①1998 年就实现品库存为零；②零部件仅有 2.5 亿美元的库存量（其赢利为 168 亿美元）；③年库存周转次数为 50 次；④库存期平均为 7 天；⑤增长速度 4 倍于市场成长速度；⑥增长速度两倍于竞争对手。

在现实企业的经营中，电子商务的实现的确可以使销售过程的中间环节成为多余，并可以构造一条最简短的流通渠道，这条渠道可以由专业的流通企业经营，也可由专业的制造企业经营，还可以由信息网络服务商来经营。制造商从事电子商务的情况比较普遍。

2. 戴尔公司电子商务化物流的 8 个步骤

在戴尔公司的直销网站（http://www.dell.com）上，提供了一个跟踪和查询消费者订货状况的接口，供消费者查询已订购的商品从发出订单到送到消费者手中全过程的情况。戴尔公司对待任何消费者（个人、公司或单位）都采用定制的方式销售，其物流服务也配合这一销售政策而实施。戴尔公司的电子商务销售有 8 个步骤。

（1）订单处理

在这一步，戴尔公司要接收消费者的订单，消费者可以拨打 800 免费电话叫通戴尔公司的网上商店进行网上订货，也可以通过浏览戴尔公司的网上商店进行初步检查，首先检查项目是否填写齐全，然后检查订单的付款条件，并按付款条件将订单分类。采用信用卡支付方式的订单将被优先满足，其他付款方式则要更长时间得到付款确认，只有确认支付完款项的订单才会立即自动发出零部件的订货，并转入生产数据库中，订单也才会立即转到生产部门进行下一步作业。用户订货后，可以对产品的生产过程、发货日期甚至运输公司的发货状况等进行跟踪，根据用户发出订单的数量，用户需要填写单一订单或多重订单状况查询表格，表格中各有两项数据需要填写：一是戴尔公司的订单号；二是校验数据，提交后，戴尔公司将通过因特网将查询结果传送给用户。

（2）预生产

从接收订单到正式开始生产之前，有一段等待零部件到货的时间，这段时间称作预生产。预生产的时间因消费者所订的系统不同而不同，主要取决于供应商的仓库中是否有现成的零部件。一般而言，戴尔公司要确定一个订货的前置时间，即需要等待零部件并且将订货送到消费者手中的时间，该前置时间在戴尔公司向消费者确认订货有效时会告诉消费者。订货确认一般通过两种方式，即电话和电子邮件。

（3）配件准备

当订单转到生产部门时，所需的零部件清单也就自动产生，相关人员将零部件备齐传送到装配线上。

（4）配置

组装人员将装配线上传来的零部件组装成计算机，然后进入测试过程。

（5）测试

检测部门对组装好的计算机用特制的测试软件进行测试，通过测试的机器被送到包装间。

（6）装箱

测试完后的计算机被放到包装箱中，同时要将鼠标、键盘、电源线、说明书及其他文档一同装入相应的卡车运送给顾客。

（7）配送准备

一般在生产过程结束的次日完成送货准备，但大订单及需要特殊装运作业的订单可能花的时间要长些。

（8）发运

将顾客所订货物发出，并按订单上的日期送到指定的地点。戴尔公司设计了几种不同的送货方式，由顾客订货时选择。一般情况下，订货将在 2～5 个工作日送到订单上的指定地点，即送货上门，同时提供免费安装和测试服务。

戴尔公司的物流从确认订货开始。确认订货是以收到货款为标志，在收到用户的货款之前，物流过程并没有开始，收到货款之后需要2天时间进行生产准备、生产、测试、包装、发运准备等。戴尔公司在我国的福建厦门设厂，其产品的销售物流委托国内的一家货运公司承担。由于用户分布面广，戴尔公司向货运公司发出的发货通知可能十分零星和分散，但戴尔公司承诺在款到后2～5天送货上门，同时，在中国对某些偏远地区的用户每台计算机还加收200～300元的运费。

3. 电子商务化物流对戴尔公司的好处及隐患

电子商务化物流使戴尔公司既可以先拿到用户的预付款，待货运到后货运公司再结算运费（运费还要用户自己支付）。戴尔公司既占压着用户的流动资金，又占压着物流公司的流动资金，按单生产又没有库存风险。戴尔公司的竞争对手一般保持着几个月的库存，而戴尔公司的库存只有几天，这些因素使戴尔公司的年均利润率超过50%。当然，无论什么销售方式，首先必须对用户有好处。戴尔公司的电子商务型直销方式对用户的价值包括：一是用户的需求不管多么个性化都可以满足；二是戴尔公司精简的生产、销售、物流过程可以省去一些中间成本，因此戴尔公司的产品价格较低；三是用户可以享受到完善的售后服务，包括物流、配送服务，以及其他售后服务。

决定戴尔公司直销系统成功与否的一个关键是要建立一个覆盖面较大、反应迅速、低成本的物流网络和系统。如果戴尔公司按照承诺将所有的订货都直接从工厂送货上门，就会带来两个问题。

（1）物流成本过高

如果用户分布的区域很广，订货量又少，则这种系统因库存降低减少的库存费用是无法弥补因送货不经济导致的运输及其他相关成本上升而增加的费用的，可能在某些重要的销售市场设立区域配送中心是必要的，这样可能会使库存成本上升，但交货期缩短。

（2）交货期过长

传统的销售渠道是消费者面对现货；而在戴尔公司的销售方式下，用户面对的是期货。此时，消费者看重的是名牌企业，因而有可能等待，但这并不是消费者期望的事情，所以像戴尔公司这样依赖准确的需求预测，电话订货或网上订货，然后再组织生产和配送的模式，实际上蕴藏着较大的市场、生产及物流风险，不是很容易办到的。

4. 电子商务化物流服务

如果将电子商务的物流需求仅仅理解为门到门运输、免费送货或保证所订的货物都送货的话，那就错了。因为电子商务需要的不是普通的运输和仓储服务，它需要的是物流服务，而物流与仓储运输存在比较大的差别。正是因为传统的储运服务无法全方位地为电子商务服务，才使得电子商务经营者感到物流服务不到位、太落后等。那么电子商务经营者需要的是什么服务呢？答案是除了传统的物流服务外，电子商务还需要增值性的物流服务。

5．增值性的物流服务包括的内容

（1）增加便利性的服务，即使人变懒的服务

一切能够简化手续、简化操作的服务都是增值性服务。简化是相对于消费者而言的，并不是说服务的内容简化了，而是指为了获得某种服务，以前需要消费者自己做的一些事情，现在由商品或服务提供商以各种方式代替消费者做了，从而使消费者获得这种服务变得简单。消费者获得服务或商品就像用傻瓜照相机一样简单，不仅简单而且更加好用，这当然增加了商品或服务的价值。在提供电子商务的物流服务时，推行一条龙门到门服务、提供完备的操作或作业提示、省力化设计或安装、代办业务、一张面孔接待客户、24 小时营业、自动订货、传递信息和转账（利用 EOS、EDI、EFT）、物流全过程追踪等都是对电子商务销售有用的增值性服务。

（2）加快反应速度的服务，即使流通过程变快的服务

快速反应已经成为物流发展的动力之一。传统的观点和做法将加快反应速度变成单纯对快速运输的一种要求，而现代物流的观点认为，可以通过两条途径使过程变快：第一种办法，是提高运输基础设施和设备的效率，如修建高速公路、铁路提速、制定新的交通管理办法、将汽车本身的行驶速度提高等，这是一种速度的保障，但在需求方对速度的要求越来越高的情况下它也变成了一种约束，因此必须想其他的办法来提高速度；第二种办法，也是具有重大推广价值的增值性物流服务方案，应该是优化电子商务的流通渠道，以此来养活物流环节、简化物流过程、提高物流系统的快速反应性能。

（3）降低成本的服务，即发掘第三利润源泉的服务

电子商务发展的前期，物流成本居高不下，有些企业可能会因为根本承受不了这种高成本而退出电子商务领域，或者选择性地将电子商务的物流服务外包出去，这是很自然的事情。发展电子商务，一开始就应该寻找能够降低物流成本的物流方案。企业可以考虑的方案包括：采用第三方物流；电子商务经营者之间或电子商务经营者与普通商务经营者联合，采取物流共同化计划；同时，对于具有一定的销售量的电子商务企业，可以通过采用比较适用但投资比较少的物流技术和设施设备，或推行物流管理技术，如运筹学中的管理技术、单品管理技术、条形码技术和信息技术等，提高物流的效率和效益，降低物流成本。

（4）延伸服务，即将供应链集成在一起的服务

向上可以延伸到市场调查与预测、采购及订单处理；向下可以延伸到配送、物流咨询、物流方案的选择与规划、库存控制决策建议、货款回收与结算、教育与培训、物流系统设计与规范方案的制作等。

戴尔公司给我们开了电子商务化物流的先河，如何实现电子商务化物流是目前企业

所面临的问题，而能否提供电子商务化物流增值服务现在已成为衡量一个企业物流是否真正具有竞争力的标准。

3.3.1　电子商务物流系统设计的要素

在进行电子商务物流系统设计过程中，需要使用以下几个方面的基本数据：

- 所涉及商品（Products）的品种、品目及特殊的配送需求等；
- 商品数量（Quantity）的多少及年度销售目标的规模和价格；
- 商品的流向（Route）及各配送中心的销售量等；
- 服务水平（Service）、产品的配送速度和商品质量等；
- 时间（Time），不同的季度、月、周、日、时条件下各种产品的销售量的波动和特点等；
- 物流成本（Cost）。

以上 6 方面（P、Q、R、S、T、C）总称为物流系统设计有关基本数据的 6 个要素。这些数据是物流系统设计必须具备的。

3.3.2　电子商务物流系统设计的过程

1．计划

确定要开发的系统的总目标，给出系统的功能、性能、可靠性及所需的接口等方面的设想。研究完成该项软件的可行性分析，探讨解决问题的方案，并且对可供使用的资源（如计算机硬件、软件、人力等）、成本、可取得的效益和开发的进度做出估计。制定完成开发任务的实施计划。

2．需求分析

需求分析主要是对要开发的软件进行详细的调查和分析，充分理解用户需求，确定哪些需求是可以满足的，明确这些需求的逻辑结构，并给以确切地描述。写出软件需求说明书或功能说明书及初步的系统用户手册。

3．软件设计

软件设计是软件工程的技术核心。其基本任务是将用户要求转换成一个具体的软件系统的设计方案。该阶段包括概要设计（或称总体设计）、详细设计等步骤，每个步骤考虑的详细程度有所不同。

电子商务物流系统的设计可从不同的角度进行。

（1）数据库设计

数据库设计是物流信息管理系统设计中重要的部分，将影响到以后系统数据的质量、数据库的可扩展性、数据运行的效率等。设计又分逻辑结构和物理结构两部分。

相关链接　　逻辑结构和物理结构的概念

逻辑结构是系统处理事件的数据之间的关系、分类、结构。这种结构是从用户的角度来看待数据，是面向用户的。逻辑结构的设计影响到数据库的冗余程度及可扩展性。物理结构是数据在存储设备（如磁带机、硬盘等硬件设施）上的分布，是面向机器的。物理结构的设计将对数据的存储速度、效率、数据的可恢复性产生影响。

关系型数据库是目前广泛应用于信息管理系统开发的一种数据库。关系型数据库通过建立数据之间的关系来减少数据的冗余，减少对数据的操作，从而减少错误操作，提高效率。关系型数据库可通过建立数据的关系将物流过程的各环节的数据整合起来。

关系型数据库是由许多表作为基础，每张表代表某一组独立的、可以描述某一事务的、不重复的信息，数据库的设计将各个表描述出来，然后定义各表之间的关联。数据库的设计需符合低冗余度、结构清晰、易于管理的原则。冗余度是指同样的信息在不同的表中储存多次或不必要的信息也被存储的情况。

（2）窗体与报表设计

窗体与报表是系统与用户之间进行信息输入与输出的界面。窗体与报表的设计是以强大的数据库作为支持的，对窗体与报表进行设计时可根据用户的部门功能的划分对窗体与报表进行归类，窗体与报表应尽量包含用户所需的内容和功能，界面设计要做到简洁、明了和美观，菜单的提示问答要直观并可提供帮助功能。

（3）运算过程及逻辑功能设计

运算过程及逻辑功能是为减少人工运算和实施数据的进出控制而设计的模块。模块化的设计和可重复使用的构件技术的应用使程序设计更为方便。

（4）网络及通信设计

网络的结构和通信方式的使用直接关系着网络通信的速度、效率和成本。局域网将企业本地内部的数据库、打印机、传真机等资源连接起来，广域网将企业跨地区的子公司及供应链上的各环节连接起来，以共享资源，节约成本。网络的设计通过对硬件的配置、布局的规划、数据传输方式的设置将对网络的安装、维护、成本、数据安全性、传输数据的质量产生影响。

4．程序编写

把软件设计转换成计算机可以接受的程序，即写成以某一程序设计语言表示的“源程序清单”，这步工作也称为编码。写出来的程序应该是结构良好、清晰易读，且与设计相一致的。

5. 系统测试

测试是保证软件质量的重要手段，其任务是发现并排除错误。它通常又可分为单元测试（或称模块测试）、组装测试、确认测试等步骤。测试最好由另一个独立的部门（不参加该软件系统的设计和编写的人员组成）来完成，这样可以提高测试的效率。整个测试过程都要记录在测试分析报告中。

6. 系统运作与维护

已交付的软件投入正式使用便进入了运行阶段。在运行阶段，需要对软件系统进行修改，其原因可能有：运行后发现了错误需要修正；为了适应变化了的软件工作环境，需做适当变更；为了增强软件功能需做变更。每项维护活动都应该准确记录，作为正式的文档资料加以保存。

3.3.3 电子商务物流系统设计的技术方法

1. 生命周期法

生命周期法是广泛应用的系统开发方法。它将信息系统比作生物的一个生命周期，有开始、中间及结束等各个不同的阶段。每个阶段都有特定的工作内容，完成本阶段的工作以后才能进入下一个阶段。这种方法至今仍在许多复杂的大中型项目开发中被普遍采用。

（1）系统生命周期

生命周期法把系统生命周期分为 6 个阶段（见表 3-4）。

在系统使用的过程中，为改正错误和提高系统的效率，需要不断对系统进行维护，经过一段时间的维护，会发现为了进一步提高效率，更好地满足用户的要求，要对系统进行大量的改造。这时就要达到这个系统生命周期的终点了。一旦到达生命周期的终点，就有再建立一个新的信息系统的必要，这时一个新的生命周期便重新开始。

表 3-4　系统生命周期

阶　段	任　务
项目定义	任务是论证建设新的信息系统的必要性，并提出一个初步设想。这个阶段要分析组织中是否存在问题，解决这些问题是必须建立一个新的信息系统，还是只需对原有系统进行改造；还要提出新系统或改造后的系统的目标、范围及系统建设的初步计划。所有这些内容都以“项目扩建书”的形式，书面提交管理部门审批
系统分析	任务是通过对原有系统存在的问题进行分析，找出解决这些问题的各种方案，评价每种方案的可行性，提出可行性报告和用户需求报告。系统分析人员要对原有的系统进行详细的调查，通过交谈、观察原系统的运行过程，收集各种报告、表格和文档，以及发调查问卷等多种形式，分析并确定系统的优点、缺点和问题，以及了解用户有哪些信息需求必须被满足

续表

阶　　段	任　　务
系统设计	任务是生成系统逻辑设计和物理设计的规格说明书。为了使这些说明书更加规范，常常要利用数据流程图、系统结构图和系统流程图等工具
编程	任务是把设计阶段完成的规格说明书转换成软件的程序代码。系统分析与设计人员要与程序员一起共同完成程序设计文档，程序员写出相应的程序代码。文档成为设计人员与编程人员沟通的主要工具
安装	包括测试、培训和转换 3 项任务。测试是用来验证新系统技术上和业务功能上的正确性；培训要对系统维护人员和最终使用该系统的直接用户分别进行；转换要为旧系统向新系统过渡排出一个详尽的转换计划，确保转换的平稳性与安全性
实施与评价	包括使用、评价和维护等内容。当系统投入使用后，用户与系统技术专家要对系统进行全面评审，以确定新系统是否达到了预想的目标，是否需要进行修正和改进

（2）生命周期法的特点与不足

生命周期法是将制造业中工程化的设计制造方法移植到软件行业。其特点是：非常强调计划性，排斥不确定性，对于不确定性的工作也要求排出严格的计划；强调分工，从设计到生产各个阶段都有详细的划分，有确定的工作内容和相应的人员；强调合作，要求所有工作人员的构思、创意和设计都必须有可以与他人交流的书面或其他形式的文档记载，以确保项目可以由多人合作完成；强调标准化和规范化，排斥个性化和自由发挥。

生命周期法的主要不足之处是过于耗费资源。收集资料和书写各种文档的工作量极大，不仅耗费大量人力物力，而且耗费大量的时间；另一个不足之处是缺乏灵活性。生命周期法不适用于开发那些需求不明确的系统。对那些用户需求难以事先确定的系统（如决策支持系统），可以考虑用下面所介绍的原型法。

2. 原型法

（1）基本思想

原型法（Prototyping Approach）的基本思想是在 1997 年开始提出的，它改正了结构化系统开发方法的缺点，由用户与系统分析设计人员合作，在短期内定义用户的基本需求，开发出一个功能不是十分完善、实验性、简易的应用软件基本框架（称为原型）。先运行这个原型，再不断评价和改进原型，使之逐步完善。

（2）开发过程

原型法的开发步骤可以归纳为如下几个阶段（见图 3-2）。

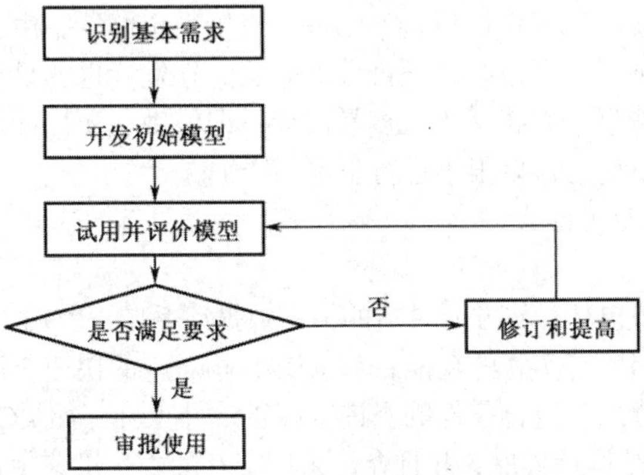

图 3-2　原型法的开发步骤

1）识别基本要求。系统开发人员向用户了解其对信息系统的基本需求，即应该具有的一些基本功能，人机界面的基本形式等。

2）开发初始原型。在对系统有了基本了解的基础上，系统开发人员应争取尽快地建造一个具有这些基本功能的初始系统模型。

3）试用并评价模型。让用户和开发人员一起对新开发的系统进行试用，并提出评价与建议。

4）修订和提高。开发人员根据用户的意见对原始系统进行修订、扩充和完善；开发人员在对原始系统进行修订后，又与用户一起就完成的系统再次试用和评价，如果不满足要求，则要进行下一轮循环，如此反复地进行修订，直到用户满意为止。

5）审批使用。如果经用户评价，系统符合要求，则可根据开发原始系统的目的，或者作为最终的信息系统投入正常运行，或者把该系统作为新系统初步设计的基础。

（3）适用场合与局限性

原型法将模拟的手段引入系统开发过程中，适用范围比较有限，对于小型、简单、处理过程比较明确、没有大量运算和逻辑处理过程的系统比较适用。

原型法的最大优点是能够提高用户的满意度，尤其是最终用户的满意度。另外，周期短、成本低也是原型法很显著的优点。

尽管原型法有上述优点，但它仍然不能代替仔细的需求分析和结构化设计，不能代替严谨的正规文档，也不能取代传统的生命周期法和相应的开发工具。其局限性具体表现为以下 3 点。

1）原型法不适于开发大的系统。除非进行了彻底的需求分析，否则，人们不知道应该如何生成大系统的原型。

2）进行原型法开发时，测试和文档工作常常容易被忽略。开发者总是倾向于把测试工作简单地推给用户，使测试工作进行得不彻底，将给系统留下隐患，这也是开发者对系统的使用者生疏或业务不了解而进行责任推诿的做法；开发者也容易忽略正式文档的编写，他们认为编写文档太费事，系统又不太容易改变，即使做了文档又很快地失效。由于缺乏有效完整的文档，使系统运行后很难进行正常的维护。

3）运行的效率可能比较低。

（4）支持环境

原型法的支持环境包括：与方便灵活的关系数据库系统（RDBS）相对应的、方便灵活的数据字典，具有存储所有实体的功能；与 RDBS 相对应的快速查询系统，能支持任意非过程化的（交互定义方式）组合条件的查询；高级软件工具（如 4GLS 或信息系统开发生成环境等），用以支持结构化程序，并且允许采用交互的方式迅速地进行书写和维护，产生任意程序语言的模块（原型），非过程化的报告或屏幕生成器，允许设计人员详细定义报告或屏幕输出样本。

（5）其他原型法

一般有丢弃式原型法（Throw-It-Away Prototyping Method）、演化式原型法（Evolutionary Prototyping Method）和递增式原型法（Incremental Prototyping Method）等。

3. 面向对象开发方法

（1）基本思想

以前的开发方法只是单纯地反映管理功能的结构状况，或者只是侧重反映事物的信息特征和信息流程，只能被动迎合实际问题的需要。面向对象的开发方法（Object Oriented）把数据和过程包装成为对象，以对象为基础对系统进行分析与设计，为认识事物提供了一种全新的思路和办法，是一种综合性的开发方法。

客观世界是由各种各样的对象组成的，每种对象都有各自的内部状态和运动规律，不同对象之间的相互作用和联系就构成了各种不同的系统。对象（Object）是客观世界中的任何事物或人们头脑中的各种概念在计算机程序世界中的抽象表示，是面向对象程序设计的基本元素。

（2）对象及特性

客观世界由各种对象组成，任何客观事物都是对象，对象是在原事物基础上抽象的结果。任何复杂的事物都可以通过对象的某种组合结构构成。复杂对象可由相对比较简单的对象以某种方式组成。

对象由属性和方法组成。属性反映了对象的信息特征，如特点、价值、状态等；而方法则是用来定义改变属性状态的各种操作。

对象之间的联系主要是通过传递消息来实现的，而传递消息的方式是通过消息模式和方法所定义的操作过程来完成的。

对象之间的相互操作、调用和应答都是通过将消息发送到对象外部接口来实现的。在收到消息时，对象要予以响应。不同的对象收到同一消息可能产生完全不同的结果，这一现象叫多态。

对象可按其属性进行归类。类有一定的结构，类上可以有超类，类下可以有子类。对象或类之间的层次结构是靠继承关系维系的。

对象是一个被严格模块化了的实体，称为封装。这种封装了的对象满足软件工程的一切要求，而且可以直接被面向对象的程序设计语言所接受。

（3）面向对象的分析

面向对象分析可以分为下列几个步骤。

1）找出问题领域对象和类，确定这些对象和类的属性和行为。对象是通过一个对象名、状态和行为来表示的，类也用类似的方法表示。通常，将对象分为实体对象，接口对象和控制对象 3 种。实体对象相当于客观世界中的对象，接口对象包括用户接口屏幕和其他应用对应的接口，控制对象是协调其他对象行为的对象。实体对象联系数据存储，接口对象管理用户接口，控制对象管理逻辑处理。

2）确定这些类之间的关系及其结构。类之间联系包括一对一联系、一对多联系和多对多联系 3 种联系。

3）识别主题，按主题把对象和类分组，可减少系统的复杂性。

4）行为的规定，就是规定问题领域中有一些什么动作。

如图 3-3 所示，在一个简单采购管理系统模型中，有供应商、原材料等对象；有类“交易”及其具体对象“采购交易”与部分对象“采购项”。当与供应商做成交易时，就记下交易的日期、原材料名、价格、采购数量及付款方式。这些属性分别记录在供应商、交易、采购交易、采购项和原材料这 5 个类或者对象中。

假设对象采购交易向采购项传送一个消息，要求后者计算采购额，并将计算结果送回给对象采购交易。对象采购项计算每种原材料的采购项时，需要该原材料的价格，并记载在对象原材料之中。对象采购项再向对象原材料传送一个消息，要求后者把价格信息传送给对象采购项。

（4）面向对象的设计

在分析阶段已建成问题领域的所有对象和类，设计阶段将这些对象和类根据设计要求加以整理和求精。对于面向对象的概念模型所确定的对象结构、属性及方法等内容，需要进行添增、分裂、合并等分析，改正错误的内容，删去不必要和重复的内容，进行分类整理等。例如，经理和职员两个类可概括为干部类，干部类和顾客类可概括为人员类。

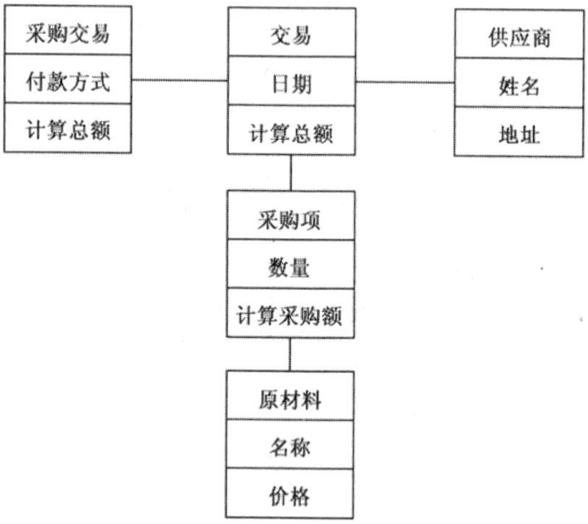

图 3-3　简单采购管理系统模型

（5）面向对象方法的优点和不足

面向对象方法大大提高了开发人员开发管理信息系统的工作效率和质量，其优点主要体现在以下 3 个方面。

1）复杂对象的构造能力。该方法对于客观世界的模仿能力强、方式自然。面向对象数据库中对象属性的取值可以是另外一个对象，一个职工对象的部门属性的取值可以是该部门的对象标志，这样的表示方式自然、易于理解，而且在查询某职工及其所在部门的信息时，可以通过该部门的对象标志直接找到那个部门，从而提高查询速度。

2）封装性。向开发人员和最终用户屏蔽了复杂性和实现的细节，降低了信息系统开发和维护的难度。对象封装和数据封装在一起作为存储和管理的单位，也是用户使用的单位，从外部只能看到它的接口，而看不到实现的细节，对象内部的修改不影响对象的使用，因此，使信息系统的开发和维护变得更加容易。

3）继承性。使得数据库设计和编程可重复使用。应用开发人员可以在已建立的类库的基础上派生出新的类，继承已存在的类的属性和方法。

相关链接　继承性举例

定义“销售人员”类作为已存在的“职工”类的子类，“销售人员”可以继承“职工”的职工号、姓名、性别等属性，重复使用了数据库设计的结果，还可以继承“职工”的计算工资额、显示奖惩记录等方法，重复使用了应用编程的结果。对象的继承性对于建立大型复杂的信息系统具有重要的意义。

面向对象开发方法的不足主要在于需要一定的软件基础支持才可以应用。在开发大型管理信息系统时，如果不经过自顶向下的整体划分，一开始就自底向上地采用面向对象开发方法，将造成系统结构不合理、各部分关系失调等问题。因此，面向对象开发方法一般和生命周期法结合应用。

4．计算机辅助系统开发方法

计算机辅助系统开发方法是利用软件包的开发方法。应用软件包是预先编制好的、能完成一定功能的、供出售或出租的成套软件系统。应用软件可以小到只有一项单一的功能（如打印商品条形码），也可以是有 50 万行代码的、400 多个模块组成的复杂运行的主机上的大系统。现在市场上各种专用的软件包日益增多，利用软件包实现组织的信息系统已经成为一种可行的开发策略。因为软件包已经完成了设计、编码和测试工作，又有完整的文档供培训和维护使用，所以用它开发信息系统，时间会大大缩短。大多数软件包被用来完成许多组织都将用到的一些公共的通用功能，销售量的增加使软件包的购买（或租用）费用下降，一般都低于自行开发的费用。

下列 3 种情况可以优先考虑选择使用软件包开发系统。

1）需要开发的系统功能是多数组织都要用到的一些通用功能。例如，工资管理、人力资源管理、会计财务管理、应收/应付账款管理等，因为这类软件包很多，有比较宽的选择余地，成本也不高。

2）缺少组织内部的开发人员。不是每个组织都有足够的内部信息可以使专业人员承担系统开发任务的，这时就可以考虑全部或部分选用软件包来开发自己的信息系统。

3）开发的系统属于计算机系统。因为目前市售的绝大多数应用软件包都是运行在计算机环境下的。

应当指出，上述对开发方法的分类并不严格，因为实际上这些方法之间有不少交叉的内容。例如，用生命周期开发方法时可能部分采用原型法，而用计算机辅助软件工程（CASE）方法开发时，首先要认真做好结构化的系统分析。

案例分析

中邮物流公司为某轿车企业提供备件物流服务

1．合作背景

某轿车企业是国内知名的大型轿车生产厂商之一。年产 15 万辆轿车和 20 万台发动机，2006 年规模扩大至年产 30 万辆轿车和 40 万台发动机。该公司坚持“以市场为导向、以质量为基础、以管理为载体、以效应为目的”的方针，倡导“忠诚、务实、拼搏、创新”的精神，努力实现“打造中国家用轿车第一品牌”的远景目标。目前已在全国建立了约 300 家销售服务网点，形成覆盖全国的销售、服务、信息及物流四大网络。

该公司物流包括备件物流、供应商物流和整车物流。备件物流是指从其备件中心库向全国 197 个城市的 267 个特约服务站的成品备件配送；供应商物流是指全国 226 个供应商向该公司（武汉）总装线及备件库的备件供应；整车物流是指汽车成品向客户及销售服务站的退货。2003 年 9 月初开始，该公司委托中邮物流公司为其提供备件物流“门到门”运输服务。中邮物流公司承诺，根据双方合作的服务进程及服务规模，将在备件运输上帮助该公司降低物流成本，并提高运输服务质量。

2．该轿车企业备件物流需求分析

（1）轿车备件物流需求特点

通过对轿车备件物流需求特点的分析，轿车备件物流一般具有以下一些共同特征：

1）备件品种多，运输批量小，需求分布广。

2）需求量地区分布不稳定，且时效要求高。

3）备件的装卸及运输过程专业化要求高，个性化要求强。

4）紧急情况下快速反应能力和服务质量要求高。

（2）该公司轿车备件物流需求分析

1）产品安全服务要求：根据该公司提供的产品资料显示，备件产品品种繁多，体积各异，重量为 0.1～500 千克，有异型货，外包装类型有纸箱、木箱、托盘，内包装类型有塑料、玻璃、纸盒，在运输过程中需要防潮、防压、防震。

2）区域覆盖能力要求：目前该公司设有一个备件中心库房，直接辐射全国 197 个城市的 267 个特约服务站。

3）时限要求：备件物流的订单分普通订单和紧急订单，按照距离远近，普通订单时限一般 2～7 天，紧急订单时限一般 1～3 天。

4）服务深度要求：提供“门到门”的物流服务，完成从托运方的备件中心库提货，直至货交给收货人的全程运输。

5）运输渠道要求：公路、铁路、航空。

6）信息服务要求：依托信息系统，提供及时方便的货物签收查询服务。

7）提出 24 小时的全天候准时服务要求：保证托运方备件中心库发货人员及各地维修站的业务人员、项目组相关负责人员 24 小时畅通通信；中邮项目组安排车辆；保证普通件在 60 分钟内到仓门待命：紧急件在 20 分钟内到仓门提取。

8）多项服务项目要求：根据该公司备件运输需要，中邮物流公司依托自身的网络和综合服务优势，需要提供包括快车直投、零担货运、航空快件、铁路快件等多种服务形式。

（3）服务目标

1）借助邮政物流强大的网络覆盖能力，优化资源配置，降低该备件物流整体运营成本，实现双赢。

2）实现备件运输和配送的快捷、安全、准时到达。

3）维护、提升售后服务质量。

4）加强运输过程的信息化管理。

（4）该公司市场化选择备件运输物流服务商的基本做法

首先通过多种方式对备选物流服务商的资信、网络、业务能力等进行周密的调查，并通过一段时间的试运行确定几家服务商；然后按组每月、季、年进行考评，并根据考评结果，调整各家物流服务商的服务区域范围。主要考核内容包括：

1）运输周期。从接货、发运至收货人、签收的全过程运输，要求达到规定时间的要求。

2）信息反馈。网上签收信息必须及时准确。

3）单证资料。要求制作的各种物流单据准确、规范、无误。

4）货物安全。是否出现货损、货差等事故。

5）客户投诉。如果服务商考评期内客户投诉率超过规定，则取消该区域的服务资格。

（5）服务方式

1）实行项目经理负责制，严格规范操作流程：

- 成立项目组，采用项目经理负责制；
- 制定相应的服务操作流程。

2）建立质量保障服务体系。为了保障该物流项目的正常运作，中邮物流公司从质量、常规安全保障、紧急情况处理和异议处理几个方面制定保障措施：①服务质量承诺；配送准时率>95%；物品完好率>99.7%；配送签收信息反馈率>95%；客户满意率>98%。②常规安全保障。③应急保障服务。其中应急保障服务内容包括：

- 全天候服务；
- 24小时（包括节假日）待命服务；
- 整车备件配送应急措施——邮政全网协作，运输途中如车辆发生意外，近距离可立即启用紧急维修组进行维修，确保车辆运行，如车辆无法及时维修，立刻启用备用车辆过驳接转，远距离主要采取联系最近的当地邮局运输车队协助解决，进行过驳联运；
- 零担备件配送应急措施——启用应急方案。

（6）为该公司带来的服务价值

1）使普通订单的处理时限由原平均4～5天降为2～3天。

2）降低了客户紧急件的发运比例，从而从总体上为客户节约了近5%的物流成本。

3）降低了管理难度，简化了客户工作程序，提高了工作效率。

4）由于邮政车辆进城不受时间限制，使得各地维修服务站由原来必须晚上留人接收备件方式，改为上班时间也可以接收，获得各地维修服务商的好评。

（7）下一步方案设想

利用邮政网络优势，在华东、华南、华北（该地区发货量占总发货量的80%以上）该汽车维修服务商较为集中的区域，分别设立备件仓储大区中心，其优点是：

1）加快了订单的反应时间。

2）降低了订单的配送成本（由原中心库发至维修服务站转变为由大区中心辐射周边维修服务站）。

3）可以快速、集中地收取供应商备件，集散后利用大运量工具发往武汉，降低了备件供应的运输成本（该备件供应商55%分布在华东、华南、华北等区域）。

思考题

（1）中邮物流公司是如何为该企业设置其电子商务物流系统的？

（2）请结合案例分析该公司物流系统的结构。

本章小结

本章首先介绍了电子商务物流系统的含义、功能和构成；其次对电子商务物流系统分析的过程加以说明；最后论述了电子商务物流系统设计的内容和要素、过程和技术方法。

思考与练习题

（1）如何对电子商务物流系统进行评价？评价标准有哪些？

（2）电子商务物流系统设计的要素有哪些？

（3）电子商务物流系统设计的方法有哪些？各有什么优缺点？

第4章

电子商务物流过程

学习目的

- 了解电子商务环境下商品包装的特点；
- 掌握商品运输方式和运输合理化的措施；
- 掌握仓储的工作过程和仓储合理化的方法；
- 了解装卸搬运合理化的途径；
- 掌握流通加工合理化的措施；
- 了解电子商务物流信息技术。

工作任务

国外生鲜电商的运营模式

（1）Local Harvest 的 O2O 农产品电商模式

Local Harvest 通过将农产品搜索和 Google Maps 技术有机结合起来，形成一种农产品搜索+Google Maps +在线购买的模式。网站展示一张美国地图，绿色标注是农场位置，红色是农贸市场或商店，蓝色表示由附近农场供给的餐馆，紫色是杂货店，顾客输入邮编，网页上会提示附近的农场、市场等信息，顾客可通过平台实现 O2O 购物。

（2）美国 Farmigo 农产品平台运营模式

Farmigo 目前正打造全美最大的农产品在线交易平台：

1）Farmigo 自身并不销售农产品，仅做平台。

2）全部卖新鲜食材为核心。

3）48 小时送货上门，社区支持型农业（CSA），区域供应为主。

4）价格优势比超市便宜 20%～30%。

（3）美国有机商品超市 Whole Foods 的 O2O 运营模式

Whole Foods Market 美国最大天然食品零售商，敢与沃尔玛叫板的零售商，其过人之处在于把卖食品变成卖生活方式。目前启动的 O2O 运营模式：顾客用 APP 选择美味食谱，再生成购物清单，通过手机搜索最近 Whole Foods 超市购物，顾客建立自己美食档案，鼓励 SNS 分享带动营销。

请思考：

根据国外生鲜电商物流常见的运营模式，思考我国电商物流如何运营？

4.1 商品包装

在现代物流观念形成以前，商品包装被看成生产过程的终点，是商品出厂前的最后一道工序，因而一直被视为生产领域的活动。物流研究者认为，包装与物流的关系，比包装与生产的关系要密切得多，包装作为物流始点的意义比作为生产终点的意义要大得多。因此，包装应进入物流系统之中，且作为一个十分重要的部分。

4.1.1 包装的含义

包装是为在流通过程中保护产品、方便储运、促进销售，按一定方法而采用容器、材料和辅助物等的总体名称。从上面的定义可以知道，包装是包装物及包装操作的总称。包装的主要目的是保护商品、维持商品价值。

相关链接 美国及日本对包装的定义

美国对包装的定义：包装是使用适当的材料、容器与技术并施，使产品能安全地到达目的地。在产品输送过程的每个阶段，无论遭遇到怎样的外来影响皆能保护其内容物，而不影响产品的价值。

日本对包装的定义：所谓包装，是指在运输和保管物品时，为了保护其价值及原有状态，使用适当的材料、容器和包装技术将其包裹起来的状态。

4.1.2 包装的常用材料和技术

1. 包装材料

包装时材料的选择尤为重要，不同产品要求达到不同效果，也就要选择具有不同属性的包装材料，常用的包装材料有以下几类：① 纸及纸制品，如牛皮纸、玻璃纸、植物羊皮纸、沥青纸、板纸、瓦楞纸板；② 塑料及塑料制品，如聚乙烯、聚丙烯、聚苯乙烯、聚氯乙烯、钙塑材料；③ 木材及木制品；④ 金属，如镀锡薄板、铝合金；⑤ 玻璃、陶瓷；⑥ 复合材料。

根据不同的需求选择合适的包装材料，结合不同商品的特性、流向方向、材料的性价比等要素进行包装的选择设计。

2. 包装技术

（1）防震保护包装技术

防震包装（见图 4-1）又称缓冲包装，在各种包装方法中占有重要的地位。产品从生产出来到开始使用要经过一系列的运输、保管、堆码和装卸过程，置于各种环境之中。为了防止产品遭受损坏，要设法减小外力的影响，防震包装的作用就是为减缓内装物受到冲击和震动，保护其免受损坏所采取的一定防护措施的包装。

图 4-1　防震包装

图 4-2　防破损包装

（2）防破损保护包装技术

缓冲包装有较强的防破损能力，因而是防破损包装技术中有效的一种技术。除此之外，防破损包装（见图 4-2）还可以采取以下几种防破损保护技术。

1）捆扎及裹紧技术。捆扎及裹紧技术的作用，是使杂货、散货形成一个牢固整体，以增加整体性，便于处理及防止散堆来减少破损。

2）集装技术。利用集装，减少与货体的接触，从而防止破损。

3）选择高强度保护材料。通过外包装材料的高强度来防止内装物受外力作用破损。

（3）防锈包装技术

1）防锈油（防锈蚀）包装技术。大气锈蚀是空气中的氧、水蒸气及其他有害气体等作用于金属表面引起电化学作用的结果。如果使金属表面与引起大气锈蚀的各种因素隔绝（将金属表面保护起来），就可以达到防止金属大气锈蚀的目的。防锈油包装技术就是根据这一原理将金属涂封防止锈蚀的。

相关链接 防锈油封装金属制品注意事项

用防锈油封装金属制品，要求油层要有一定厚度，油层的连续性好，涂层完整。不同类型的防锈油要采用不同的方法进行涂覆。

2）气相防锈包装技术。气相防锈包装技术就是利用气相缓蚀剂（挥发性缓蚀剂），在密封包装容器中对金属制品进行防锈处理的技术。气相缓蚀剂是一种能减慢或完全停止金属在侵蚀性介质中的破坏过程的物质，它在常温下即具有挥发性，如它在密封包装容器中，很短的时间内挥发或升华出的缓蚀气体就能充满整个包装容器内的每个角落和缝隙，同时吸附在金属制品的表面上，从而起到抑制大气对金属锈蚀的作用。

（4）防霉腐包装技术

防霉烂变质的包装措施，通常是采用冷冻包装、真空包装或高温灭菌的技术。冷冻包装的原理是减慢细菌活动和化学变化的过程，以延长储存期，但不能完全消除食品的变质；高温杀菌法可消灭引起食品腐烂的微生物，可在包装过程中用高温处理防霉；有些经干燥处理的食品包装，应防止水汽浸入以防霉腐，可选择防水汽和气密性好的包装材料，采取真空和充气包装。

防止运输包装内的货物发霉，还可使用防霉剂。

对于机电产品的大型封闭箱，可酌情开设通风孔或通风窗等相应的防霉措施。

（5）防虫包装技术

防虫包装技术常用的方法是使用驱虫剂，即在包装中放入有一定毒性和臭味的药物，利用药物在包装中挥发气体杀灭和驱除各种害虫。常用的驱虫剂有樟脑精等。也可采用真空包装、充气包装、脱氧包装等技术，使害虫无生存环境，从而防止虫害。

（6）危险品包装技术

危险品有上千种，按其危险性质、交通运输及公安消防部门规定分为十大类，即爆炸性物品、氧化剂、压缩气体和液化气体、自燃物品、遇水燃烧物品、易燃液体、易燃固体、毒害品、腐蚀性物品、放射性物品，有些物品同时具有两种以上危险性能。危险品包装如图4-3所示。

对有毒商品的包装要明显地标明有毒的标志。防毒的主要措施是包装严密不漏、不透气。例如，重铬酸钾（红矾钾）和重铬酸钠（红矾钠），为红色带透明结晶，有毒，应用坚固铁桶包装，桶口要严密不漏，制桶的铁板厚度不能小于 1.2 毫米。对有机农药一类的商品，应装入沥青麻袋，封口严密不漏。用作杀鼠剂的磷化锌有剧毒，应用塑料袋严封后再装入木箱中，箱内用两层牛皮纸、防潮纸或塑料薄膜衬垫，使其与外界隔绝。

对有腐蚀性的商品，要注意商品和包装容器的材质发生化学变化。金属类的包装容器，要在容器壁涂上涂料，防止腐蚀性商品对容器的腐蚀。例如，包装合成脂肪酸的铁桶内壁要涂有耐酸保护层，防止铁桶被商品腐蚀，从而商品也随之变质。再如氢氟酸是无机酸性腐蚀物品，有剧毒，能腐蚀玻璃，不能用玻璃瓶做包装容器，应装入金属桶或塑料桶，然后再装入木箱。甲酸易挥发，其气体有腐蚀性，应装入良好的耐酸坛、玻璃瓶或塑料桶中，严密封口，再装入坚固的木箱或金属桶中。

图 4-3 危险品包装

对黄磷等易自燃商品的包装，宜将其装入壁厚不小于 1 毫米的铁桶中，桶内壁须涂耐酸保护层，桶内盛水，并使水面浸没商品，桶口严密封闭，每桶净重不超过 50 千克。

（7）特种包装技术

1）充气包装。充气包装是采用二氧化碳气体或氮气等不活泼气体置换包装容器中空气的一种包装技术，因此也称为气体置换包装。这种包装技术是根据好氧性微生物需氧代谢的特性，在密封的包装容器中改变气体的组成成分，降低氧气的浓度，抑制微生物的生理活动、酶的活性和鲜活商品的呼吸强度，达到防霉、防腐和保鲜的目的。

2）真空包装。真空包装是将物品装入气密性容器后，在容器封口之前抽真空，使密封后的容器内基本没有空气的一种包装方法。

一般的肉类商品、谷物加工商品及某些容易氧化变质的商品都可以采用真空包装。真空包装不但可以避免或减少脂肪氧化，而且抑制了某些霉菌和细菌的生长，同时在对其进行加热杀菌时，由于容器内部气体已排除，因此加速了热量的传导，提高了高温杀菌效率，也避免了加热杀菌时，由于气体的膨胀而使包装容器破裂。真空包装机如图 4-4 所示。

图 4-4 真空包装机

3）收缩包装。收缩包装是用收缩薄膜裹包物品（或内包装件），并对薄膜进行适当加热处理，使薄膜收缩后紧贴于物品（或内包装件）的包装技术。

4）拉伸包装。拉伸包装是 20 世纪 70 年代开始采用的一种新包装技术，是由收缩包装发展而来的，拉伸包装是依靠机械装置在常温下将弹性薄膜围绕被包装件拉伸、裹紧，并在其末端进行封合的一种包装技术。由于拉伸包装不需进行加热，所以消耗的能源只有收缩包装的 1/20。拉伸包装不仅可以捆包单件物品，还可用于托盘包装之类的集合包装。

5）脱氧包装。脱氧包装是继真空包装和充气包装之后出现的一种新型除氧包装技术。脱氧包装是在密封的包装容器中，使用能与氧气起化学作用的脱氧剂与之反应，从而除去包装容器中的氧气，以达到保护内装物的目的。

4.1.3 商品包装与商务环境

按照传统的包装理论，包装的功能主要有容纳、保护、传达、美化、便利、环保等。在基本的容纳、保护功能被满足的基础之上，商务环境又对包装提出传达、美化等功能要求；在更高的层次上，商务环境还进一步会对包装提出便利、环保的功能要求，相对于包装的基本功能，把这些功能称作包装的派生功能。可见商务环境对包装的功能要求是有层次的。

商务环境与商品包装之间是一种变化与适应的关系，不同的商务环境对商品包装的功能提出了不同的要求，包装的不同功能也会由于商务环境的变化而得到强化或弱化。

在传统商务环境下，销售渠道相对较为重要，对于有些行业，销售渠道甚至有很多层次，商品从生产商转移到消费者手中，一般要经历复杂的销售渠道。在这一过程中，商品包装在满足基本功能要求的基础上，商务环境对包装的派生功能提出的要求就要担负起推销商品的作用，因而包装被称为“无声推销员”，这是在传统商务环境下，商品包装表现出的一个突出特点。

4.1.4 电子商务环境下商品包装的特点

在传统商务环境下，社会生产与再生产的实现（或者称为商品价值与使用价值的实现）的关键在于销售渠道；而在电子商务环境下，这一关键环节则从销售渠道转移到物流渠道。

由于电子商务使商务活动表现出电子化、信息化、网络化、虚拟化等特点，商品生产者可以直接在网络上发布商品销售信息，消费者则可以直接在网络上查询自己需要的商品信息。这就轻而易举地绕过了中间销售环节，从而使销售渠道实现“扁平化”。物流环节虽然需要借助高度发达的信息化和网络化的手段，但必然借助有网络之外的实际操作过程，同时还要适应电子商务环境下的高度标准化和高效率的特点。因此，物流环节的通畅就成为在电子商务环境下商品价值和使用价值实现的关键。电子商务环境下商品包装的特点具体表现在以下几方面。

1）在电子商务环境中，由于销售渠道的重要性让位于物流渠道，使商务环境对包装环境的要求向包装的基本功能回归：容纳、保护等功能显得相对重要。对于这种变化的理解，仅需要通过简单的网上购物的例子就能说明。在电子商务环境中，商品生产者在网络上发布商品销售信息，消费者在网络上查询自己需要的商品信息，从而销售中介及促销的功能被淡化了，包装无须再承担“无声推销员”的角色。因此，消费者也就不会再被光怪陆离的包装弄得晕头转向，而是直接比较不同商品的优劣即可。当消费者选中满意的商品时，可与生产商通过网络签订买卖合同，进而通过网络支付，进行网下派送，最终完成商品价值与使用价值的转移，接下来就是网络上或通过网络控制而进行的售后服务。

相关链接

国家质检总局与国家标准委共同发布的国家强制性标准《限制商品过度包装要求食品和化妆品》（GB 23350—2009）在 2012 年 4 月开始实施，低碳包装已开始悄然进入我们的生活。据悉我国每年包装用品 3 000 万吨，70%是一次性包装用品，使用后即变为包装废弃物，造成巨大的能源资源浪费，已不符合当今发展低碳经济的趋势。这部强制性标准最大的看点是对饮料、酒、糕点、粮食、保健品、化妆品及其他食品的包装空隙率、成本及层数都分别做出了明确的限制说明。例如，包装层数统一要求不可超过 3 层，粮食的包装不得超过 2 层；成本除初始包装之外的所有包装成本的总和不应超过商品销售价格的 20%，饮料和酒的最大空隙率为 55%，糕点的最大空隙率为 60%，化妆品的最大空隙率为 50%，等等。

2）在理想的电子商务环境下，由于商务活动的信息流、商流、货币流完全可以通过网络来实现，物流也可以借助网络的优势提高效率并可实现实时控制。但商品的验收环节值得注意，这就对包装提出了新的功能要求。在传统商务环境下，消费者在实际的购物环境中（如商场）亲自挑选商品，商流过程与商品验收过程是统一的，即商品价值与使用价值的转移是一致的；而在电子商务环境下，这两个过程在一定程度上是分离的，即买卖双方是在网络这一虚拟的环境中完成了商流的过程（商品价值的转移），而商品验收过程（商品使用价值的转移）则相对滞后。

3）商务环境的变化对商品包装的功能也提出了新的要求，即商品包装要有利于商品的验收，这点尤其具有实际意义，因为目前国内的电子商务尚处在发展的初期，各种要素的配合较差，体现在支付方式上则是多种多样，其中货到付款的形式占有很大比重，从而使商品包装便于买方验收这一要求就显得更加重要。对此，广大的生产商和物流企业可以做各种尝试。例如，有些网上书店对其商品（书籍）的包装采用透明塑料袋，使消费者很容易对商品进行验收。

4.1.5 电子商务环境下商品包装的发展趋势和要求

随着科学技术的飞速发展，特别是电子商务在各个环节上的实施，包装也呈现出不同于以往的一些新的发展趋势和要求。许多新技术、新工艺、新思维也被应用于包装设计、包装设备、包装产业等多方面。

1．包装设计的趋势

包装设计已迈入了计算机化时代，一种适用于更新换代快的、借助计算机和各种信息系统的设计方法已经出现。当今的设计人员，除了必须具备包装设计的基本技能，更主要的是要会思考、会欣赏、懂创意、懂成本。包装设计者同时还必须知道相关的包装制作工艺，如如何选材，如何利用现代化的包装制造设备，包括印前工艺设备、印后处理设备等。计算机和包装软件是未来包装设计的主要硬件。设计人员的欣赏能力是包装设计成败的关键。

2．包装机械设备的发展

目前包装机械的特征趋于“三高”：高速、高效、高质量。重点趋于节能降耗、质量和性能可靠、自动控制水平先进、稳定性好、自重轻、结构紧凑、占地空间小、噪声低、效率高、外观造型要适应环境和操作人员心理要求、有利于环保等。

近些年来，发达国家一方面为满足现代商品包装多样化的需求，发展适应多品种、小批量的通用包装技术及设备；另一方面又紧跟当代高科技发展步伐，不断应用先进的技术，发展和开发应用高新技术的现代化专用型包装机械。目前应用到的新技术有：航天工业技术（热管类），微电子技术，磁性技术，信息处理技术，传感技术（光电及化学），激光技术，生物技术，以及新的加工工艺，新的机械部件结构（如同步齿形带传动等），新的光纤材料等，使许多包装机械已趋于智能化。

包装机械产品正在向机电结合、主辅机结合、成套连线方向发展。多功能组合包装设备更是主流方向。目前，我国在包装机械方面，与发达国家相比，某些加工工艺和元器件还不过关，有些关键性材料还达不到要求，因此，这方面将是包装机械领域应重点突破和解决的问题。

3．包装产业的发展

包装产业随着电子商务的发展正在呈现分工越来越细的趋势。电子商务使各个企业可以更专注于自己的核心竞争力的加强，而将其他的非核心功能进行外包，使强强联合成为可能。包装过程借助虚拟企业的运作方式，将设计、材料、工艺手段设计和实施等内容进行整合，从而更好地实现包装的功能，为产品服务。

4.2　商品运输

物流实践

UPS 联合敦煌网提供电子商务运输方案

“敦煌网是目前中国唯一整合全套 UPS 在线工具的 B2B 电子商务交易平台。此次合作在降低交易成本、提高跨境交易物流可靠性和便利性方面都为我们的客户带来独一无二的体验。”敦煌网创始人兼首席执行官王树彤表示，“在 UPS 的帮助下，敦煌网用户的跨境交易物流过程简化，交易周期缩短，大幅度提升了用户的交易管理效率”。

由于 UPS 技术节约了打电话、计算处理和文件归档所需的时间，敦煌网的买家与卖家均将显著受益。此外，通过使用 UPS 在线工具，买方可在网上而不是打电话追踪查询订单的状态，这也可以帮助卖方节省在客户服务的成本。

2008 年《Internet Retailer》杂志报道，UPS 为美国 25 大在线零售商中的 22 家提供了递送服务。UPS 也将其运输技术与香港 eBay 进行了整合。UPS 在线系统的第一阶段现已登录敦煌网的在线交易平台。

当系统实现全面整合，UPS 在线工具将为敦煌网在线客户带来前所未有的全方位便捷体验，用户可输入货物大小实时估算费率，并追踪其货物运输状态。

4.2.1　商品运输概述

1．商品运输的含义

广义的运输是指人和物通过运力在空间的移动活动。物流领域的运输专指物的载运及输送，是利用设备和工具，将物品从一地点向另一地点运送的活动，包括集货、分配、搬运、中转、卸下、分散等一系列操作，是在不同地域范围内（如两个城市、两个工厂之间），以改变物品的空间位置为目的的活动，是对物品进行的空间位移。

运输是物流的主要环节。物流系统是通过运输完成对客户所需的原材料在制品和制成品地理上来定位的。一般来说，运输成本也是目前物流总成本中最大的成本。从欧洲发达国家的情况看，运输成本一般也都会占到物流总成本的 1/3 以上。

2．商品运输方式

按运输设备及运输工具的不同，可以将运输方式分为铁路运输、公路运输、水上运输、航空运输和管道运输五种基本运输方式，各种运输方式的技术经济特点如表 4-1 所示。

表 4-1　各种运输方式的技术经济特点

运输方式	技术经济特点	运输对象
铁路	初始投资大，运输容量大，成本低廉，占用土地多，连续性强，可靠性好	适合大宗货物、大件杂货等的中长途运输
公路	机动，适应性强，短途运输速度快，能源消耗大，成本高，装载量小，空气污染严重，占用土地多	适合短途、零担运输，门到门运输
水路	运输能力大，成本低廉，速度慢，连续性差，能源消耗及土地占用较少	适合中长途大宗货物运输，国际货物运输
航空	速度快，成本高，空气和噪声污染严重，载运能力小，受气候条件限制较大，可达性差，运输成本高	适合中长途及贵重货物运输，保鲜货物运输
管道	运输能力大，占用土地少，成本低廉，连续输送，不受气候影响，运行稳定性强；灵活性差，承运的货物种类单一	适合长期稳定的流体、气体及浆化固体物运输

4.2.2　运输合理化

1．运输合理化的内涵

物流合理化在很大程度上依赖于运输合理化。在物流过程中，运输合理化是从物流的总体目标出发，运用系统理论和系统工程的原理和方法，充分利用各种运输方式，选择合理的运输路线和运输工具，以最短的路径、最少的环节、最快的速度和最少的劳动消耗，组织好物质产品的运输活动。

在运输合理化中起决定作用的主要有以下因素：运输距离、运输环节、运输工具、运输时间和运输费用。这些因素既互相联系，又互相影响，有的还相互矛盾。例如，在一定条件下，运输时间短了，费用却不一定省；或运输费用低了，而运输时间却增长了。这些因素要求物流系统进行综合分析，寻求最佳运输方案。在一般情况下，运输时间快和运输费用节省，是考虑合理运输的两个主要因素，集中体现了物流过程中的经济效益。

不合理运输，是指不考虑经济效果，违反商品合理流向和各种运力的合理分工，不充分利用运输工具的装载能力，环节过多，从而导致运力浪费，增加商品流转费用，延缓商品流转速度，增加商品损失等不良后果的运输形式（见表 4-2）。

表 4-2　目前我国存在的主要不合理运输形式

不合理运输形式	具体表现
返程或起程空驶	在运输中，因调运不当，货源计划不周，不采用运输社会化体系而形成的空驶，是不合理运输的典型表现。例如，不利用社会化的运输体系、自备车送货提货或

续表

不合理运输形式	具体表现
返程或起程空驶	者车辆过分专用而造成的单程重车、单程空驶现象，车辆空去空回造成双程空驶现象等
对流运输	对流运输又称相向运输，指同一种货物或彼此间可互相代用而又不影响管理、技术及效益的货物，在同一线路或平等线路上做相对方向的运送，而与对方运程的全部或一部分发生重叠交错的运输。在判断是否是对流运输时需注意的是：有的对流运输不是很明显（隐蔽）的对流。例如，不同时间的相向运输，从发生运输的时间来看，并未出现对流，可能做出错误的判断，所以要注意隐蔽的对流运输
迂回运输	这是一种舍近取远，可以选取短距离进行运输而不选，却选择路程较长路线进行运输的一种不合理形式。物流过程中的计划不周、组织不完善或调运差错都容易造成迂回运输。但由于自然或其他事故的阻碍，如为食品店商品及时运输，而采取绕道的办法是允许的，这种情况不能称为不合理运输
重复运输	指本可以直接将货物运达目的地，却在中途将货物卸下，再重复装运送达目的地的运输。重复运输最大的毛病就是增加了不必要的中间环节，增加了装卸搬运费用，延长了商品在途时间
倒流运输	指货物从销地或中转地向产地或起运地回流的运输现象
过远运输	指调运物资舍近求远，近处有物资不调，而从远处调，拉长货物的运输距离
运力选择不当	指未根据各种运输工具的优势来进行合理选择，而造成所选择的运输工具不正确的不合理现象
托运方式选择不当	指对于货主而言，可选择最好的托运方式而未选择，造成运力消费及支出加大的一种不合理运输。例如，应整车而选择零担，应直达而选择中转等

在实际操作中，要克服上述不合理的运输现象，需组织物品的合理化运输，使货物运输达到准确、经济且安全的要求。

2．合理运输的有效途径

（1）加强运输的计划性，提高装载率

在组织运输时，充分利用社会化的运输体系，制定详细周密的货运计划，杜绝出现空驶现象。综合运用各种装载技术，提高各种运输工具的载重吨位及装载容积的利用率。例如，在机车能力允许情况下，企业可以增加运量。在实际工作中，装载技术轻重配载技术、解体装载技术、改进堆码技术（如物品的套装、对装、压缝和多层装载）及实现轻包物品“三化”（打包机械化、包装规格化和装载定型化）工作。

（2）开展直达、直线运输

直达运输是指把商品从产地直接运达要货单位，中间不需要经过各级批发企业的仓库运输。直线运输是指减少商品流通环节，采取最短运距的运输。直达、直线运输是合理组织商品运输的重要措施之一。品种简单、数量很大的商品或需要尽可能缩短周转时间的商品，应尽可能采取直达运输。

（3）增强运输规划的科技含量，提高运输效益

在进行运输系统设计时，必须将企业的原材料采购和产品销售等相关环节一并考虑，特别是企业的销售政策直接关系到运输和配送的标准和要求。企业的运输格局、运输网络的设计，要根据企业的经营战略、销售政策等因素决定。为了确保销售和市场占有率，需要利用多少个仓库、配送中心；是全部外包，还是自己承担一部分；配送中心、仓库如何布局，密度多大，相距多远等因素应该整体规划，统一考虑。同时，尽可能采用现代运输方法（如多式联运、一贯托盘化运输、集装箱运输、散装化运输、门到门运输、智能化运输及全球卫星定位运输等）。

4.2.3 电子商务环境下商品运输的变化

电子商务环境下，传统运输的原理并没有改变，但运输组织形式受其影响，却有可能发生较大的变化。

1. 运输分为一次运输与二次运输

物流网络由物流结点和运输线路共同组成，结点决定着线路。传统经济模式下，各个仓库位置分散，物流的集中程度比较低，这使得运输也很分散，像铁路这种运量较大、较集中的运输方式，为集中运量，不得不采取编组而非直达方式（只有煤炭等几种大宗货物才可以采用直达方式）。

在电子商务环境下，库存集中起来，而库存集中必然导致运输集中。随着城市综合物流中心的建成，公路货站、铁路货站、铁路编组站被集约在一起，物流中心的物流量达到足够大，可以实现大规模的城市之间的铁路直达运输，运输也就被划分成一次运输与二次运输。一次运输是指综合物流中心之间的运输；二次运输是指物流中心辐射范围内的运输。一次运输主要应用于铁路运输，因为运输费率低，直达方式又使速度大大提高了。二次运输用来完成配送任务，它由当地运输组织（运输组织人员、运输范围、服务对象都在当地区域范围内）来完成。

2. 多式联运大发展

在电子商务环境下，多式联运将得到大发展。这是由以下两种原因所导致的：① 电子商务技术，尤其是 Extranet 使企业联盟更加容易实现。运输企业之间通过联盟，可扩大多

式联运经营。② 多式联运方式为托运人提供了“一票到底”、“门到门”的服务方式，因为电子商务的本质特征之一就是简化交易过程，提高交易效率。在未来电子商务环境下，多式联运与其说是一种运输方式，不如说是一种组织方式或服务方式。它很可能成为运输所提供的首选服务方式。

4.2.4　电子商务环境下商品运输的新特点

近年来，随着因特网的普及，运输管理在电子商务环境下也呈现出一些新的特点。

1. 运输环节的实时监控

（1）管理道路信息

道路信息包括数字道路地图数据、道路数据、动态道路交通数据、交通气象信息等实时信息。通过对道路信息的收集和分析，可以完成对车辆运输计划的制定和及时修改，为运输作业提供最直接的决策信息。

（2）高级导航

高级导航是根据变化的交通状况为物流业提供到达目的地的最佳路线信息。在地理信息系统（GIS）和全球定位系统（GPS）的基础上，通过无线移动数据通信、车载导航系统和车辆跟踪信息系统等能够迅速、可靠地为驾驶员提供各种查询信息，灵活、方便地选择车辆道路交通网上任何起讫间的最佳行车路线和行程时间，并且在物流管理中心站对监控车辆进行实时跟踪、调度管理。货主也可以通过监控中心的信息了解货物的动态情况进行跟踪、调度管理。

（3）车辆运营管理

车辆运营管理是现代物流系统中货运车辆运营管理的重要组成部分。它包含了货运车队运营管理、货物运输管理、货运车辆电子通关、运营货运车辆运政管理、动态承重、车载安全监控、车辆车载安全保障、货车车辆维护、危险货物运输管理等多方面的功能。这些功能可以简化，如注册情况、车辆技术性能、尺寸等检查的手续，优化提供货物配送、回程载货信息，提高集散作业的可靠性及效率，极大地提高运输生产效率，减少延误。由于运用了现代化的检测和监控管理手段，这使货运车辆的运输得到最大限度的安全保障。

（4）紧急车辆运行增援

紧急车辆运行增援是处理货物运输中日常性突发事件的重要方法。货物在运输中发生突发性事故和灾害时，该系统传送事故和受灾情况，派遣紧急救援车辆，提供紧急修复车辆的路线引导，同时协调各事故救援单位的工作。

相关链接　　智能运输系统的概念

智能运输系统（Intelligence Transportation System，ITS）是利用高新技术对传统的运输系统进行改造而形成一种信息化、智能化、社会化的新型运输系统。它通过使交通基础设施发挥最大的效能而获得巨大的社会、经济效益。主要表现在：提高交通的安全水平，提高道路网的运输能力和提高汽车运输生产率和经济效益。智能运输系统的服务领域是先进的交通管理与智能系统、出行信息服务系统、商用车辆运营系统、电子收费系统、先进公共交通运营系统和郊区交通系统、管理系统、自动车辆控制系统。我国今后将重点发展智能运输系统的以下几个方面：① 改造和完善城市的交通管理系统；② 发展公共交通系统；③ 汽车安全和事故预防系统；④ 快速货运系统；⑤ 监控、通信收费；⑥ 交通信息服务。

2. 运输管理的网络化

运输是一项重要的物流环节，同时又是一项涉及不同领域的物流活动，因此对运输作业进行管理需要借助共享网络，进行协作管理。运输管理的网络化主要是指在不同的运输手段和领域之间进行的运输企业共同建立一个网络，该网络既包括实际的联运网络，又包括一个相互进行信息交流的平台网络。这样才可能实现“一体化运输”。

借助现在普及程度比较高的因特网，各种运输管理体系所属的企业可以进行协同式的作业。原来的 EDI 网络对投入和标准化都有比较高的要求，使很多想要建立这样网络的企业都无法承担和实现。但伴随着 E-mail、XML 等网络技术的出现，使企业建立管理网络的成本大大降低，从而推动了管理网络的建立。

3. 运输调度的智能化

在电子商务的环境下，运输会更加呈现“多品种、小批量”的特点。这些特点对于运输系统的能力要求更高。为了在现有的运力水平上更上一个台阶，使运输资源在不进行大投入情况下尽可能地提高运输能力，借助先进的调度技术来进行车辆运输调度是一种非常行之有效的方法。在车辆的装载和路线的选择方面更好地使用运筹学和搜索算法等调度技术，借助电子计算机强大的计算能力，可以使现有的运输工具和运输网络利用率得到大幅的提升。尤其可以通过结合运输环节的实时监控要求，对运输计划执行过程中的突发性事件进行及时的处理，对运输计划实行动态控制和实施。运输调度的智能化程度直接影响了电子商务的实现程度，充分实现了对电子商务的支持。

相关链接　　韩国三星公司的物流运输合理化革新措施

三星公司从 1989 年到 1993 年实施了对物流运输工作合理化进行革新的第一个五年计划。在这期间，为了减少成本和提高配送效率进行了“节约成本 200 亿美元”、“全面提高物流劳动生产率运动”等活动，最终降低了成本，缩短了前置时间，减少了 40%的存货量，并使三星公司获得首届韩国物流大奖。

三星公司在局域网环境下建立了一个通信网络，并开发了客户/服务器系统，公司集成系统（SAP/3）将投入物流中使用。由于将生产、配送和销售一体化，整个系统中不同的职能部门将达到信息共享。客户如有涉及物流的问题，都可以通过实时订单跟踪系统得到回答。

4.3　商品仓储

物流实践

仓储投资热席卷全球

根据独立研究机构 eMarkete 最新研究发现，越来越多的人在线购物，预计到 2017 年网上购物消费将达到 2.3 万亿美元。

亚马逊、沃尔玛等一些公司正在抢购仓库空间，网上购物热潮推动了仓库建设与房地产投资信托基金。亚马逊物流中心，比如英格兰彼得伯勒，城市繁华地段与交通便利周围的仓库需求正在增长。

电子商务发展改变了另一个行业：房地产。电子商务快速发展带动了仓库空间需求增长，为了迅速及时地满足客户订单配送需求，近年来，一些大公司，比如亚马逊、沃尔玛等花了数十亿美元建设仓库，用在物流配送与采购上，所需要的仓库空间远远超过了零售空间。

房地产投资信托基金投资经理鲍勃·斯旺森说，房地产投资信托基金有三个子行业：第一，住宅；第二，商业；第三，工业。这些电子商务公司物流发展推动了对工业仓储空间需求。

旧仓库更新与新仓库建设，这不是一夜之间就能完成的，对仓库的需求也可能会推高租金收入。工业房地产投资信托基金部门斯蒂芬说，今年商业地产基金增长 7.4%，工业地产基金增长 8.5%，预计到 2015 年仓库基金赢利将达到 19 倍，整个行业平均赢利是 16 倍。

房地产投资信托基金正在寻找附近大城市繁华地段、公路机场交通附近等工业仓库仓储地产建设投资机会。

日本、加拿大等都看好物流配送中心未来赢利空间，并投资房地产信托基金主要用于仓储房地产上，一些大公司为了避免购买房地产可能的风险，选择了租用方式，物流配送中心或带动下一个房地产热点：仓储物业。

4.3.1 仓储的含义

仓储（Warehousing）是公司物流系统的一部分，它从初始点到消费点存储产品（如原材料、零部件、半成品、成品等），提供存储状态、条件和处置等信息。配送中心（Distribution Center，DC）这一术语有时也被使用，但它们并不相同。仓库（Warehouse）则是更一般的概念。

相关链接　　**仓库与配送中心的区别**

仓库是存储所有的产品；配送中心则保持最低库存和高需求物品。仓库通过4个步骤（接收、存储、装运和拣货）处理大多数产品；配送中心仅仅接收和装运大多数产品。仓库进行的是低附加值活动；配送中心进行的是高附加值活动，包括可能的最终装配。仓库成批地收集数据；配送中心实时地收集数据。仓库致力于使满足装运要求的运作成本最小化；配送中心则致力于使满足客户递送要求的利润最大化。

4.3.2 仓储作业管理

1. 入库管理

仓库作业过程的第一个步骤就是验货/收货，物品入库，这是物品在整个物流供应链上的短暂停留，而准确的验货和及时的收货能够加强此步骤的效率。一般来讲，在仓库的具体作业过程中，入库主要包括以下几个具体步骤。

（1）核对入库凭证

根据物品运输部门开出的入库单核对收货仓库的名称、印章是否有误，商品的名称、代号、规格和数量等是否一致，有无更改的痕迹等，只有经过仔细的核对后才能确定是否收货。

（2）入库验收

物品的验收包括对物品规格、数量、质量和包装方面的验收。对物品规格的验收主要是对物品品名、代号、花色等方面的验收；对物品数量的验收主要是对散装物品进行称量，对整件物品进行数目清点，对贵重物品进行仔细的查收等；对物品质量的验收主要有物品是否符合仓库质量管理要求，产品的质量是否达到规定标准等；对物品包装方面的验收主要有核对物品的包装是否完好无损，包装标志是否达到规定要求等。

（3）记账登录

如果物品的验收准确无误，则应该在入库单上签字，确定收货，安排物品存放的库位和编号，并登记仓库保管账目；如果发现物品有问题，则应另行做好记录，交付有关部门处理。

2．在库管理

仓库作业过程的第二个步骤是存货保管，物品进入仓库进行保管，需要安全、经济地保持好物品原有的质量水平和使用价值，防止出现由于不合理的保管措施所引起的物品磨损、变质或者流失等现象，其具体步骤如下。

（1）堆码

由于仓库一般实行按区分类的库位管理制度，因而仓库管理员应当按照物品的存储特性和入库单上指定的货区和库位进行综合的考虑和堆码，做到既能够充分利用仓库的库位空间，又能够满足物品保管的要求。物品堆码的原则主要有：

1）尽量利用库位空间，较多地采取立体储存的方式；

2）仓库通道下堆码之间保持适当的宽度和距离，提高物品装卸的效率；

3）根据物品的不同收发批量、包装外形、性质和盘点方法的要求，利用不同的堆码工具，采取不同的堆码形式，其中，危险品和非危险品、性质相互抵触的物品都应该区分开，不得混淆；

4）不要轻易地改变物品存储的位置，大多数情况应按照"先进先出"的原则；

5）在库位不紧张的情况下，尽量避免物品堆码的覆盖和拥挤。

（2）养护

仓库管理员应当经常或定期对仓储物品进行检查和养护，尤其对于易变质或存储环境比较特殊的物品，更应该经常进行检查和养护。检查工作的主要目的是尽早发现潜在的问题；养护工作主要是以预防为主。在仓库管理过程中，应采取适当的温度、湿度和防护措施，预防破损、腐烂或失窃等现象，保证存储物品的安全。

（3）盘点

对仓库中贵重的和易变质的物品，盘点的次数越多越好；其余的物品应当定期进行盘点（如每年盘点一次或两次）。盘点时应当做好记录，与仓库账目核对，如果出现问题，应当尽快查出原因，及时处理。

3．出库管理

仓库作业管理的最后一个步骤是发货出库。仓库管理员根据提货清单，在保证物品原先的质量和价值的情况下，进行物品的搬运和简易包装，然后发货。仓库管理员的具体操作步骤如下。

（1）核对出库凭证

仓库管理员根据提货单，核对无误后才能发货。除了保证出库物品的品名、规格和编号与提货单一致外，还必须在提货单上注明物品所处的货区和库位编号，以便能够比较轻松地找出所需的物品。

（2）配货出库

在提货单上，凡是涉及较多的物品，仓库管理员应该认真复核后，再交给提货人。凡是需要发运的物品，仓库管理员应当在物品的包装上做好标记，而且可以对出库物品进行简易的包装，在填写有关的出库单据、办理好出库手续之后，才可以放行。

（3）记账清点

每次发货完毕之后，仓库管理员应该做好仓库发货的详细记录，并与仓库的盘点工作结合在一起，以便于以后的仓库管理工作。

4.3.3 仓储合理化

仓储合理化的含义是用最经济的办法实现储存的功能。仓储合理化实施要点如下。

1. 对储存物品进行 ABC 分析与管理

ABC 分析是实现储存合理化的基础性分析，在此基础上可以进一步解决各类结构关系、储存量、重点管理、技术措施等合理化问题，分别决定各种物资的合理库存储备数量及经济地保有合理储备，乃至实施零库存。

2. 追求经济规模，适度集中储存

适度集中储存是合理化储存的重要内容。所谓适度集中储存，是指利用储存规模优势，以适度集中储存代替分散的小规模储存来实现储存的合理化。

集中储存是面对两个制约因素，在一定范围内取得优势的办法。这两个因素分别是储存费和运输费。对于过分分散、每处储存保证的对象有限、难以互相调度调剂的情况，需分别按其保证对象要求确定库存量。而集中储存易于调度/调剂，集中库存总量可大大低于分散储存总量。过分集中储存时，储存点与用户之间距离拉长，储存总量虽降低，但运输距离拉长，运费支出加大，在途时间长，又迫使周转储备增加。所以适度集中的含义主要是在这两方面之间取得最优集中程度。

3. 加速量的周转，提高单位产出

储存现代化的重要课题是将静态储存变为动态储存。周转速度加快，会带来一系列的合理化好处。例如，资金周转快、资本效益好、货损少、仓库吞吐能力增加、成本下降等。

做法有采用单元集装储存，建立快速分拣系统等，以利于实现快进快出、大进大出。

4. 采用有效的“先进先出”方式

保证每个被储存物的储存期不至于过长，“先进先出”是一种有效的方式，也成为储存管理的准则之一。

5. 提高储存密度，提高仓容利用率

提高储存密度，主要目的是减少储存设施的投资，从而提高单位存储面积的利用率，以降低成本，减少土地占用。

6. 采用有效的储存定位系统

储存定位的含义是确定被储存物的位置。如果定位系统有效，就能大大节约寻找、存放、取出的时间，减少劳动量，而且能防止差错，便于清点及管理。

7. 采用有效的检测清点方式

对于储存物资数量和质量的检测不仅是为了掌握基本情况，也是为了科学控制库存。在工作中稍有差错，就会使账、物不符。所以，必须及时、准确地掌握实际储存情况，经常做账、物核对，无论是人工管理还是计算机管理，这都是不可少的。此外，经常的检测也是掌握被储存物质量状况的重要手段。

8. 采用现代储存保养技术

利用现代技术是储存合理化的重要手段。可采用的保养技术主要有气幕布隔潮、气调储存和塑料薄膜封闭等。

9. 采用集装箱、集装袋、托盘等储运一体化方式

集装箱等集装设施的出现，也给储存带来了新观念。集装箱本身便是一栋仓库，不再需要传统意义上的库房，在物流过程中，也就省去了入库、验收、清点、堆码、保管、出库等一系列储存作业，因而对改变传统储存作业有很重要的意义，是储存合理化的一种有效方式。

相关链接 **集装箱的诞生**

1996 年 4 月 26 日，Sea Land Service 公司举行了盛大的纪念活动，庆祝首航 40 周年，同时也是集装箱诞生 40 周年。1956 年 4 月 26 日，一艘被称为 Ideal X 的小型油轮从纽约港 Newark 码头出发，驶向得克萨斯州，船上装载着集装箱。现在作为 CSX 运输公司的一个下属公司，Sea Land 是世界上最大的集装箱船运公司之一。

4.3.4 电子商务环境下仓储管理的特点

1. 管理手段的电子化

在仓储管理环节采用电子化的手段，在各个作业之间进行有效的信息传递，这是仓储环节合理化的重要内容。随着仓储货物品种增加和出库入库作业频度的加快，对仓储管理有了更高的要求，不但是对效率上的要求，而且是对整个组织运作的反应速度上的要求。通过电子化的管理手段，可以使整个组织在运作过程中表现出良好的衔接能力和协调能力，使整个企业或组织更加呈现出高效、整体的特点，更适应现代生产和消费者的要求。

2. 作业过程的机械化

对于现在的仓储作业而言，无论是入库、在库管理还是出库的环节，对于速度的要求都越来越高，随着这种要求的提高，原有的手工或以手工为主的作业方式显然已经不能适应现代仓储的要求。在仓储作业过程中采用必要的先进机械是提高作业效率和响应能力的必然选择。机械化是物流发展的趋势，随着机械化的普及，在作业过程中采用的机械设备会越来越趋于自动化和智能化，从而全面地将人从整个过程中替代出来，降低劳动强度，提高工作效率。

3. 决策环节的智能化

在仓储环节中，决策是一个不可或缺的部分，在仓库选址、储位选择及在整个工作过程中的各个步骤都需要对各种方案进行判断和选择。在决策过程中借助人工智能和相应的方法，已经是现阶段的常用手段。随着电子商务的发展，在决策环节对时间和速度的要求将会越来越高，因此在决策环节依靠智能化手段是毋庸置疑的必然选择。

4. 管理人才的专业化

在传统的仓储环节中，人们往往对管理人员的要求流于形式，认为该环节是简单劳动，不需要专业化的人才。实际上，在仓储环节日益现代化的今天，对该环节的人才需求已经提到了一个相当的高度。传统的仓储环节对存储持有一种静态的观念，仓储的重点集中于物资的管理和维护上面，这是一个与现代仓储观念背道而驰的认识。管理者必须在具备基础知识的基础上，能够对设备和技术实现准确和充分的使用，从而完全发挥设备的功效。离开人才的专业化去谈整个仓储环节的现代化是不可想象的。

物流实践

联邦快递的电子商务仓储管理

联邦快递依靠科技进步，采用最先进的网站硬件和网络技术，应用因特网、现代通信技术、快速输送技术和物流网络，将物流服务和网络技术结合起来，效率、效益由此而得到大幅度的提高。

1995 年，联邦快递开发了一套免费的“联邦快递船”（FedEx Ship）软件，任何人只要拥有一部计算机和一个调制解调器就可以使用该软件订购商品。由于该软件可以用于任何计算机上，所以货运处的业务进一步扩展。为处理加急订单，负责制定生产计划的人员需要了解供货详情，通过该软件，他们可以随时掌握供货时间及产品预计抵达的时间。

1996 年 7 月，联邦快递在因特网上发起了“联邦快递联网船”，在 18 个月内，7.5 万名用户使用了他们提供的服务。客户不用离开该站点，就可以下载订单订购、发现最近的购买地点、打印包裹单、调整发票并了解供货情况。当货物寄出时，订购人还可以要求联邦快递向他们发出电子邮件加以确认。

依托该网站提供的电子托运工具——“FedEx Ship Manager at fedex.com”，企业或个人可直接通过联邦快递网站，有效准备托运物品，并通过计算机对货物进行追踪，从而轻松完成快递工作。另外，该系统可让客户发出电子邮件通知，事先通知其他 3 个人该货物的托运信息。到货物送达时，该系统会自动发出电子邮件通知，让客户及收到邮件的 3 个人得知该信息。

对于更为频繁和有多个寄件人的公司，联邦快递则设计了“FedEx Ship Manager”（FSM）软件来满足其处理托运工作。FSM 软件是一个独立的、可由用户自己安装、基于 Windows 的软件包，它允许客户快速托运、追踪和报告自己的日常托运活动。它拥有先进的功能和简单易用的界面，并为客户的计算机带来全面的托运解决方案。联邦快递提供的线上交易软件更可协助客户整合线上交易的所有环节，从订货到收款、开发票、库存管理一直到将货物交到收货人手中。

目前，很多快递公司都不能对邮件包裹进行 100%的跟踪，也不能在邮件包裹快递过程中的每个点上提供单据查询服务，但联邦快递却能够提供这两项服务。这主要依赖于联邦快递运行的 3 套电子商务系统：邮件跟踪、查询系统和地面运行系统。以邮件跟踪和查询为例，联邦快递在包裹投递过程中要对包裹扫描 10 次以上，每次扫描都将数据从运货车传送到 600 个美国城市快递站点中的一个站点，使用无线信号将数据传送到 HP 9000 服务器和工作站上。而其呼叫中心和 Internetship 程序是联邦快递帮助客户实现查询和跟踪的两大渠道。在美国，联邦快递有 16 个呼叫中心为客户提供服务；Internetship 则能够使客户从邮件收取到交货，一直跟踪其邮件包裹的状态，实现每天自行制作单据，制备专门化管理报告。

2005 年 6 月中旬，联邦快递推出了新的网上全球货运时测（GTT）系统，协助客户查询货物的运送时间，并选择最合适的货运方式。客户只需登录联邦快递的网站即可运用 GTT 系统，计算货物来往联邦快递网络内两个或两个以上地点所需的运送时间。

对于个人用户，联邦快递网站的规范化作业流能使他们方便地进行自我服务，可以接发订单、提交运输业务、跟踪包裹、收集信息和开账单。联邦快递公司内部的专用网络联邦快递每天可以处理 5 400 万宗交易。通过网络提供的信息，公司可以对商品交易的全过程（从客户订购一直到货物抵达终点）了如指掌。当客户输入“提货”指令时，管理员将会从系统中得到客户指定的提货时间和地点。管理员将商品上的条形码扫入手持系统中，记录下该商品已经被提走。联邦快递的其他工作人员将以系统记录为依据，追踪货品装运，直到运抵客户的全过程。

联邦快递还在其他公司的后勤供应上发挥作用。例如，联邦快递经营商业服务器，以便零售商将自己的站点放到该服务器上运行。另外，联邦快递还经营仓储，使产品的挑选、包装、检测、装配和运输一体化。联邦快递客户运送的产品的主要特点是技术含量高、价格昂贵或易腐的物品，这意味着他们办理的订单需要尽快填写完成。使联邦快递随时满足客户要求的信息网络，同样也是其发展后勤供应业务的重要基础。但并不是仅仅通过对网站功能的不断更新和完善就能够使网站成为联邦快递的核心竞争力，联邦快递电子商务网站真正的核心力来自深刻理解用户的需求。联邦快递网站注重的是它与客户，尤其是企业与客户间的亲和力、吸引力，这对其发挥其智能化运输控制作用是至关重要的。

对于企业用户，联邦快递的智能网上系统能与用户企业网无缝链接，或通过 Web 页面直接介入用户物资运输中去。这样的结果是，任何公司在逻辑上都可直接将联邦快递庞大的空运阵容和陆地车队当作自己的运输资源；而且联邦快递的智能系统还告诉他们，“一切最快并非一切最佳”，明智的运输方案应是各种待运物资在送抵目的地总体等待时间最短。

联邦快递的成功杰作之一就是其向戴尔公司提供的“全球一体化运输解决方案”。它将戴尔公司在马来西亚和美国本土总部分为两大整机及零部件制造与供应中心，对于世界任何一地、任何单位数量的零件或整机需求，均由 Internetship 系统排出总体成本最低、最快捷的优化递送方案，以展示戴尔对顾客的“成功、质量和服务”承诺。

联邦快递从因特网中获得的利益如下。

联邦快递的专用网络为该公司当今的电子商务奠定了基础。因特网进一步扩展了专用网络的应用，联邦快递通过电话和纸与客户沟通的联系方式已经成为历史，随着越来越多的公司通过因特网销售产品，联邦快递提供的快速运抵服务使该公司不断从增长的网络交易机会中获利。下述事例表明信息技术在不断降低运送成本。

减少手工业务成本：如果没有“联邦快递船”，联邦快递则不得不多雇用 2 万名雇员来分拣包裹、回答电话咨询和输入货单。有了“快递船”，大量的简单劳动就可以自动完成。管理员可以花更少的时间记录产品信息，电话服务代表可以花更短的时间回答客户的问题并随时联机追踪商品的运送情况。

降低日常运营成本：客户每个月使用因特网船追踪 100 万个包裹的行踪（该数字还在快速增长中），现在大约一半追踪电话的是联邦快递的免费电话。

更好的客户服务方式：客户当然也可以选择与公司互动的方式（如电话、传真或其他手段），不过将近 95 万名客户发现通过联邦快递的网络站点联系更加方便和简单。

把对额定载货量、实际载货量、目的地、预计到达时间、价格、装卸费用等信息的准确把握，放在与货物安全运送同等重要的地位。因此联邦快递的海陆空运输系统中始终伴随着一个能够提供市场行情的信息网络。这个网络是由镭射扫描仪、柱状图和各种软件、电子通信设备组成的复杂系统。依靠庞大的信息技术和信息网络，联邦快递很好地满足了客户对时间和业务状态查询的诉求，甚至已经达到实时反应。

联邦快递在北京率先推出基于 GPRS 技术的无线掌上快件信息处理系统。在使用 GPRS 技术之前，联邦快递采用的是网上追踪查询服务，但这需要在收到货物 3～5 小时后在操作站输入网上方可追踪到货物信息，而现在，追踪是即时和实时服务。基于 GPRS 技术的无线掌上快件信息处理系统加速了反馈联络时间（如取件时间缩短半小时），联邦快递借此进一步提高了工作效率。在采用 GPRS 系统后，货件运送状态查询从快递员接到货件的那一刻就已经开始，客户可以对货件进行实时追踪。这为客户把握市场商机争取了更多时间。

4.4　商品装卸搬运

4.4.1　装卸搬运的概念

所谓装卸，是指“物品在指定地点，以人力或机械装入或卸下运输设备”。装卸是物流过程中对于保管物资和运输两端物资的处理活动。具体来说，包括物资的装载、卸货、移动、货物堆码上架、取货、备货、分拣等作业及附属于这些活动的作业。

装卸活动是物流各项活动中出现频率最高的一项作业活动，装卸活动效率直接影响物流整体效率。虽然装卸活动本身并不产生效益和价值，但是，由于装卸活动对劳动力的需求量大，需要使用装卸设备，因此物流成本中装卸费用所占的比重较大。

搬运是指物体在区域范围内发生的以水平方向为主的短距离的位移运动形式；装卸是以垂直位移为主的实物运动形式。广义的装卸包括了搬运活动。

电子商务装卸搬运活动，关键在于应用现代化、机械化的工具与设备，促进装卸搬运活动的合理化。

4.4.2 装卸搬运机械

伴随着技术进步和机械工业发展，在物流领域，机械装卸搬运逐渐取代人背肩扛的原始作业方式，现代装卸搬运机械的使用得到普及。装卸搬运机械是指工厂内、仓库、货物中转中心、配送中心等物流现场用来从事货物装卸搬运的各种机械设备的总称。装卸机械化成为实现装卸合理化、效率化和活力化的重要手段。主要装卸搬运机械的种类如表 4-3 所示。

表 4-3 主要装卸搬运机械的种类

机械类型	设备名称	工作特征
装卸搬运车辆	叉车、人力搬运车（台车、手推车、手动液压托盘搬运车、升降式搬运车）、动力搬运车（轨道无人搬运车、牵引车、挂车、底盘车）	底盘上装有起重、输送、牵引、承载装置，可以在设施内移动作业
连续输送机械	带式输送机、辊子输送机、悬挂输送机、斗式提升机、振动输送机	连续动作、循环运动、持续负载、线路一定
散装作业法用机械	斗式类型装载机、斗轮类型装载机、抓斗类型装载机、倾翻类型卸车机、连续输送机	用来装载搬运散装货物
起重机械	起重机（桥式类型起重机、门式类型起重机、臂式类型起重机、梁式类型起重机）	间歇动作、重复循环、升降运动，使货物在一定范围内上下、左右、前后移动
自动分拣机械	压出式、浮出式、斜行式、倾斜落下式	在计算机的控制下连续动作，将不同的货物搬运到各自被指定的位置

4.4.3 装卸搬运合理化

装卸搬运环节是在物流各环节的连接点上进行的，因此，合理地设计连接的时间和地点，尽量避免不必要的装卸，才能避免在搬运中浪费时间，减少因装卸而造成的物品破坏、损坏等。为此，装卸搬运作业应追求合理化。

装卸搬运合理化的途径主要有以下几种。

1. 防止无效装卸

无效装卸是指货物必要装卸劳动之外的多余装卸劳动。无效装卸会阻缓物流速度，耗费劳动，增加物流费用，因此要防止无效装卸（包括过多的装卸次数、过大的包装装卸、无效的货物装卸）。

2. 利用重力作用，减少能量消耗

在装卸时，考虑重力因素，利用货物本身的重量，进行一定落差的装卸，以减轻劳动

力和其他能量消耗。例如，对火车、汽车进行卸车时，利用力学斜面原理，使用滑板、滑槽等，使货物从高处降至低处，完成货物的卸车作业。这种方法不需要复杂的设备，不耗能源，可大大减轻人员的劳动强度。

3．提高货物装卸搬运活性及运输活性

装卸搬运活性是指从物的静止状态转变为装卸搬运运动状态的难易程度。容易转变为下一步装卸搬运而不需要过多地做装卸搬运前的准备工作，活性就高；反之，活性就低。运输活性是指装卸搬运操作时直接为运输服务，使货物在下一步直接转入运输状态。运输活性越高，货物越容易进入运输状态，能带来缩短运输时间的效果。在装卸搬运作业中，对待运货物，应尽量使之处于易于移动的状态，将货物整理成堆或放置在托盘上、车上或放在运输带上，以提高搬运活性和运输活性，缩短在搬时间，提高搬运速度。装卸搬运活性指数可用“0～4”共 5 个级别表示（见表 4-4）。

表 4-4　装卸搬运活性指数

编　号	物品状态描述	装卸搬运活性指数
1	零散地放在地面	0
2	已被成捆地捆扎或集装起来	1
3	被置于箱内、装码到托盘或送货小车上	2
4	装载到台车上或起重机等机械上，处于可移动状态	3
5	码放到传送带上，已被启动，处于直接作业状态	4

4．合理选择装卸搬运方式，节省体力消耗

在装卸搬运过程中，必须根据货物的种类、性质、形状及重量来确定装卸搬运方式，节省人工体力劳动消耗，提高装卸效益。在装卸中，对货物的处理大体有 3 种方式：第一是“分块处理”，即按普通包装对货物逐个进行装卸；第二是“散装处理”，即对粉粒状货物不加包装进行原样装卸；第三是“单元组合”，即货物以托盘、集装箱为单元进行组合后装卸。单元组合时，可充分利用机械操作，提高作业效率。

物流实践

联华便利物流中心装卸搬运系统

联华便利物流中心总面积 8 000 平方米，由 4 层楼的复式结构组成。为了实现货物的装卸搬运，配置的主要装卸搬运机械设备主要为电动叉车 8 辆、手动托盘搬运车 20 辆、垂直升降机 2 台、笼车 1 000 辆、辊道输送机 5 条、数字拣选设备 2 400 套。在装卸搬运

时，操作过程如下：对来货卸下后，把其装在托盘上，由搬运叉车将货物搬运至入库运载处，入库运载装置上升，将货物送上入库输送带。当接到向第一层搬送指示的托盘在经过升降机平台时，不再需要上下搬运，将直接从当前位置经过一层的入库输送带自动分配到一层入库区等待入库；接到向2～4层搬送指示的托盘，将由托盘垂直升降机自动传输到所需楼层。当升降机到达指定楼层时，由各层的入库输送带自动搬送货物至入库区。货物下平台时，由叉车从输送带上取下托盘入库。出库时，根据订单进行拣选配货，拣选后的出库货物用笼车装载，由各层平台通过笼车垂直输送机送至一层的出货区，装入相应的运输车上。

先进实用的装卸搬运系统，为联华便利店的发展提供了强大的支持，使联华便利物流运作能力和效率大大提高。

4.5 商品流通加工

流通加工是现代物流系统中的重要结构之一。流通加工在现代物流系统中，主要担负的任务是，提高物流系统对于用户的服务水平。此外，流通加工对于物流系统而言还有提高物流效率和使物流活动增值的作用。

4.5.1 流通加工的含义

1. 流通加工的概念

流通加工是为了提高物流速度和物品的利用率，在物品进入流通领域后，按客户的要求进行的加工活动，即在物品从生产者向消费者流动的过程中，为了促进销售、维护商品质量和提高物流效率，对物品进行一定程度的加工。流通加工通过改变或完善流通对象的形态来实现“桥梁和纽带”的作用，因此流通加工是流通中的一种特殊形式。随着经济增长，国民收入增多，消费者的需求出现多样化，促使在流通领域开展流通加工。目前，在世界许多国家和地区的物流中心或仓库经营中都大量存在流通加工业务，在日本、美国等物流发达国家则更为普遍。

2. 流通加工和生产加工的区别

（1）加工对象不同

流通加工的对象是进入流通过程的商品，具有商品的属性，以此来区别多环节加工中的一环。流通加工的对象是商品，而生产加工对象不是最终产品，是原材料、零配件、半成品。

（2）加工程度不同

流通加工程度大多是简单加工，而不是复杂加工，一般来讲，如果必须进行复杂加工才能形成人们所需的商品，那么，这种复杂加工应专设生产加工过程，生产过程理应完成大部分加工活动，流通加工对生产是一种辅助及补充。特别需要指出的是，流通加工绝不是对生产加工的取消或代替。

（3）附加价值不同

从价值观点看，生产加工的目的在于创造价值和使用价值，而流通加工则在于完善其使用价值，并在不作大改变情况下提高价值。

（4）加工责任人不同

流通加工的组织者是从事流通工作的人，能密切结合流通的需要进行这种加工活动。从加工单位来看，流通加工由商业或物资流通企业完成，而生产加工则由生产企业完成。

（5）加工目的不同

生产加工是为交换和消费所进行的加工，流通加工是为消费（或再生产）所进行的加工，这点与生产加工有共同之处。但流通加工也有时候是以自身流通为目的，纯粹是为流通创造条件，这种为流通所进行的加工与直接为消费进行的加工从目的来讲是有区别的，这又是流通加工不同于一般生产加工的特殊之处。

4.5.2　流通加工的作用及地位

1．流通加工的作用

（1）提高原材料利用率

通过流通加工进行集中下料，将生产厂商直接运来的简单规格产品，按用户的要求进行下料。例如，将钢板进行剪板、切裁；将木材加工成各种长度及大小的板、方等。集中下料可以优材优用、小材大用、合理套裁，明显地提高原材料的利用率，有很好的技术经济效果。

（2）方便用户

用量小或满足临时需要的用户，不具备进行高效率初级加工的能力，通过流通加工可以使用户省去进行初级加工的投资、设备、人力，方便了用户。目前发展较快的初级加工有将水泥加工成生混凝土，将原木或板、方材加工成门窗、钢板预处理、整形等。

（3）提高加工效率及设备利用率

在分散加工的情况下，加工设备由于生产周期和生产节奏的限制，设备利用时松时紧，使得加工过程不均衡，设备加工能力不能得到充分发挥。而流通加工面向全社会，加工数量大、加工范围广、加工任务多。这样可以通过建立集中加工点，采用一些效率高、技术先进、加工量大的专门机具和设备，一方面提高了加工效率和加工质量，另一方面还提高了设备利用率。

2．流通加工在物流中的地位

（1）有效地完善了流通

流通加工在实现时间效用和场所效用这两个重要功能方面，确实不能与运输和保管相比，因而，流通加工不是物流的主要功能要素。另外，流通加工的普遍性也不能与运输、保管相比，流通加工不是对所有物流活动都是必需的。但这绝不是说流通加工不重要，实际上它也是不可轻视的，它具有补充、完善、提高与增强的作用，能起到运输、保管等其他功能要素无法起到的作用。所以，流通加工的地位可以描述为提高物流水平，促进流通向现代化发展。

（2）是物流业的重要利润来源

流通加工是一种低投入、高产出的加工方式，往往以简单加工解决大问题。实践中，有的流通加工通过改变商品包装，使商品档次升级而充分实现其价值；有的流通加工可将产品利用率大幅提高 30%，甚至更多。这些都是采取一般方法以期提高生产率所难以做到的。实践证明，流通加工提供的利润并不亚于从运输和保管中挖掘的利润，因此我们说流通加工是物流业的重要利润来源。

（3）是重要的加工形式

流通加工在整个国民经济的组织和运行方面是一种重要的加工形式，对推动国民经济的发展、完善国民经济的产业结构具有一定的意义。

4.5.3　流通加工的类型

1．为弥补生产领域加工不足的深加工

有许多产品在生产领域的加工只能到一定程度，这是由于存在许多限制因素限制了生产领域不能完全实现终极的加工。例如，钢铁厂的大规模生产只能按标准规格生产，以使产品有较强的通用性，使生产能有较高的效率和效益；木材如果在产地完成成材制成木制品的话，就会造成运输的极大困难，所以原生产领域只能加工到原木、板方材这个程度。进一步的下料、切裁、处理等加工则是由流通加工完成。

这种流通加工实际上是生产的延续，是生产加工的深化，对弥补生产领域加工不足有重要的意义。

2．为满足需求多样化进行的服务性加工

从需求角度看，需求存在多样化和变化两个特点，为满足这种要求，经常是用户自己设置加工环节。例如，生产消费型用户的再生产往往从原材料初级处理开始。

就用户来讲，现代生产的要求是生产型用户能尽量减少流程，尽量集中力量从事较复杂的技术性较强的劳动，而不愿意将大量初级加工包揽下来。这种初级加工带有服务性，由流通加工来完成，生产型用户便可以缩短自己的生产流程，使生产技术密集程度提高。

对一般消费者而言，则可省去烦琐的预处置工作，而集中精力从事较高级的、能直接满足需求的劳动。

3．为保护产品所进行的加工

在物流过程中，直到用户投入使用前都存在对产品的保护问题，防止产品在运输、储存、装卸、搬运、包装等过程中遭到损失，使使用价值能顺利实现。和前两种加工不同，这种加工并不改变进入流通领域的“物”的外形及性质。这种加工主要采取稳固、改装、冷冻、保鲜、涂油等方式。

4．为提高物流效率，方便物流的加工

有些产品本身的形态使之难以进行物流操作，如鲜鱼的装卸、储存操作困难；过大设备搬运、装卸困难；气体物运输、装卸困难等。进行流通加工，可以使物流各环节易于操作，如鲜鱼冷冻、过大设备解体、气体液化等。这种加工往往改变“物”的物理状态，但并不改变其化学特性，并最终仍能恢复原物理状态。

5．为促进销售的流通加工

流通加工可以从若干方面起到促进销售的作用。如将大包装或散装物（这是提高物流效率所要求的）分装成适合一次销售的小包装的分装加工；将原以保护产品为主的运输包装改换成以促进销售为主的装潢性包装，以起到吸引消费者、指导消费的作用；将零配件组装成用具、车辆以便于直接销售；将蔬菜、肉类洗净切块以满足消费者要求，等等。这种流通加工可能是不改变“物”的本体，只进行简单改装的加工，也有许多是组装、分块等深加工。

6．为提高加工效率的流通加工

许多生产企业的初级加工由于数量有限，加工效率不高。流通加工以集中加工的形式，解决了单个企业加工效率不高的弊病。以一家流通加工企业代替了若干生产企业的初级加工工序，促使生产力发展水平有一个提高。

7．为提高原材料利用率的流通加工

流通加工利用其综合性强、用户多的特点，可以实行合理规划、合理套裁、集中下料的办法，这就能有效提高原材料的利用率，减少损失浪费。

8．衔接不同运输方式，使物流合理化的流通加工

在干线运输及支线运输的结点设置流通加工环节，可以有效解决大批量、低成本、长距离干线运输与多品种、少批量、多批次末端运输和集货运输之间的衔接问题，在流通加工点与大生产企业间形成大批量、定点运输的渠道，又以流通加工为核心，组织多用

户的配送，也可在流通加工点将运输包装转换为销售包装，从而有效衔接不同目的的运输方式。

9．以提高经济效益，追求企业利润为目的的流通加工

流通加工的一系列优点，可以形成一种“利润中心”的经营形态，这种类型的流通加工是经营的一环，在满足生产和消费要求基础上取得利润，同时在市场和利润引导下使流通加工在各个领域中能有效地发展。

10．生产－流通一体化的流通加工

依靠生产企业与流通企业的联合，或者生产企业涉足流通，或者流通企业涉足生产，形成的对生产与流通加工进行合理分工、合理规划、合理组织，统筹进行生产与流通加工的安排，这就是生产－流通一体化的流通加工。这种形式可以促成产品结构及产业结构的调整，充分发挥企业集团的经济技术优势，是目前流通加工领域的新形式。

4.5.4　流通加工合理化

1．不合理的流通加工形式

各种不合理的流通加工会产生抵消效益的负效应。

（1）流通加工地点设置不合理

流通加工地点设置即布局状况，是使整个流通加工是否有效的重要因素。一般而言，为衔接单品种大批量生产与多样化需求的流通加工，加工地设置在需求区，才能实现大批量的干线运输与多品种末端配送的物流优势。

如果将流通加工地设置在生产地区，其不合理之处在于多样化需求的产品，多品种、小批量由产地向需求地的长距离运输会出现不合理；在生产地增加了一个加工环节，同时增加了近距离运输、装卸、储存等一系列物流活动。所以，在这种情况下，不如由原生产单位完成这种加工而无须设置专门的流通加工环节。

一般而言，为方便物流的流通加工环节应设在产出地，设置进入社会物流之前，如果将其设置在物流之后，即设置在消费地，则不但不能解决物流问题，又在流通中增加了一个中转环节，因而也是不合理的。

即使产地或需求地设置流通加工的选择是正确的，还有流通加工在小地域范围的正确选址问题，如果处理不善，仍然会出现不合理。这种不合理性表现在交通不便，流通加工与生产企业或用户之间距离较远，流通加工点的投资过高（如选址的地价影响），加工点周围社会、环境条件不良等。

（2）流通加工方式选择不当

流通加工方式包括流通加工对象、流通加工工艺、流通加工技术、流通加工程度等。

流通加工方式的确定实际上是与生产加工的合理分工。分工不合理，本来应由生产加工完成的，却错误地由流通加工完成，本来应由流通加工完成的，却错误地由生产过程去完成，都会造成不合理性。

流通加工不是对生产加工的代替，而是一种补充和完善。所以，一般而言，如果工艺复杂，技术装备要求较高，或加工可以由生产过程延续或轻易解决都不宜再设流通加工，尤其不宜与生产过程争夺技术要求较高、效益较高的最终生产环节，更不宜利用一个时期市场的压迫使生产者变成初级加工或前期加工，而流通企业完成装配或最终形成产品的加工。如果流通加工方式选择不当，就会出现与生产夺利的恶果。

（3）流通加工作用不大，形成多余环节

有的流通加工过于简单，或对生产及消费者作用不大，甚至有时流通加工的盲目性，同样未能解决品种、规格、质量、包装等问题，相反却实际增加了环节，这也是加工不合理的重要形式。

（4）流通加工成本过高，效益不好

流通加工之所以能够有生命力，重要优势之一是具有较大的产出投入比，因而起着补充完善的作用。如果流通加工成本过高，则不能实现以较低投入实现更高使用价值的目的。

2．流通加工合理化措施

流通加工合理化的含义是实现流通加工的最优配置，不仅做到避免各种不合理，使流通加工有存在的价值，而且做到最优的选择。

为避免各种不合理现象，对是否设置流通加工环节，在什么地点设置，选择什么类型的加工，采用什么样的技术装备等，需要做出正确的抉择。

（1）加工和配送相结合

这是将流通加工设置在配送点中，一方面按配送的需要进行加工，另一方面加工又是配送业务流程中分货、拣货、配货的一环，加工后的产品直接投入配货作业，这就无须单独设置一个加工的中间环节，使流通加工有别于独立的生产，而使流通加工与中转流通巧妙结合在一起。同时，由于配送之前有加工，可使配送服务水平大大提高。

（2）加工和配套相结合

在对配套要求较高的流通中，配套的主体来自各个不同的生产单位，但是，完全配套有时无法全部依靠现有的生产单位，进行适当流通加工可以有效促成配套，大大提高流通的桥梁与纽带的能力。

（3）加工和合理运输相结合

流通加工能有效衔接干线运输和支线运输，促进两种运输形式的合理化。利用流通加工，在支线运输转干线运输或干线运输转支线运输这本来就必须停顿的环节，不进行一般的支转干或干转支，而是按干线或支线运输合理的要求进行适当加工，从而大大提高运输及转载水平。

（4）加工和合理商流相结合

通过加工有效促进销售，使商流合理化，也是流通加工合理化的考虑方向之一。加工和配送的结合，通过加工提高配送水平，强化销售，是加工与合理商流相结合的一个成功的例证。

此外，通过简单地改变包装加工，形成方便购买量，通过组装加工解除用户使用前进行组装、调试的难处，都是有效促进商流的例子。

4.6 电子商务物流信息技术

4.6.1 物流信息

在历经了以自然资源为主的农业经济时代、以机器大工业为主的工业经济时代后，人们又迎来了一个全新的经济时代——以计算机网络技术为核心的信息经济时代。在这个时期，大量、高速、动态的信息充斥在经济生活中的每个角落，能否合理有效地利用信息将直接决定企业最终的成败。另外，随着生产力发展，社会分工细化在带动专业化生产率提高的同时，也带来了原来部门间协作的割裂，造成信息传递质量低，各自为政，企业整体效益下降的局面。在这样的时代背景下，建立行之有效的信息管理系统，不仅可以有效地提高信息利用质量，同时还有利于提升整体管理效益。产业电子化、信息化已成为不可逆转的时代潮流，作为现代产业核心支柱的物流产业也面临着同样的变革——建立现代化的物流信息管理系统。

特别提示　　信　息

信息是由客观事物发生的能被接收者接收的数据，在这些数据被接收的过程中，经过接收者的过滤与分析，达到对事物了解认识的目的。

在现代物流管理和实践中，信息对物流决策和管理的支持及控制作用是最为重要的因素。对于信息的认识有以下几点：

- 信息来源于对客观事物观察记录的数据，是数据加工处理的结果；
- 信息是主观客体对于客观事物的理解，信息资源的组织、利用方式反映主观客体的能力；
- 信息具有价值，通过信息的接收、处理和传递，可以指导人们的行动并反作用于客观事物，实现对客观事物的管理和控制。

相关链接　　入库单的作用

入库单上的内容（如发货单位为北京交通大学，名称为图书，数量为 100，单位为本）提供了基本的数据。如果没有实际发生的客观事物，这些基本数据是没有意义的。只有当这些数据被人们加工、利用，用来指导实际的物流运作，才成为信息。如果更进一步对一批入库单按照实际需求进行统计分析，就能够获得更为有效的信息。

物流信息是现代物流信息管理系统的重要组成部分，是现代物流 7 个运作环节（运输、仓储、装卸搬运、流通加工、包装、配送、信息处理）的主要处理对象之一。

1．物流信息的含义

物流信息是物流系统对内部及物流系统与外界联系构成的可以利用的数据集合的不同加工处理后得到的结果，它反映物流各种活动内容的文字、声音、图像、消息、知识等，并反作用于客观物流活动（见图 4-5）。

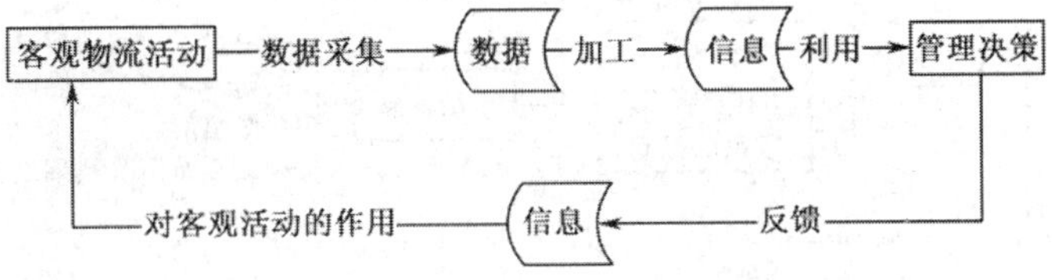

图 4-5　物流信息作用过程

物流信息产生于从生产领域到销售领域产品流动的过程，随着社会生产过程日益复杂，物流信息在产品流通过程中的地位日益突出，成为流通过程中的主要资源。

对于微观个体企业，其日常运作存在商流、物流与信息流，“三流”关系密不可分。但是从其本身的结构、性质、作用及处理方法来看，“三流”又各具其独有的特征。物流信息存在于物流系统当中，伴随物流系统活动而产生，反过来又指导和支持物流系统的运行。在实际的商业运作中，信息发挥着对整个商业交易过程的控制作用，也指挥控制着物流活动。

2．物流信息的特征

（1）物流信息作为一种无形的抽象资源，具有信息的一般特征

信息的一般特征包括真实性、有价性、可识别性、可转换性、可存储性、可传输性、可共享性、可处理性、可再生性等。

（2）物流信息具有覆盖的广泛性和数目的海量性

随着物流企业经营范围的不断扩大，物流服务的领域和种类日新月异，覆盖的经济领

域不断扩大，物流信息需要反映的内容也越来越丰富，来源更加多样化，数据量也不断增大。

（3）物流信息往往呈现动态、实时的特征

信息技术的应用加速了信息的处理、传播，推动了物流运作的速度，从而使物流信息在时效性上有更高的要求，对信息管理提出了更新、更高的要求。

（4）物流信息的高度相关性

随着供应链一体化的发展，各种不同的物流信息的联系越来越紧密，呈现高度的相关性。

（5）物流信息的复杂性

由于物流信息的海量、动态实时和一体化的特征，使得物流信息的复杂性增加，通过科学、准确处理原始数据获得的物流信息具有极大的价值。物流信息的构成如图 4-6 所示。

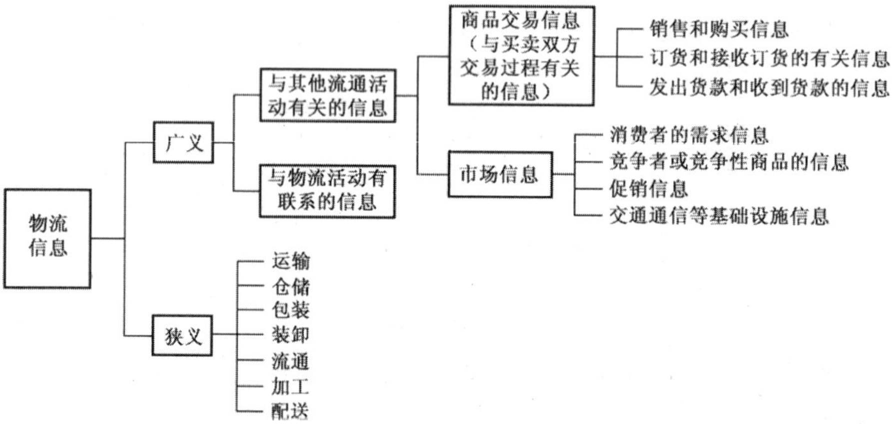

图 4-6　物流信息的构成

3. 物流信息对管理决策的支持作用

在物流的管理与决策中，如在运输工具的选择、运输路线的确定、每次运送批量的确定、在途货物的追踪、仓库的有效利用、最佳库存数量的确定、库存时间的确定、订单管理、如何提高顾客服务水平等方面，都需要详细和准确的物流信息。

广义的物流信息能够促进物流系统整合和供应链一体化，在应用现代信息技术（如 EDI、EOS、POS、因特网、自动识别、追踪）基础上，实现整个供应链活动的效率化，利用物流信息对供应链中企业的计划、协调、客户服务和控制活动进行更有效的管理。应用现代物流技术可以通过清楚地揭示供应链的实际情况，实质性地解决供应链的“牛鞭效应”。正是由于物流信息所具有的功能，使得提供全面、及时、准确、快速的物流信息成为现代企业获得竞争优势的必要条件。

4.6.2　电子商务物流信息技术

1. 条形码技术

条形码（简称条码）自动识别技术是以计算机技术、光电技术和通信技术为基础的一项综合性科学技术，是信息数据自动识别、输入的重要方法和手段。从 20 世纪 40 年代进行研究开发以来，近几十年取得了长足发展。现已应用在计算机管理的各个领域，渗透到了商业、工业、交通运输业、邮电通信业、物资管理、仓储、安全检查、票证管理及军事装备、工程项目等各行各业。

（1）条形码概述

1949 年美国人 N.T.Woodland 首先发明了条形码，并申请了专利。1969 年美国电子收款机问世后，加速了条形码技术在商业领域的应用与推广。1973 年美国成立了统一代码委员会，并从若干种条形码的方案中，筛选出由 IBM 公司所提供的条形码，作为北美地区的通用产品代码，简称 UPC 条形码。1977 年，欧洲 12 国（英国、联邦德国、法国、丹麦、挪威、比利时、芬兰、意大利、奥地利、瑞士、荷兰、瑞典）的制造商与经销商，历经 4 年的不断探索与协商，终于在当年的 2 月 3 日正式成立了欧洲物品编码协会，简称 EAN 协会，负责研究在欧洲建立统一的商品编码体系，并开发出了与 UPC 条形码兼容的欧洲物品编码，简称 EAN 条形码。欧洲物品编码协会 EAN 曾在 1981 年更名为国际物品编码协会 IAN，但由于习惯上的原因，仍称其为 EAN。

我国从 20 世纪 70 年代末到 80 年代初，一直处于跟踪、了解国外条形码技术资料的阶段，其应用系统的真正建立是在 20 世纪 80 年代末。1988 年 12 月，经国务院批准成立了国家物品编码协会，为我国全面开展条形码的工作，创造了有利条件。

条形码是利用光电扫描阅读设备来实现数据输入计算机的一种代码。它是由一组按一定编码规则排列的“条”、“空”符号，用来表示一定的字符、数字及符号组成的标记。“条”指对光线反射率较低的部分，“空”指对光线反射率较高的部分，这些“条”和“空”组成的数据表达一定的信息，通常每种物品的编码是唯一的。

1）常用的两种条形码。第一种是国际通用的 EAN-13 商品条形码，适合制造商、供应商和零售商共同使用。

EAN-13 商品条形码（见图 4-7）通常用于一般商品，由 13 位数字组成，其主要有 4 部分组成：国家代码（3 位，IAN 分配给各会员国家，IAN 分给我国的分别是 690、691、692），厂商代码（4 位，我国是由中国物品编码中心分配给各申请厂商），产品代码（5 位，各申请厂商可以自由设定），检验码（1 位，按算法求得，用于防止扫描阅读错误）。EAN-13 商品条形码是一维条码。

第二种是二维条码（见图 4-8）。二维条码的诞生解决了一维条码不能解决的问题，它能够在横向和纵向两个方位同时表达信息，表达信息量大，且能够表达多种文字和处理多媒体信息，现广泛用于公共安全、交通运输等领域。

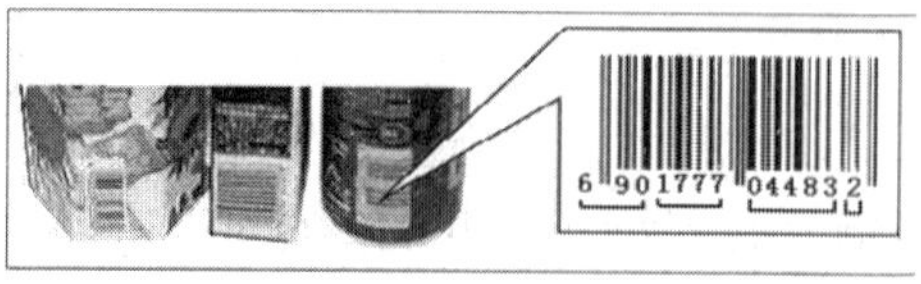

图 4-7　EAN-13 商品条形码

图 4-8　二维条码

相关链接　　**二维条码的产生**

二维条码（简称 PDF417）是 20 世纪 90 年代初由世界上最大的条码设备制造公司——美国 Symbol 公司发明的，它是一种机器可以识读的二维条码。在国际上，PDF417 被广泛应用于各类证卡系统。在我国，第一个二维条码国家标准《四一七条码》于 1997 年 12 月正式颁布，它标志着 PDF417 在我国的应用进入正规有序的发展阶段。

2）条形码识读与印刷设备。条码自动识别系统一般由条码自动识读设备、系统软件、应用软件等组成。条码自动识读设备包括扫描器、译码器、计算机和打印设备及显示器。常见的识读设备有激光扫描仪、固定扫描仪等如图 4-9 所示，常用的条码打印机、条码标签贴纸、条码打印机专用碳带如图 4-10 所示。

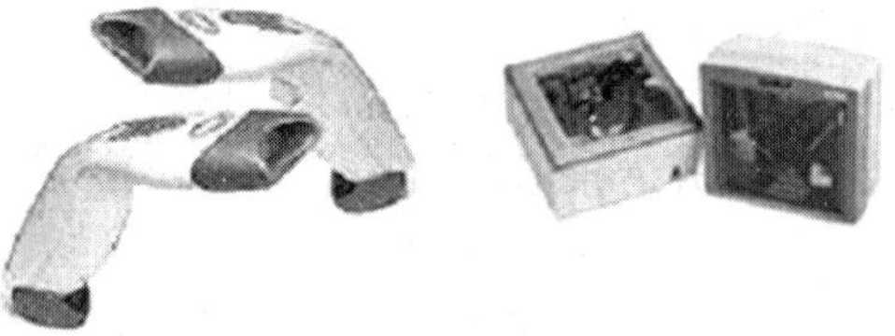

图 4-9　常见的扫描器材：激光扫描仪、固定扫描仪

图 4-10　常用的条码打印机、条码标签贴纸、条码打印机专用碳带

（2）条码技术的优点

条码是迄今为止最经济实用的一种自动识别技术，具有以下几个方面的优点：

1）采集数量大。利用传统的一维条码一次可采集几十位字符的信息；二维条码可以携带数千个字符的信息，并具有一定的自动纠错能力。

2）输入速度快。与键盘输入相比，条码输入的速度是键盘输入的5倍，并且能实现即时数据输入。

3）可靠性高。键盘输入数据出错率为1/300，利用光学字符识别技术出错率为万分之一，而采用条码技术误码率则低于百万分之一。

4）自由度大。条码通常只在一维方向上表达信息，而在同一条码上所表示的信息完全相同并且连续，这样即使标签有部分欠缺，依然可以通过正常部分输入正确的信息。

5）灵活实用。条码标识既可以作为一种识别手段单独使用，也可以与有关识别设备组成一个系统，实现自动化识别，还可以和其他控制设备连接起来实现自动化管理。

6）易于制作。条形码可印刷，称为“可印刷的计算机语言”。条码标签易于制作，对印刷技术设备和材料无特殊要求。

7）设备简单。条码符号识别设备的结构简单，操作容易，使用时无须专门训练。

流通业未来的需求趋势是多品种、小批量、多频率、及时制，若仍依赖人工作业，就无法满足顾客需要，因为人无法持续、长时间地进行识别和寻找作业，作业效率与正确性会递减；而条形码自动识别系统最适合物流作业的高速化、正确化、效率化的新需求。

（3）条形码技术在电子商务物流中的作用

1）条形码技术是物流信息系统的基础。条形码所包含的信息数据，是物流系统中物流对象的一部简要说明书，通过条码单元将大量信息集约起来，就能使信息的采集和录入工作电子化。依靠这个系统，构筑了物流信息系统的开端。

2）条形码技术可实现整个物流系统内部的监管。条形码在整个物流系统中，不管处在什么位置都可以通过专用的条形码读取设备来掌握它的运动节奏。在现代物流系统中，条形码是构筑EDI系统、供应链系统的一个重要组成部分，通过它可以随时掌握物流对象的位置状况和相关管理状况。

3）条形码技术可沟通国际物流。条形码实际上是一种国际通用语言，现代物流系统的国际化趋势，使得通过条形码系统可以进行这种国际的沟通，省去了在不同国家语言文字的转换问题，有力地支持了物流的国际化。

2. 射频技术

无线射频技术（Radio Frequency Identification，RFID或RF）是利用无线电波对记录媒体进行读写的一种识别技术。

国外，RF技术已被广泛应用于工业自动化、商业自动化、交通运输控制管理等众多领域。应用范围包括商品防伪、证件防伪、生产流水线管理、仓储管理、销售渠道管理、贵重物品管理、汽车防盗、物品防盗、航空包裹管理、电子票证等。

典型的RF系统由电子标签（Tag或者称为Smart Label）、读写器及数据交换、管理系统（计算机后台管理）构成。电子标签也称射频卡，是具有发射、接收无线信号并带有EEPROM（可擦除只读存储器）的小芯片。它具有智能读写及加密通信的能力。电子标签按工作方式分为无源（不带电池供电）和有源两种。

（1）电子标签的特性

1）数据存储量大：与传统形式的标签相比容量更大，数据可随时更新，可读可写。

2）读写方式方便：与条码相比，无须直接对准扫描；在看不见的情况下也可以方便地读写；读写速度快；可多目标识别、运动识别；适合用于需要频繁改变数据内容的场合。

3）使用方便：体积小，容易封装，可以嵌入产品内。

4）安全：专用芯片、序列号唯一、不易伪造。

5）耐用：无机械故障，寿命长、抗恶劣环境。

（2）电子标签系统的分类

根据电子标签系统完成的功能不同可分为两种类型。

1）利用便携式数据采集终端（Portable Digital Terminal，PDT）（见图 4-11），它是使用带有 RF 读写器的手持式数据采集器来采集 RF 标签上的数据的。PDT 可以在读取数据的同时，通过无线电波数据传输方式实时地向主计算机系统传输数据，也可以暂时将数据存储在阅读器中，再成批地向计算机系统传输数据。

图 4-11　PDT

2）利用固定式 RF 读写器，分散布置在指定的区域，并且直接与物流管理信息系统相连，电子标签一般安装在移动的物体上和人的身上。当物体、人流经过读写器时，读写器会自动扫描标签上的信息并把数据信息输入到管理信息系统进行存储、分析、处理，达到控制物流的目的。例如，像用于商场、超市和图书馆门口的电子门禁系统，商品或书籍带有电子标签，当未被授权的人从这些地方非法取走物品时，该系统会发出警告。又例如，在仓储活动中，货物贴上电子标签后，经过安装有交换器的仓库时，仓库就会自动记载来往于仓库间货物的流通情况并传给后台计算机管理中心处理。由上述 RF 系统的原理及特性介绍可以了解它在对物流信息的及时、通畅、准确传播使用方面都提供了比条码技术更为便捷的条件。

相关链接　　**日本利用电子标签技术保护儿童**

日本电信电话公司利用电子标签技术开发出防止对儿童犯罪的预警系统，以保护容易受到伤害的小学生（见图 4-12）。

图 4-12　日本利用电子标签技术保护儿童

据日本某报报道，这一系统在横滨市内一小学校进行试验，该小学校区为 1 平方公里，共有学生 300 人。研究人员让学生携带一种可以发出电波信号的小型装置，该装置长 6 厘米、宽 3.1 厘米、厚 1.1 厘米，电波辐射距离为 15 米左右。他们还在校区内 30 处放置了电波接收装置，这样家长们就可通过上网手机和计算机确认孩子在学校的情况。研究人员在学生上学的路上也安装了接收装置，儿童一旦遇到不测，只要一按随身携带的装置上的按钮，距离接收装置近的居民就会通过电子邮件了解受害儿童的名字、相貌特征等，并及时赶到案发现场，信息管理中心会及时通知家长和警方，及早采取营救措施。

电子标签是一种非接触式的自动识别技术，它通过射频信号自动识别目标对象并获取相关数据。将这种技术用于预警不但成本低，而且地点把握准确。

3. EDI 技术

Electronic Data Interchange（EDI）的中文意思是“电子数据交换”，创始于 20 世纪 60 年代。EDI 的含义是指商业贸易伙伴之间，将标准、协议规范化和格式化的经济信息通过电子数据网络，在单位的计算机系统之间进行自动交换和处理。它是电子商业贸易的一种工具，将商业文件按统一的标准编制成计算机能够识别和处理的数据格式，在计算机之间进行传输。

EDI 用于电子计算机之间商业信息的传递，包括日常咨询、计划、采购、到货通知、寻价、付款、财政报告等，还用于安全、行政、贸易伙伴、规格、合同、生产分销等活动的信息交换。目前人们正在开发适用于政府、保险、教育、娱乐、司法、保健和银行抵押业务等领域的 EDI 标准。由此可见，EDI 的应用远不止贸易事务，它可以广泛地应用到各个经济、行政等部门，仅把 EDI 认为是“无纸贸易”是一种片面的理解。

（1）EDI 系统的构成

EDI 系统是由 EDI 标准、EDI 软件及硬件、通信网络 3 部分构成的，各部分说明如表 4-5 所示。

表 4-5　EDI 的系统构成及说明

<table>
<tr><th colspan="2">构成部分</th><th>内　容</th><th>说　明</th></tr>
<tr><td colspan="2" rowspan="2">EDI 标准</td><td>EDIFACT［联合国欧洲经济委员会（UN/ECE）颁布］</td><td rowspan="2">由各企业、各地区代表共同讨论、制定的电子数据交换共同标准，可以使各组织之间的不同文件格式，通过共同的标准，达到彼此之间文件交换的目的</td></tr>
<tr><td>ANSI X. 12（美国国家标准局特标准化委员会第十二工作组制定）</td></tr>
<tr><td rowspan="6">EDI 软件及硬件</td><td rowspan="3">软件</td><td>转换软件</td><td>帮助用户将原有计算机系统的文件或数据库中的数据转换成翻译软件能够理解的平面文件，或是将从翻译软件接收来的平面文件转换成原计算机系统中的文件</td></tr>
<tr><td>翻译软件</td><td>将平面文件翻译成 EDI 标准格式，或将接收到 EDI 标准格式翻译成平面文件</td></tr>
<tr><td>通信软件</td><td>将 EDI 标准格式的文件外层加上通信信封，再送到 EDI 系统交换中心的邮箱，或在 EDI 系统交换中心将接收到的文件取回</td></tr>
<tr><td rowspan="3">硬件</td><td>计算机</td><td>PC、工作站、小型机和主机等均可</td></tr>
<tr><td>调制解调器</td><td>利用电话线路进行通信的必要硬件</td></tr>
<tr><td>通信线路</td><td>常用电话线路，如有较高要求可租用专线（Leased Line）</td></tr>
<tr><td colspan="2" rowspan="2">通信网络</td><td>直接连接方式</td><td>适用于贸易伙伴数量较少的情况</td></tr>
<tr><td>网络连接方式</td><td>利用网络进行 EDI 数据的传递，适用于多用户模式</td></tr>
</table>

（2）EDI 的特点

1）EDI 是企业之间传输商业文件数据的一种形式，其使用对象是具有固定格式的业务联系的单位。

2）EDI 所传送的资料是一般业务资料，如发票、订单等。

3）EDI 所传输的文件数据采用共同的标准并具有固定格式，如采用联合国 EDIFACT 标准，这也是与一般的电子邮件的区别。

4）EDI 由收送双方的计算机系统通过数据通信网络直接传送、交换资料，尽量避免人工介入和操作。

5）EDI 与现有的一些通信手段（如传真、电报、E-mail 等）有很大的区别，主要表现在：后者需要人工的阅读判断处理才能进入计算机系统，同时需要人工将资料重复输入到计算机系统中，浪费人力资源，也容易发生错误。

（3）EDI 的优势

1）实现无纸贸易。采用 EDI 后，原来由人工进行的单据/票证的核计、入账、结算及收发等处理均由计算机来完成，基本上取消了纸张信息。

2）提高经营活动效率。通过建立企业间的数据交换网来实现票据处理、数据加工等事务作业的自动化、省力化、及时化和正确化；同时，完成相关销售信息和库存信息的共享，实现经营活动的效率化，提高经营活动的效率。

3）提高数据传输的准确性。由于在数据传输过程中无须人工干预，避免人为错误，因而提高了信息的准确性。

4）提高企业竞争能力。EDI 作为开展电子贸易的一种信息化手段，快速提高信息传递速度，有利于快速捕捉市场信息，对客户做出快速响应，提高服务水平，降低贸易成本，提高经济效益，从而增强企业的市场竞争能力。

（4）EDI 在物流领域中的作用与应用

EDI 在物流领域中的作用具体表现在以下两个方面。

1）由于 EDI 利用网络传输数据，而网络的互联性可以将原料组织、生产、销售、运输装卸及库存控制等物流链的各个环节紧密地衔接起来，形成一个动态的、实时的物流链信息网络化调控系统。因此，使用 EDI 可以实现产品的采购、生产、销售的集成化，使供需双方建立一种以市场利益驱动为主导的战略伙伴关系。实施 EDI 战略涉及大量的投资和工作方式的改变，可以形成一定的市场壁垒，这将加强物流链协作关系的稳定性和持久性，增进物流服务者和最终用户之间的凝聚力，强化供给双方的实时互动性。

2）在物流活动中存在大量的数据单证的传递任务，在物流链管理中引入 EDI 技术，实现群体集成化信息资源管理，每一单位所需采集的信息将不到总输入信息的 1/3。它利用通信网络进行自动化交换，从而保证信息传递及时，并确保信息的有效性和一致性。

由于 EDI 技术的应用能够建立和强化物流链战略伙伴关系，并带来物流信息服务水平提高的效应，所以，利用 EDI 来构筑物流链战略伙伴关系是十分必要的。EDI 用在物流运作中的目的是充分利用现有计算机及通信网络资源，提高交易双方信息的传输效率，降低物流的运作成本。

近年来，EDI 在物流中被广泛应用。物流 EDI 的参与对象有货主（如生产厂家、贸易商、批发商、零售商等）、承运业主（如独立的物流承运企业等）、实际运送货物的交通运输企业（如铁路企业、水运企业、航空企业和公路运输企业等）、协助单位（如政府有关部门、金融企业等）和其他的物流相关单位（如仓库业者、配送中心等）。物流 EDI 的框架结构如图 4-13 所示。

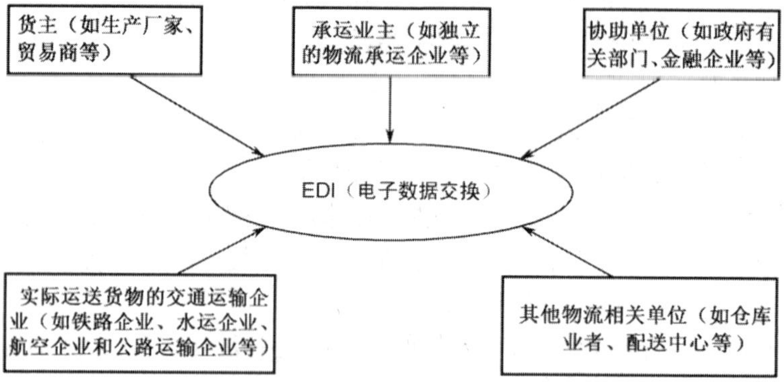

图 4-13　物流 EDI 的框架结构

图 4-14 是一个应用物流 EDI 系统的实例，这是一个由发送货物业主、物流运输业主和接收货物业主组成的物流模型。

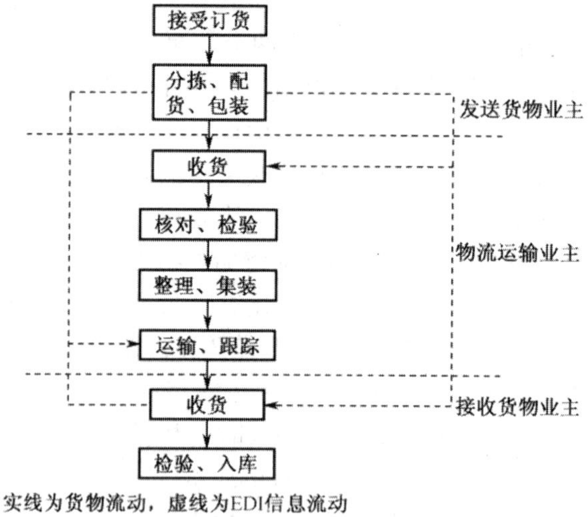

图 4-14　应用物流 EDI 系统的实例

4.6.3　GPS/GIS 技术

1．GPS 技术

GPS 是 Global Positioning System 的简称，即全球卫星定位系统。全球卫星定位系统是一种以空中卫星为基础的高精度无线电导航定位系统，它主要用于船舶和飞机导航、对地面目标的精确定时和精密定位、地面及空中交通管制、空间与地面灾害监测等。20 世纪 90 年代以来，GPS 以其全球性、实时性、全天候、连续、快速、高精度等特点，在物流领域得到越来越广泛的应用。

GPS 作为新一代全球卫星定位系统，不仅具有全球性、全天候、连续的精密三维导航与定位能力，而且还具有良好的抗干扰性和保密性。

GPS 由空间部分和地面部分组成，空间部分由分布在 6 个等间隔轨道上的 24 颗卫星组成，卫星距地球 2 万多公里，这种分布可以保证在任何时刻全球的任何地区，都被 4 颗卫星覆盖，GPS 的卫星可以全天候、连续地向无限多用户提供任何覆盖区域内目标的高精度的三维的速度、位置和时间信息。GPS 的地面部分由 1 个主控站、5 个全球监控站和 3 个地面天线组成。

GPS 的用户必须配备 GPS 接收机才能使用 GPS 系统，GPS 接收机的主要功能是接收卫星发射的信号，以获得必要的导航定位信息，并据此进行导航和定位。

我国目前已有近百家专门从事 GPS 技术与设备的研制、开发、应用工作的企业及科研院所。物流行业由于其专业性与特殊性，成为 GPS 这一军用技术向民间商用市场转化的一个最好“着陆点”。

全球卫星定位系统在物流管理中的应用有：

1）用于汽车自定位、跟踪调度、陆地救援。据丰田汽车公司的统计，日本公司已利用全球卫星定位系统开发车载导航系统，其车载导航系统的市场在 1995—2000 年平均每年增长 35%以上，全世界在车辆导航上的投资将平均每年增长 60.8%，因此，车辆导航将成为未来全球卫星定位系统应用的主要领域之一。我国已有数十家公司在开发和销售车载导航系统。中远、中外运等大型国际物流服务企业均建立了装载有卫星定位系统的车队。

2）用于内河及远洋船队最佳航程和安全航线的测定、航向的实时调度、监测及水上救援。

2．GIS 技术

地理信息系统（Geographical Information System，GIS）是多种学科交叉的产物，它以地理空间数据为基础，采用地理模型分析方法，适时地提供多种空间、动态的地理信息，是一种为地理研究和地理决策服务的计算机技术系统。其基本功能是将表格型数据（无论它来自数据库、电子表格文件还是直接在程序中输入）转换为地理图形并显示，然后对显示结果浏览、操作和分析。其显示范围可以从洲际地图到非常详细的街区地图，显示对象包括人口、销售情况、运输线路及其他内容。

GIS 应用于物流分析，主要是指利用 GIS 强大的地理数据功能来完善物流分析。国外公司已经开发出利用 GIS 为物流分析提供专门分析的工具软件。完整的 GIS 物流分析软件集成了车辆路线模型、网络物流模型、分配集合模型和设施定位模型等。

（1）车辆路线模型

用于解决一个起始点、多个终点的货物运输中如何降低物流作业费用，并保证服务质量的问题，包括决定使用多少辆车、每辆车的路线等。

（2）网络物流模型

用于解决寻求最有效的分配货物路径问题，也就是物流网点布局问题，如将货物从 N 个仓库运往到 M 个商店，每个商店都有固定的需求量，因此需要确定由哪个仓库提货送给哪个商店且所耗的运输代价最小。

（3）分配集合模型

可以根据各个要素的相似点把同一层上的所有或部分要素分为几个组，用以解决确定服务范围和销售市场范围等问题。例如，某一公司要设立 X 个分销点，要求这些分销点要覆盖某一地区，而且要使每个分销点的客户数目大致相等。

（4）设施定位模型

用于确定一个或多个设施的位置。在物流系统中，仓库和运输线共同组成了物流网络，仓库处于网络的节点上，节点决定着线路，如根据供求的实际需要并结合经济效益等原则，在既定区域内设立多少个仓库，每个仓库的位置，每个仓库的规模，以及仓库之间的物流关系等问题，运用此模型均能很容易地得到解决。

案例分析

深圳赤湾仓储有限公司运作情况介绍

深圳赤湾仓储有限公司是一家专业化大型仓储企业，由两家股东组成，分别为中国南山开发集团股份有限公司、深圳赤湾港股份有限公司。公司拥有优越的地理位置，便捷的交通，现代化的设施，全方位高质高效的配套服务系统。

1. 优越的地理位置

仓库位于深圳西部港口群中心位置，距离赤湾凯丰码头、蛇口集装箱码头 2 000 米以内，距离香港 20 海里（1 海里=1 852 米）以内，距离珠江三角洲地区广州、珠海、东莞、佛山、中山、惠州等城市均不超过 150 000 米。

2. 便捷的交通

陆路运输，有 4 车道疏港公路连接广深汕高速公路及 107 国道，保证货柜能快捷往来于深圳各区和内地各省市。通往本市宝安、福田、罗湖区半小时运输路程，通往龙岗、盐田区一小时运输路程。铁路运输：平（平湖）南（南头）铁路直达赤湾，连接广深铁路及国家铁路网。海路运输：紧邻的赤湾凯丰码头和蛇口集装箱码头，有直航欧洲、东非、美国、日本、东南亚等航线和众多驳船航线往返香港 HIT、MTL 码头。

3. 现代化的设施

拥有一座高层干货仓，楼高 6 层，层高 4.95 米，每层分 3 个区；另有 4 座单层平仓，仓高 9～10 米，总面积为 69 500 平方米。仓内有承重 3 吨的进口电梯 8 部，电动升降装卸车平台 35 部，叉车 35 部，可全天候作业，配有自动报警、喷淋消防和抽风高温系统和进口清扫吸尘机械，确保货物安全和存储质量。

4. 全方位高质高效的配套服务系统

可提供进口保税仓、出口监管仓和普通仓服务，并可代客户办理报送、报验、保险、拼箱集运中转、海陆运输等“全套储运服务”。仓库每日可完成 120 个 40 英尺（1 英尺=0.304 8 米）货柜货物装卸和分拣、组板、包装服务，有自备货柜拖车提供接送、转关运输服务。

? 思考题

结合该企业的特点，设计一套该企业实施电子商务的方案。

本章小结

本章主要介绍了电子商务物流过程——电子商务环境下商品包装的特点与内容、商品运输的主要方式和合理化措施、物流仓储的工作过程和合理化的方法、装卸搬运及其合理化、电子商务物流中的流通加工基本知识、电子商务物流信息技术等。

思考与练习题

（1）电子商务商品包装与传统商务包装有什么不同？

（2）电子商务运输的特点是什么？

（3）仓储的合理化措施是什么？电子商务环境下仓储管理的特点是什么？

（4）装卸搬运的原则有哪些？

（5）常见的流通加工形式有哪些？

（6）条形码的类型有哪些？各有什么特点？
（7）电子标签的特点是什么？
（8）什么是 EDI 技术？有什么特点？
（9）什么是 GPS？GPS 在物流系统的应用有哪些？
（10）什么是 GIS？GIS 在物流系统的应用有哪些？

第5章

电子商务物流配送

学 习 目 的

- 了解配送的概念、特征及要素；
- 熟悉配送的功能和作用，以及配送业务的流程和配送业务模式；
- 掌握配送中心的概念、分类与特征；
- 了解配送中心的地位和功能；
- 掌握配送中心的设立；
- 熟悉配送中心的作业管理；
- 了解电子商务配送的特征和优势；
- 了解我国电子商务物流配送发展的制约因素和对策。

工作任务

全日食株式会社配送

全日食株式会社目前在日本拥有 2 000 家自愿加盟的连锁店，其中绝大部分是中、小型的超市。全日食公司在日本共有13个配送中心，每天出货量约1万箱。其中一个配送中心位于日本东京，负责为东京东5个县、570个加盟店配送商品。

东京的配送中心推行零库存政策，要求信息精确管理，以达到进货、出货的精确性。该配送中心对单店一个星期配送3次，有35部配送卡车，员工70位，其中一半是临时工。该配送中心在每天早晨9：30以前就把所有的货物送到各家店铺了，所以在9：30之后进入该配送中心，就会发现那是一个整洁、空荡的大仓库。

为了节省时间，该配送中心在进货的同时就开始验货，而且切实运用信息管理，充分利用 POS 机上收集的资料，算出最适合的进货数量、项目等。多年前引入全日食连锁店体系的信息管理系统，对该连锁体系贡献巨大。

总之，全日食连锁体系在加盟体系的竞争力充实之后，就开始整合，成立配送中心，加盟店每天要的商品，都是用电子订货系统 EOS 向总部订货，由配送中心配送，目前他们的配送中心能够达到“零库存”管理，即所谓的通过型的配送中心，切实提高了物流的效率。

因为在零售和物流方面的成功，全日食公司能突破既有限制，使销售上的毛利能够提高到 20%～26%。

在全日食的经营体系中，其相当重要而且成功之处就是运用 POS 资料来妥善指导各加盟店，并且建立生鲜、干货分别处理的配送中心。由于其总部指导者拥有对销售分析的第一手信息，就能够用调查数据去指导各加盟店，并且在物流上做到生鲜品的低温保鲜配送，以及零库存的生鲜配送。

请思考：

全日食株式会社物流配送的特点。

5.1 配送

5.1.1 配送的概念

“配送”这个词来自日本。日本 1991 年版《物流手册》中对“配送”的表述：生产厂到配送中心之间的物品空间移动叫“运输”，从配送中心到顾客之间的物品空间移动叫“配送”。

相关链接　　什么是配送（Distribution）

我国国家质量监督检验检疫总局和国家标准化管理委员会于 2006 年 12 月 4 日联合发布的中华人民共和国国家标准《物流术语》中，将其定义为：在经济合理区域范围内，根据客户要求，对物品进行分拣、加工、包装、分割、组配等作业，并按时送达指定地点的物流活动。

总的来说，配送是物流活动中一种非单一的业务形式，它与商流、物流、资金流紧密结合，并且主要包括了商流活动、物流活动和资金流活动，可以说它是包括了物流活动中大多数必要因素的一种业务形式。可以从两个方面认识配送的概念。

1．从经济学资源配置的角度

配送是以现代送货形式实现资源的最终配置的经济活动。这个概念的内涵包含 4 点：

1）配送是资源配置的一部分，根据经济学家的理论，它是经济体制的一种形式。

2）配送的资源配置作用是“最终配置”，因而是接近顾客的配置。接近顾客是经营战略至关重要的内容。美国兰德公司对《幸福》杂志所列的 500 家大公司一项调查表明“经营战略和接近顾客至关重要”，证明了配置方式的重要性。

3）配送的主要经济活动是送货，这里面强调现代送货，表述了和旧式送货的区别，其区别以“现代”两字概括，即以现代生产力、劳动手段为支撑，依靠科技进步，实现“配”和“送”的有机结合。

4）配送在社会再生产过程中的位置，是处于接近用户的那段流通领域，因而有其局限性，配送是一种重要的方式，有其战略价值，但是它并不能解决流通领域的所有问题。

2．从配送的实施形态角度

按用户订货要求，在配送中心或其他物流结点进行货物配备，并以最合理方式送交用户。这个概念的内容包含了 5 点：

1）整个概念描述了接近用户资源配置的全过程。

2）配送实质是送货。配送是一种送货，但和一般送货有区别：一般送货可以是一种偶然的行为，而配送是一种固定的形态，甚至是一种有确定组织、确定渠道，有一套装备和管理力量、技术力量，有一套制度的体制形式。所以，配送是高水平的送货形式。

3）配送是一种“中转”形式。配送是从物流结点至用户的一种特殊送货形式。从送货功能看，其特殊性表现为：从事送货的是专职流通企业，而不是生产企业；配送是“中转”型送货，而一般送货尤其从工厂至用户的送货往往是直达型；一般送货是有什么送什么，配送则是企业需要什么送什么。所以，要做到需要什么送什么，就必须在一定中转环节筹集这种需要，从而使配送必然以中转形式出现。当然，广义上，许多人也将非中转型送货纳入配送范围，将配送外延从中转扩大到非中转，仅以“送”为标志来划分配送外延，也是有一定道理的。

4）配送是“配”和“送”有机结合的形式。配送利用有效的分拣、配货等理货工作，使送货达到一定的规模，以利用规模优势取得较低的送货成本。如果不进行分拣、配货，有一件运一件，需要一点送一点，这就会大大增加动力的消耗，使送货并不优于取货。所以，追求整个配送的优势，分拣、配货等项工作是必不可少的。

5）配送以用户要求为出发点。在定义中强调“按用户订货要求”明确了用户的主导地位。配送是从用户利益出发、按用户要求进行的一种活动，因此，在观念上必须明确“用户第一”、“质量第一”。配送企业的地位是服务地位而不是主导地位，因此不能从本企业利益出发而应从用户利益出发，在满足用户利益基础上取得本企业的利益。更重要的是，不能利用配送损伤或控制用户，不能利用配送作为部门分割、行业分割、市场分割的手段。

概念中“以最合理方式”的提法是基于这样一种考虑：过分强调“按用户要求”是不妥的，用户要求受用户本身的局限，有时实际会损失自我或双方的利益。对于配送者来讲，必须以“要求”为据，但是不能盲目，应该追求合理性，进而指导用户，实现共同受益的商业原则。这个问题近些年国外的研究著作也常提到。

5.1.2 配送的内涵

1. 配送提供的是物流服务，因此满足顾客对物流服务的需求是配送的前提

1）由于在买方市场条件下，顾客的需求是灵活多变的，消费特点是多品种、小批量的，因此从这个意义上说，配送活动绝不是简单的送货活动，而应该是建立在市场营销策划基础上的企业经营活动。

2）由于在买方市场条件下，顾客的需求是灵活多变的，消费特点是多品种、小批量的，因此单一的送货功能，无法较好地满足广大顾客对物流服务的需求，因此配送活动是多项物流活动的统一体。（如我国《物流术语》所述。）更有些学者认为，配送就是“小物流”，只是比大物流系统在程度有些降低和范围上有些缩小罢了。从这个意义上说，配送活动所包含的物流功能，应比我国《物流术语》提出的功能还要多而全面。

2. 配送是“配”与“送”的有机结合

所谓“合理地配”，是指在送货活动之前必须依据顾客需求对其进行合理的组织与计划。只有“有组织、有计划”地“配”才能实现现代物流管理中所谓的“低成本、快速度”地“送”，进而有效满足顾客的需求。

3. 配送是在积极合理区域范围内的送货

配送不宜在大范围内实施，通常仅局限在一个城市或地区范围内进行。

物流实践

快递企业如何淘金生鲜配送

生鲜配送的概念最近被炒得火热。先是 2014 年 6 月召开的 2014 年亚洲冷链物流及生鲜配送高峰论坛上，业界和公众对冷链配送发展开始达成共识：随着物联网与互联网的发展，生鲜电商将生产和消费连为一体，未来 3～5 年，生鲜配送市场将继续突起，引领冷链物流产业之先。同时，生鲜农产品产量激增，人们生活水平的上升与老龄化的增重，对食品、医药的需求也不断增加，健全的农产品、药品冷链物流也将在未来市场产生巨大需求。

但当前生鲜配送快速发展中，电商却热衷于自建物流平台及渠道，与快递企业合作的热情并不高。其原因是快递企业运作的产品种类繁多，而生鲜产品不易储存，容易腐烂，电商卖家认为快递企业不太容易满足其第一时间的配送需求。但是，随着竞争的加剧和遭遇网络、运行成本的难题，会有一部分资本雄厚、能力较强的生鲜电商物流平台生存下来，而更多的生鲜产品配送则会交由第三方的快递来做，这将是行业发展的一个趋势。

另一方面，生鲜配送门槛高，自然利润也较电商等普通快递邮件高。随着高利润的刺激，会有更多的快递企业，通过改造流程、提高运行速度，加入到这块市场的争夺中来。率先领跑的顺丰优选的冷链覆盖城市已达到北京、天津、嘉兴、上海等 11 个，预计今年将扩张到 30 多个。而邮政 EMS 也利用其夜航的机队和部分大中城市次日达的优势，加大了对生鲜配送领域的渗透。“四通一达”等民营快递也在跃跃欲试。

在当前因成本高、全程冷链还一时难以推广的背景下，从原产地加冰袋直发等做法成了当前主打的保鲜方式。打好时间牌，以时间换保鲜品质，就成了快递企业进军这一领域的关键。“没有金刚钻就揽不了瓷器活儿”，没有快速和稳定的传递时限，要想更多占领这一以品质和速度为主要需求的中高端市场，就没有十足的底气。顺丰、EMS 敢于率先抢占生鲜配送这块市场，是凭借其自有的机队、可控的直营配送队伍和不断提升的配送效率。即便如此，它们的步伐也是谨慎的。

其他快递企业要想抢占这一高地，除了抓紧自有或租用货机机队、拓展航空网，另一可行的方式是可积极介入与中铁的合作，利用中铁正在推广的高铁和电商专列等运载方式，进行快速的干线运输。日前中铁推出的电商专列不受天气因素影响，稳定、载货量大、速度快，高铁的运行速度则更为快速。这两者的运行成本较航空低得多，是快递企业抢占生鲜干线运输的理想选择。而且，采用包仓的方式，也是生鲜电商和快递企业抢占批量货运的有效方式。

此外，与生鲜电商合作建立本地冷链仓库或自建冷链仓库，也是一种可行的选择，可解决部分较耐存生鲜的保鲜问题，较好实现及时的本地配送。

再者，建立个性化的流程，也是提高生鲜配送效率与质量的一个重要方面。例如，为了提高生鲜产品的鲜活度，某些地区的顺丰与生鲜电商加强衔接，在揽收、发运时间上与生鲜产品的采摘、处理实现了无缝衔接，在运输环节与其他物品适当区别，尽量减少损坏率。在配送环节，顺丰也部分引入了个性化的做法。对于顺丰优选的生鲜产品，北京顺丰就采取了专门的队伍投送。

当然，要在快速发展的生鲜配送领域提高占有率，快递企业还需要逐步探索全程冷链的模式，以不断提高的技术手段来提升竞争力。

（资料来源：现代物流报，2014-7-29）

5.1.3 配送的作用

1. 推行配送有利于物流运动实现社会化、合理化

商品经济的发展和现代化生产的实现，在客观上要求全社会提高专业化水平和分工协作水平。配送不仅能够促进物流的专业化、社会化发展，还能促使物流活动向“规模经济”发展。从组织形态上看，它是以集中的、完善的送货取代了分散的、单一的取货。从资源配置上看，则是以专业组织的集中库存代替社会上的零散库存，衔接了产需关系，打破了流通分割和封锁的局面，很好地满足了社会化大生产的发展需要，有利于实现物流社会化和合理化。

2. 完善和优化了整个物流系统

第二次世界大战以后，随着运输工具的不断改进，大吨位级运输工具以及集装箱的广泛使用，使得干线运输的效率较之于以往有了较大的提高，而且降低了运输成本。但是在干线运输之后，需要通过支线运输才能完成整个运输过程，这个时候，支线运输就成了整个运输中的薄弱环节。配送环节就处在支线运输，灵活性、适应性相对来说都比较强，使整个运输过程得以优化和完善。

3. 提高了末端物流的效益

配送中所包含的运输活动在整个运输活动中处于末端，采取配送方式，通过增大批量来达到经济批量；通过将客户所需的各类商品集中起来一次性发货，解决了以往运力安排不当、成本过高等一系列问题，使末端物流效益得到提高。

4. 通过集中库存使企业实现低库存或零库存

实现了高水平配送之后，尤其是采取准时制配送方式之后，生产企业可以完全依靠配送中心的准时制配送而不需要保持自己的库存。或者，生产企业只须保持少量保险储备而不必留有经常储备，这就可以实现生产企业多年追求的“零库存”，将企业从库存的包袱解脱出来，同时解放出大量储备资金，从而改善企业的财务状况。实行集中库存，库存总量远低于不实行集中库存时各企业分散库存的总量，同时，增加了调节能力，也提高了社会经济效益。此外，采用集中库存可利用规模经济的优势，使单位存货成本下降。

5. 简化事务，方便用户

采用配送方式，用户只需要从配送中心一处订购就能达到向多处采购的目的，只需组织对一个配送单位的接货便可替代现有的高频率接货，因而大大减轻了用户工作量和负担，也节省了订货、接货等的一系列费用开支。

6．提高供应保证程度

生产企业自己保持库存、维持生产，供应保证程度很难提高（受库存费用的制约）。采取配送方式，配送中心可以比任何企业的储备量更大，因而对每个企业而言，中断供应、影响生产的风险便相对缩小，使用户免去短缺之忧。

5.1.4　物流配送的产生与发展

1．配送形成的必然性

日本在第二次世界大战以后，经济高速增长，但随之也出现了流通落后的问题，严重阻碍了生产进一步发展。分散的物流使流通机构庞杂。当时，日本曾做过的一项调查表明，由于社会上自备车辆多、道路拥挤及停车时间长，使企业收集和发送货物的效率明显下降，但是如果减少企业自备车辆就意味着企业运输能力的减少。为了保证企业生产和销售的顺利开展，需要依赖企业的运输力和仓储力。但这不是单个企业能够解决的。因此，日本在筹划建立物流中心和物流节点的同时，还积极推行了“共同配送制度”。经过不断变革，一种被日本实业界称为“配送”的物流体制便应运而生了。

另外，美国“二十世纪财团”组织的一次调查表明，以商品零售价格为基础进行计算，流通费用所占的比例达 59%，其中大部分为物流费用。流通结构分散和物流费用不断上升严重阻碍了生产发展和企业利润率的提高。因此，美国企业界把第二次世界大战期间“军事后勤”的概念引用到企业管理中，许多公司减少了老式仓库，成立了配送中心，统一了装卸、搬运等物流作业标准。很多公司设立了新的流通机构，将独立、分散的物流运动也统一集中，推出了新型的送货方式。这不仅降低了流通费用，而且节约了劳动消耗。美国有 30%以上的生产资料是通过流通企业配送中心销售的。

配送作为一种新型的物流手段，是在变革和发展仓库业的基础上开展起来的。因此，从某种意义上来说，配送是仓库业功能的扩大化和强化。

2．我国配送的产生及发展

我国的配送产生与发展大致可分为三个阶段：

1）20 世纪 70 年代，在我国计划经济的体制下，实行的是按需供应的供应方式，我国一些大中城市的物资部门在一个城市设置一个或几个集中点，并按其货单配货、送货，实行集中库存、提高效率的流通方式，上述流通方式可以说是我国配送的雏形。但是，由于某些落后的生产关系及其他因素制约，使得这一先进生产力最终未能突破体制的障碍，未能出现持续进步、稳定发展的局面。

2）20 世纪 80 年代，随着生产资料市场的开放搞活，物资流通格局发生了很大的变化，市场竞争日趋激烈。物资企业为了自身的发展，提高市场占有率，广泛开展物资配送业务，如天津储运公司唐家口仓库的“定时定量配送”、河北省石家庄物资局“三定一送”的物资配送，以及上海、天津等地的煤炭配送等。从总体分析，20 世纪 80 年代是我国从自发运用配送阶段向自觉运用配送阶段的过渡时期。

3）20 世纪 90 年代以来，我国很多城市的物资部门建立了配送中心，配送得到了很大发展。这样，彻底改变了传统的流通模式和方式。过去物资流通部门等人上门买货，如今迈出家门主动上门送货，为生产企业配送急需的产品。通过代理、配送、连锁相结合的新的流通形式，发展配送实现了质优价廉，中心实行统一集中进货，享受了生产企业的批量优惠，同时从用户和自身利益、信誉出发，严把进货关，保证进货质量，发展配送，大大减少了生产企业的库存，实现了生产企业“零库存”的可能。而且，随着计算机网络的应用，逐步实现了配送中的流通现代化管理。同时，先进设施的使用也为用户提供了更加方便、快捷的服务，同时提高了流通企业的效率。

近些年来，随着连锁商业的发展，配送中心的建设受到重视，特别是连锁企业自建配送中心的积极性很高。目前全国有 700 多家连锁公司，较大型的连锁公司已在建设自己的配送中心，一些店铺数量少、规模不大的小型连锁企业也在筹建配送中心，以期实现 100%的商品由自己的配送中心配送。而一个功能完善的社会化的配送中心的投资相当巨大，配送量过小必然造成负债过多、回收期长，反过来又影响连锁企业的发展；同时，社会上又有相当数量的仓库、车辆等设施在闲置，形成了投资上的重复、浪费。据不完全统计，目前全国共有各种类型的物流配送中心 1 000 多家，其中又以上海和广东数量最多。此外，日本、美国、英国等国家的许多企业在我国的北京、上海、南京等地也建有自己的物流配送中心。这些物流配送中心大都跨越了简单送货上门的阶段，基本上属于真正意义上的物流配送，处于发展的初级阶段，因此在经营中存在种种弊端和问题。令人可喜的是，国家有关部门已认识到这些问题，正从宏观调控上引导我国物流配送业朝着信息化、现代化、社会化的新型物流配送方向发展。政府、企业界、理论界人士也在共同进行着这方面的探讨，并已开始实践。

3．我国物流配送的现状及存在的问题

（1）我国物流配送的现状

21 世纪，随着我国加入 WTO 以来，由于受计划经济的影响，我国物流社会化程度低，物流管理体制混乱，机构多元化，导致社会化大生产、专业化流通的集约化经营优势难以发挥，规模经营、规模效益难以实现，设施利用率低，布局不合理，重复建设，资金浪费严重。由于利益冲突及信息不通畅等原因，造成余缺物资不能及时调配，大量物资滞留在流通领域，造成资金沉淀，发生大量库存费用。另外，我国物流企业与物流组织的总体水平低，设备陈旧、损失率大、效率低、运输能力严重不足，形成了“瓶颈”，制约了物流的发展，物流配送明显滞后。商流与物流分割，严重影响了商品经营和规模效益。实践证明，市场经济需要更高程度的组织化、规模化和系统化，迫切需要尽快加强建设具有信息功能

的物流配送中心。发展信息化、现代化、社会化的新型物流配送中心是建立和健全社会主义市场经济条件下新型流通体系的重要内容。我国是发展中国家，还不可能达到发达国家物流配送中心的现代化程度，因此要借鉴发达国家的经验和利用现代化的设施，从国家情况、地区情况、企业情况出发，发展有中国特色的新型物流配送中心。

近些年来，我国物流业对物流配送进行了有益的探索，取得了一些初步的成功。但是，正如任何新生事物的发展都要经历一个曲折过程一样，进一步搞好物流配送，并不断使之发展和完善，仍然面临着不少现实问题，需要社会各方面力量不断努力才能解决。

（2）我国物流配送存在的问题

1）对物流配送缺乏正确和充足的认识。20 世纪 80 年代初，我国就引进物流配送的概念，经过二十多年的经济发展，越来越多的人对物流配送有了全面的了解和认识，但在相当多的企业中，其领导人的观念还停留在成本中心、利润中心上，没有把物流配送放到服务中心、战略中心的高度。

2）物流配送人才短缺。国外物流配送的教育和培训系统非常发达，很多大学和学院开设物流管理专业，部分院校设置研究生物流课程，并在社会上全面开展物流配送的职业教育。许多国家的物流从业人员必须接受职业教育，获得从业资格后，才能从事物流配送方面的工作。相比较而言，我国在物流配送方面的教育还比较落后，研究生层次教育才刚刚起步，职业教育更是贫乏。

3）物流配送效率低，物流装备标准化程度低。目前，我国大多数物流配送企业是在传统的企业机制上发展起来的，物流服务内容还停留在仓储、运输层面上，能够提供综合性服务的物流配送企业还很少。同时，运输、仓储的现代化水平比较低，物流配送中心建设发展比较缓慢，专业化操作水平不高，导致了物流配送效率低下。此外，我国物流部门条块分割、自成体系，使得物流配送环节中各种运输方式之间装备标准不统一，增加了物流配送的无效作业环节，使物流配送速度降低、物流配送成本升高。

4）缺乏有效的物流配送网络。目前，我国的交通运输设施布局很不合理，主要的运输通道经常出现供需矛盾，从而影响了物流配送的效率；物流网点没有统一的布局，物流企业分布过于分散，无法实现资源的有效配置；物流设施装备普遍较差，不能适应现代物流的发展。由于我国的物流信息管理和技术手段比较落后，无法建立公共的物流信息交流平台，对物流配送过程中各个环节进行统一管理和调度，实现高效的物流配送。

5）功能不健全。不少配送中心徒有虚名，不少连锁企业没有配送中心这个机构，即使有也只是摆设，货源仍来自批发市场；基础设施落后，根本无法将仓库区分，只充当着仓库与运输中转站的角色，配送中心各项功能未能发挥出来。

6）盲目建设。在配送中心发展建设过程中，由于宏观管理职责不明，规划不当，造成宏观上区域布局不合理，存在相互重复、冲突现象，导致社会资源浪费。由于企业行为不规范，微观上企业不结合自身实际能力、发展需要和市场环境状况，盲目上马，简单拼凑，导致配送中心无法正常开展业务。

5.1.5 配送要素及作业流程

1. 配送要素

（1）备货

备货是配送的准备工作或基础工作，备货工作包括筹集货源、订货或购货、集货、进货及有关的质量检查、结算、交接等。配送的优势之一，就是可以集中用户的需求进行一定规模的备货。备货是决定配送成败的初期工作，如果备货成本太高，会大大降低配送的效益。

（2）储存

配送中的储存有储备及暂存两种形态。配送储备是按一定时期的配送经营要求，形成的对配送的资源保证。这种类型的储备数量较大，储备结构也较完善，视货源及到货情况，可以有计划地确定周转储备及保险储备的结构及数量。配送的储备保证有时在配送中心附近单独设库解决。另一种储存形态是暂存，是具体执行配送时，按分拣配货要求，在理货场地所做的少量储存准备。由于总体储存效益取决于储存总量，所以，这部分暂存数量只会对工作方便与否造成影响，而不会影响储存的总效益，因而在数量上控制并不严格。还有另一种形式的暂存，即在分拣、配货之后形成的发送货载的暂存，这个暂存主要是调节配货与送货的节奏，暂存时间不长。

（3）分拣及配货

分拣及配货是配送不同于其他物流形式的有特点的功能要素，也是配送成败的一项重要支持性工作。分拣及配货是完善、支持送货的准备性工作，是不同配送企业在送货时进行竞争和提高自身经济效益的必然延伸，所以，也可以说是送货向高级形式发展的必然要求。有了分拣及配货就会大大提高送货服务水平，所以，分拣及配货是决定整个配送系统水平的关键要素。

（4）配装

在单个用户配送数量不能达到车辆的有效载运负荷时，就存在如何集中不同用户的配送货物，进行搭配装载以充分利用运能、运力的问题，这就需要配装。和一般送货不同之处在于，通过配装送货可以大大提高送货水平及降低送货成本，所以，配装也是配送系统中有现代特点的功能要素，是现代配送与已往送货的重要区别之处。

（5）配送运输

配送运输属于运输中的末端运输、支线运输，和一般运输形态主要区别在于：配送运输是较短距离、较小规模、额度较高的运输形式，一般使用汽车做运输工具。与干线运输的另一个区别是，配送运输的路线选择问题是一般干线运输所没有的，干线运输的干线是唯一的运输线，而配送运输由于配送用户多，一般城市交通路线又较复杂，如何组合成最佳路线，如何使配装和路线有效搭配等，是配送运输的特点，也是难度较大的工作。

（6）送达服务

配好的货运输到用户还不算配送工作的完结，这是因为送达货和用户接货往往还会出现不协调，使配送前功尽弃。因此，要圆满地实现运到之货的移交，并有效地、方便地处理相关手续并完成结算，还应讲究卸货地点、卸货方式等。送达服务也是配送独具的特殊性。

（7）配送加工

在配送中，配送加工这一功能要素不具有普遍性，但是有重要作用的功能要素。主要原因是，通过配送加工，可以大大提高用户的满意程度。配送加工是流通加工的一种，但配送加工有它不同于一般流通加工的特点，即配送加工一般只取决于用户要求，其加工的目的较为单一。

2．配送的作业流程

配送作业是配送企业或部门运作的核心内容，因而配送作业流程的合理性及配送作业效率的高低都会直接影响整个物流系统的正常运行。配送作业的一般流程如图 5-1 所示。

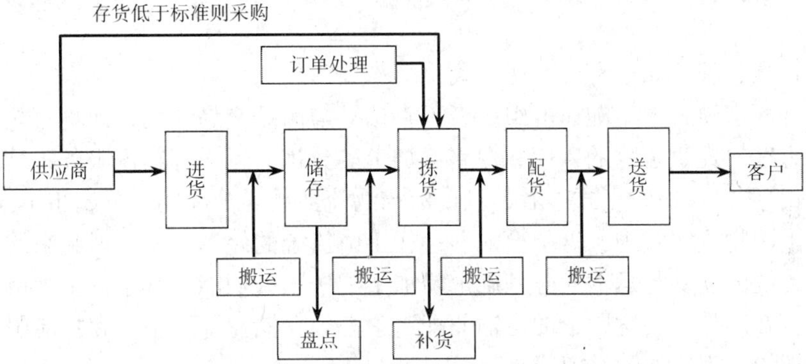

图 5-1　配送作业的一般流程

收到用户订单后，首先将订单按其性质进行“订单处理”，之后根据处理后的订单信息，进行从仓库中取出用户所需货品的“拣货”作业。拣货完成，一旦发现拣货区所剩余的存货量过低时，则必须由储存区进行“补货”作业。如果储存区的存货量低于规定标准时，便向供应商采购订货。从仓库拣选出的货品经过整理之后即可准备“发货”，等到一切发货准备就绪，司机便可将货品装在配送车上，向用户进行“送货”作业。另外，在所有作业进行中可发现，只要涉及物的流动作业，其间的过程就一定有“搬运”作业。

5.1.6 配送的业务模式及类型

1．配送的业务模式

（1）商流、物流一体化的配送模式

这种配送结构模式又称为配销模式。在这种配送模式下，配送的主体通常是销售企业或生产企业，也可以是生产企业的专门物流机构。这些配送主体不仅参与物流过程，同时还参与商流过程，而且将配送作为其商流活动的一种营销手段和策略，即参与商品所有权的让渡和转移，在此基础上向客户提供高水平的配送服务。其主要经营行为是商品销售，配送是实现其营销策略的具体实施手段，主要目的是通过提供高水平的配送服务来促进商品销售和提高市场占有率。在我国物流实践中，以批发为主体经营业务的商品流通机构以及连锁经营企业所进行的内部配送多采用这种配送模式。国外的许多汽车配件中心所开展的配送业务同样也属于这种配销模式。

商流、物流一体化的配送模式对于行为主体来说，由于其直接组织货源及商品销售，因而配送活动中能够形成资源优势，扩大业务范围和服务对象，同时也便于向客户提供特殊的物流服务，如配套供应物资等，从而满足客户的不同需求。可见，这种配送模式是一种能全面发挥专业流通企业功能的物流形式，但这种模式对于组织者的要求较高，需要大量资金和管理技术的支持，给企业资源配置带来过重的压力，不利于实现物流配送活动的经营规模。

（2）商流、物流相分离的配送模式

在这种配送模式下，配送的组织者不直接参与商品交易活动，即不参与商流过程，它只是专门为客户提供货物的入库、保管、加工、分拣、运送等物流服务，其业务实质上属于"物流代理"。从组织形式上看，其商流与物流活动是分离的，分属于不同的行为主体。

在我国的物流实践中，这类模式多存在于由传统的储运企业发展起来的物流企业，其业务是在传统的仓储与运输业务基础上增加了配送服务功能，其宗旨是为市场提供全面的物流保证。在国外，发达国家的运输业配送中心、仓储业配送中心和物流服务中心所开展的配送活动均属于这类配送模式。

这种配送模式的优点是配送企业的业务活动单一，有利于专业化的形成，提高了物流服务水平；占用资金相对较少，易于扩大服务范围和经营规模；只提供物流代理服务，企业收益主要来自服务费，经营风险较小。

这种模式的主要缺点就是配送机构不直接掌握货源，其调度和调节能力较差；另外，对客户的依赖性强，容易随客户的销售不畅而导致自身配送规模的下降，经营的主动性差。

2. 配送的类型

（1）按实施配送的结点不同进行分类

1）配送中心配送。配送中心配送的组织者是专职配送中心，规模比较大；其中有的配送中心由于需要储存各种商品，储存量也比较大；也有的配送中心专职组织配送，因此储存量较小，主要靠附近的仓库来补充货源。

由于配送中心专业性比较强，与用户之间存在固定的配送关系，因此，一般情况下都实行计划配送，需要配送的商品有一定的库存量，但是，一般情况很少超越自己经营范围。

配送中心配送是配送的重要形式。从较为普遍实施配送的国家来看，作为配送主体形式的配送中心配送不但在数量上占主要部分，而且也作为某些小配送单位的总据点，因而发展较快。作为大规模配送形式的配送中心配送，其覆盖面较宽。因此，必须有一套配套的大规模实施配送的设施，比如配送中心建筑、车辆、路线、其他配送活动中需要的设备等，因此，其一旦建成便很难改变，灵活机动性较差，投资较高。这就导致了在实施配送初期很难大量建立配送中心。因此，这种配送形式有一定局限性。

2）仓库配送。仓库配送是以一般仓库为据点来进行配送。它可以是把仓库完全改造成配送中心，也可以是在保持仓库原功能前提下，以仓库原功能为主，再增加一部分配送职能。

3）商店配送。商店配送形式的组织者是商业或物资的门市网点，这些网点主要承担商品的零售，一般来讲规模不大，但经营品种比较齐全。除日常经营的零售业务外，这种配送方式还可根据用户的要求，将商店经营的品种配齐，或代用户外订外购一部分本商店平时不经营的商品，与商店经营的品种一起配齐运送给用户。

这种配送组织者实力有限，往往只是零星商品的小量配送，所配送的商品种类繁多，但是用户需用量不大，甚至于有些商品只是偶尔需要，很难与大配送中心建立计划配送关系，所以常常利用小零售网点从事此项工作。

由于商业及物资零售网点数量较多、配送半径较小，所以比较灵活机动，可承担生产企业非主要生产物资的配送以及对消费者个人的配送。可以说，这种配送是配送中心配送的辅助及补充的形式。

4）生产企业配送。这类配送的主体是生产企业，尤其是进行多品种产品生产的企业。这些企业可以直接从本企业开始进行配送，而不需要将产品发运到配送中心进行配送，具有直接、避免中转的特点，所以在节省成本方面具有一定的优势。这种配送方式多适用于大批量、单一产品的配送，不适用于多种产品“凑零为整”的配送方式，所以具有一定的局限性。

（2）按配送商品的种类和数量的多少进行分类

1）单（少）品种、大批量配送。一般来讲，对于工业企业需要量较大的商品，由于单独一个品种或几个品种就可达到较大输送量，可以实行整车运输，这种情况下就可以由专业性很强的配送中心实行配送，往往不需要再与其他商品进行搭配。由于配送量大，可使车辆满载并使用大吨位车辆。这种情况下，由于配送中心的内部设置、组织、计划等工作也较为简单，因此配送成本较低。

2）多品种、少批量配送。多品种、少批量配送是根据用户的要求，将所需的各种物品（每种物品的需要量不大）配备齐全，凑整装车后由配送据点送达用户。

3）配套成套配送。这种配送方式是指根据企业的生产需要，尤其是装配型企业的生产需要，把生产每台件所需要的全部零部件配齐，按照生产节奏定时送达生产企业，生产企业随即可将此成套零部件送入生产线以装配产品。

这种配送方式中，配送企业承担了生产企业大部分的供应工作，使生产企业可以专心于生产，与多品种、少批量的配送效果相同。

（3）按配送时间和数量的多少进行分类

1）定时配送。按规定时间和时间间隔进行配送，这类配送形式都称为定时配送。定时配送的时间，由配送的供给与需求双方通过协议确认。每次配送的品种及数量可预先在协议中确定，实行计划配送；也可以在配送之前以商定的联络方式（如电话、传真、计算机网络等）通知配送品种及数量。

定时配送这种服务方式，由于时间确定，对用户而言，易于根据自己的经营情况，按照最理想时间进货，也易于安排接货力量（如人员、设备等）。对于配送供给企业而言，这种服务方式易于安排工作计划，有利于对多个用户实行共同配送以减少成本的投入，易于计划使用车辆和规划路线。如果配送物品种类、数量由比较大变化，配货及车辆配装的难度则较大，会使配送运力的安排出现困难。

2）定量配送。定量配送指按规定的批量进行配送，但不确定严格的时间，只是规定在一个指定的时间范围内配送。

3）定时定量配送。定时定量配送指按照规定的配送时间和配送数量进行配送，兼有定时、定量两种方式的优点，是一种精密的配送服务方式。但是其特殊性强，计划难度大，因此适合采用的对象不多，不是一种普遍的方式。

4）定时定路线配送。定时定路线配送在确定的运行路线上制定到达时间表，按运行时间表进行配送，用户可在规定地点和时间接货，可按规定路线及时间提出配送要求。

5）即时配送。即时配送是指完全按照用户突然提出的时间、数量方面的配送要求，随即进行配送的方式。采用这种方式，客户可以将安全储备降低为零，以即时配送代替安全储备，实现零库存经营。

（4）按经营形式不同进行分类

1）销售配送。销售配送指配送企业是销售性企业，或者销售企业作为销售战略一环，进行的促销型配送，或者和电子商务网站配套的销售型配送。这种配送的配送对象往往是不固定的，用户也往往是不固定的。配送对象和用户依据对市场的占有的情况而定，配送的经营状况也取决于市场状况，配送随机性较强而计划性较差。各种类型的商店配送、电子商务网站配送一般都属于销售配送。用配送方式进行销售是扩大销售数量、扩大市场占有率、更多获得销售收益的重要方式。由于是在送货服务前提下进行的活动，所以也受到用户欢迎。

2）供应配送。供应配送往往是针对特定的用户，用配送方式满足这特定用户的供应需求的配送方式。这种方式配送的对象是确定的，用户的需求是确定的，用户的服务要求也是确定的，所以，这种配送可以形成较强的计划性、较为稳定的渠道，有利于提高配送的科学性和强化管理。

3）销售—供应一体化配送。销售—供应一体化配送是指对于基本固定的用户和基本确定的配送产品，销售企业可以在自己销售的同时，承担用户有计划供应者的职能，既是销售者同时又成为用户的供应代理人，起到用户供应代理人的作用。

5.2　配送中心

5.2.1　配送中心的定义

《物流手册》对配送中心的定义为："配送中心是从供应者手中接受多种大量的货物，进行倒装、分类、保管、流通加工和情报处理等作业，然后按照众多需要者的订货要求备齐货物，以令人满意的服务水平进行配送的设施。"

中华人民共和国国家标准《物流术语》中规定，从事配送业务的物流场所和组织，应符合下列条件：主要为特定的用户服务；配送功能健全；完善的信息网络；辐射范围小；多品种，小批量；以配送为主，储存为辅。

综上所述，配送中心是以组织配送性销售或供应，执行实物配送为主要职能的流通型结点。在配送中心，为了能更好地进行送货的编组准备，必然需要采取零星集货、批量进货等种种资源搜集工作和对货物的分拣、配备等工作，因此，也具有集货中心、分货中心的职能。为了更有效地、更高水平地配送，配送中心往往还有比较强的流通加工能力。此外，配送中心还必须执行货物配备后的送达到户的使命，这是和分货中心只管分货不管运达的重要不同之处。由此可见，如果说集货中心、分货中心、加工中心的职能还是较为单一的话，那么配送中心功能则较全面、完整。也可以说，配送中心实际上是集货中心、分货中心、加工中心功能的综合，并有了配与送的更高水平。

5.2.2 配送中心的分类

1．按照配送中心的内部特性分类

（1）储存型配送中心

储存型配送中心是指有很强储存功能的配送中心。一般来讲，在买方市场下，企业成品销售需要有较大库存支持，其配送中心可能有较强储存功能；在卖方市场下，企业原材料、零部件供应需要有较大库存支持，这种供应配送中心也有较强的储存功能。大范围配送的配送中心，需要有较大库存，也可能是储存型配送中心。

我国目前拟建的一些配送中心，都采用集中库存形式，库存量较大，多为储存型配送中心。瑞士 GIBA-GEIGY 公司的配送中心拥有世界上规模居于前列的储存库，可储存 4 万个托盘；美国赫马克配送中心拥有一个有 163 000 个货位的储存区，可见存储能力之大。

（2）流通型配送中心

流通型配送中心是指基本上没有长期储存功能，仅以暂存或随进随出方式进行配货、送货的配送中心。这种配送中心的典型方式是，大量货物整进并按一定批量零出，采用大型分货机，进货时直接进入分货机传送带，分送到各用户货位或直接分送到配送汽车上，货物在配送中心里仅做少许停滞。日本的阪神配送中心，中心内只有暂存，大量储存则依靠一个大型补给仓库。

（3）加工型配送中心

加工型配送中心具有加工职能，根据用户的需要或者市场竞争的需要，对配送物进行加工之后再配送。在这种配送中心内，有分装、包装、初级加工、集中下料、组装产品等加工活动。许多资料都指出配送中心的加工职能，但是加工配送中心的实例，目前还不多。我国上海市和其他城市已开展的配煤配送（在配送点中进行配煤加工）、上海六家船厂联建的船板处理配送中心、原物资部北京剪板厂、肯德基和麦当劳的配送中心就属于这种类型的配送中心。在工业、建筑领域，生混凝土搅拌的配送中心也属于这种类型的配送中心。

2．按照配送中心承担的流通职能分类

（1）供应型配送中心

供应型配送中心执行供应的职能，专门为某个或某些用户（如连锁店、联合公司）组织供应。例如，为大型连锁超级市场组织供应的配送中心；代替零件加工厂送货的零件配送中心，使零件加工厂对装配厂的供应合理化。供应型配送中心的主要特点是，配送的用户有限并且稳定，用户的配送要求范围也比较确定，属于企业型用户。因此，配送中心集中库存的品种比较固定，配送中心的进货渠道也比较稳固，同时，可以采用效率比较高的分货式工艺。

（2）销售型配送中心

销售型配送中心执行销售的职能，以销售经营为目的，以配送为手段。销售型配送中心大体有三种类型：第一种是生产企业为本身产品直接销售给消费者的配送中心，在国外，这种类型的配送中心很多；第二种是流通企业作为本身经营的一种方式，建立配送中心以扩大销售，我国目前拟建的配送中心大多属于这种类型，国外的例证也很多；第三种是流通企业和生产企业联合的协作性配送中心。比较起来看，国外和我国的发展趋向，都向以销售配送中心为主的方向发展。

销售型配送中心的用户一般是不确定的，而且用户的数量很大，每个用户购买的数量又较少，属于消费者型用户。这种配送中心很难像供应型配送中心一样，实行计划配送，计划性较差。

销售型配送中心集中库存的库存结构也比较复杂，一般采用拣选式配送工艺，销售型配送中心往往采用共同配送才能够取得比较好的经营效果。

3. 按配送区域的范围分类

（1）城市配送中心

城市配送中心是以城市为配送范围的配送中心。由于城市范围一般处于汽车运输的经济里程，这种配送中心可直接配送到最终用户，可采用汽车进行配送。这种配送中心往往和零售经营相结合，由于运距短，反应能力强，因而从事多品种、少批量、多用户的配送较有优势。《物流手册》中介绍的"仙台批发商共同配送中心"便是属于这种类型。我国已建的"北京食品配送中心"也属于这种类型。

（2）区域配送中心

区域配送中心是以较强的辐射能力和库存准备，向省（州）际、全国乃至国际范围的用户配送的配送中心。这种配送中心配送规模较大，一般而言，用户较多，配送批量也较大，而且，往往是配送给下一级的城市配送中心，也配送给营业所、商店、批发商和企业用户，虽然也从事零星的配送，但不是主体形式。这种类型的配送中心在国外十分普遍。

4. 按配送货物种类分类

根据配送货物的属性，可以分为食品配送中心、日用品配送中心、医药品配送中心、化妆品配送中心、家用电器配送中心、电子产品配送中心、书籍产品配送中心、服饰产品配送中心、汽车零件配送中心以及生鲜处理中心等。

(1) 经营散装货物的配送中心

这种配送中心主要为加工厂提供原料、食油、石油、汽油等，大多建造在铁路沿线或港口。

（2）经营原材料的配送中心

这里指的原材料，多是以集装箱为装载单元的货物。

（3）经营件货的配送中心

这些货物通常是指用集装箱和托盘来运输的商品，其中主要是制成品，如食品。

（4）经营冷冻食品的配送中心

这种配送中心具有冷冻功能。

（5）经营特种商品的配送中心

此类配送中心主要经营特种商品，如有毒货物、易燃易爆货物、药品等。

5. 按配送的专业程度分类

（1）专业配送中心

专业配送中心大体上有两个含义，一是配送对象、配送技术是属于某一专业范畴，在某一专业范畴有一定的综合性，综合这一专业的多种物资进行配送。例如，制造业的销售配送中心，我国目前在石家庄、上海等地建的配送中心大多采用这一形式。二是以配送为专业化职能，基本不从事经营的服务型配送中心。

（2）柔性配送中心

柔性配送中心在某种程度上和专业配送中心相对立，这种配送中心不向固定化、专业化方向发展，而向能随时变化、对用户要求有很强适应性、不固定供需关系、不断开发配送用户和改变配送用户的方向发展。

（3）综合配送中心

综合配送中心可以开展对各类商品的配送活动，能满足更多客户的需求。

6. 按运营主体分类

（1）以生产商为主的配送中心

以生产商为主的配送中心以家用电器、汽车、化妆品、食品等生产商为主，在建立零售制度的同时，通过配送中心使物流距离缩短，并迅速向顾客配送。其特点是环节少、成本低。但对零售商来说，因为从这里配送的商品，只局限于一个生产厂的商品，难以满足销售的需要，是一种社会化程度较低的配送中心。

（2）以批发商为主的配送中心

以批发商为主的配送中心是指专职流通业的批发商把多个生产商的商品集中起来作为批发商主体商品的配送中心。这些商品可以单一品种或搭配向零售商进行配送。这种形式虽然多了一道环节，但是一次送货，品种多样，对于不能确定独立销售路线的生产商或本身不能备齐各种商品的零售店，是一种有效的办法。

（3）以零售商为主的配送中心

以零售商为主的配送中心一般是指大型零售商或集团联合性企业所属的配送中心。从批发商进货或从生产商直接进货的商品，经过零售商自有的配送中心，再向自己的网点和柜台直接送货。为保证商品不脱销，零售商必须有一定的“内仓”存放商品，配送中心可以及时不断地向商店各部门送货，不仅有利于减轻商店内仓的压力，节约内仓占用的面积，而且有利于库存集中在配送中心，还有利于减少商店的库存总量。

（4）以商业企业集团为主的配送中心

以商业企业集团为主的配送中心是由商业企业集团组建的完成本企业集团商品供应或销售的配送中心。它是为适应企业集团的产品销售而组建的。

（5）以物流企业为主的配送中心

以物流企业为主的配送中心是为批发企业服务的综合性物流中心。各地批发企业都有相当一部分的商品存储在当地的储运公司仓库里。在储运公司仓库实现由储存型向流通型转变的基础上建立起来的配送中心，可以越过批发企业自己的仓库或配送中心，直接向零售店配送商品。与批发企业各自建立的配送中心相比，它的特点是物流设施的利用率高、成本低、服务范围广。

物流实践

上海新华传媒的新一代图书物流配送中心流程

上海新华传媒物流中心自 2006 年 8 月正式开始动工，到 2007 年 10 月 22 日建成并成功上线运行，仅用了 14 个月，成为国内建设周期最短的图书配送中心项目。该中心建筑面积 30 000 平方米，可以达到年配送 40 亿元码洋的目标。物流系统采用高度信息化和适度自动化相结合的方式：一方面，集成化的图书供应链一体化管理系统和物流管理系统有机结合，实现了商流、物流、资金流的高度集成；另一方面，现代化的拣选、输送和分拣系统，使物流中心的各个作业环节和作业过程井然有序，高效流畅。

由于该项目系统设计采用了多项创新技术，建成后的上海新华传媒物流中心创造了我国图书配送中心建设的多项新纪录，因此备受业界瞩目。其作业流程如下。

1．一般图书

一般图书配送是图书物流中心的工作重点和难点。新华传媒物流中心一般图书配送分为入库翻理作业区、图书到货直接配送区、图书储存区、大宗图书储存区和图书分拣打包复核区。一般图书储存区设计各种规格货位 12.25 万个，可以满足 40 万个品种、共 2.5 亿元码洋的储存要求。

（1）入库翻理

每天到货量通常为 700 万~850 万元码洋（35 万~45 万册），6 000 种次以上，其中新书约 600 种。最大的订单一次送货可达 400 种次，约 30 万元码洋。

入库翻理就是将图书按类分开，对新书进行编目注册，完成上架、直配、拆分等工作，是图书物流的关键内容。而新书在线编目是本系统设计的关键技术之一，将整体翻理速度提高了一倍以上，使单本图书的翻理时间至少缩短了 3 小时。

（2）直配

对于一书多店情形，采用电子标签辅助的摘果方式处理，大大提高了拣选速度。系统设计了 8 个区域共 1 050 组电子标签，可以完成每天约 3 000 件的直配任务。

对于一书一店情形，采用 RF 辅助按门店和按班组播种方式，设计了 4 个区域共 480 个播种点，大大提高了播种的效率，取得了很好的效果。

（3）上架

上架区域包括二段式货架区域、播种区域、摘果区域、一般图书储存区、大宗图书储存区。整个系统的上架操作均采用 RF 技术支持，使上架简单而准确。

RF 操作要求扫描周转箱号获得目标地址系列，扫描书号获得对品种的确认，扫描货位号获得最后确认。

（4）拣选

系统的发货是按照波次进行的，这样可以更加有效地提高服务水平，并减少对资源（如暂存区域、分拣路线）的需求。

拣选的主要操作是按区域拣货，全部储存区域设计了 23 个拣选区域。一次拣选可以对多个周转箱，并采用模糊成件算法，可以使拣选路径达到最短。

（5）分拣

分拣采用 POP UP 型自动分拣设备，设计了 13 个出口，对应 13 条路线。每小时最大可完成 1 200 件图书的分拣。

（6）打包复核

打包复核是拣选作业的最后复核环节。采用重量复核技术解决拣选自动复核问题。重量复核分为图书标定、周转箱标定、动态测量和模糊判定等几个环节，最后系统根据实际测量结果完成对拣选正确性的判断。此外，系统还设计了人工复核程序，以满足特定情况下图书人工复核的需要。

包装分为周转箱包装和纸包装两种情况，由系统自动确定。

（7）发货

拣选完成的订单经过检查无误后即可以进入发货程序。发货是按照路线进行的。

2. 音像制品

新华传媒音像制品的库存品种仅为 3 万种，每天配送量也只有一般图书的 1/10~1/8，所以在大部分情形下，采用人工处理为主。音像制品的直配比例达到 70%以上，这点也降低了对库存的要求。

音像制品配送系统设在物流中心四楼，占地 3 200 平方米，设计储存区 8 000 个货位，可以满足库存 24 500 件、约 2 500 万元码洋的储存要求。系统设计音像与一般图书进行统一配送，所以输送线的设计覆盖了音像部分。

音像制品配送过程与一般图书基本类似，分为接收、翻理、直配、上架、拣选、复核、发送等环节，但是音像的品种、数量和配送方式与一般图书存在差异。在配送过程中，音像与图书的最大差异是标签的处理。

- 系统内的配送：要求在发货时打印标签，并逐一粘贴。
- 系统外的配送：一般不需要打印标签。
- 超市和大卖场：要求按照特种规格打印标签，如易初莲花超市、家乐福，每个店的标签纸都不一样，增加了配送难度。

3. 图书和音像退货

退货作为一个单独的系统，设在物流中心的四楼，面积约 1 500 平方米，设计储存货位 9 500 个，储存能力约 900 万元码洋，可以满足一般图书和音像制品的退货储存要求。

退货作业分为接收、翻理、一次分类、二次分类、退社和上架几个主要环节。退货系统设计是新华传媒物流系统的主要内容之一，具有创新意义的二次分类系统为图书退货提供了一个全新的解决方案。

新华传媒物流中心退货作业的复杂性表现在每天需要完成约 1 000 件图书（约 100 万码洋）、高达 8 000~10 000 种的退货翻理任务。这些图书分别属于约 1 000 个供应商（其中出版社约 570 家，主要代理商约 400 家），其中，部分图书需要上架进行二次销售（比例约为 50%~60%），部分图书则由于污损严重，需要退回书店。完成如此大规模的工作，传统手工作业方式需要 60~70 人。由于操作时间长，效率低，信息不及时，导致退货商品很难再进行销售，并经常出现一边大量退货、一边又产生大量订单的奇怪现象，导致每年的退货成本达到数百万元。

为了解决这一难题，有关专家建议采用高速分拣系统完成退货分类工作，在实际应用中尽管可以大大减轻退货的劳动强度，但也带来了一些问题。

得益于分拣系统的启发，新华传媒物流中心采用二次分类技术解决了图书退货难题，可以大大减少人员数量（是传统操作方式的 1/2，略多于高速分拣系统），降低劳动强度，节约投资成本（仅为高速分拣系统的 1/5）。

4．中小学课本

课本配送是物流中心的重要业务。由于课本数量大，品种相对较少，有明显的季节性，所以一般均以传统处理方式为主，不采用自动化设备进行辅助。上海新华传媒的课本业务每年仅为 4 亿元码洋，其中秋季为 2.6 亿元码洋，春季为 1.4 亿元码洋，在全国新华书店系统中是比较小的。

课本配送有完整的征订单，所以操作相对比较简单。新华传媒的课本配送着重解决三方面问题：其一是针对季节性强的特点，要求减少库存及仓库占用空间；其二是针对地区仓库特点，有针对性地对具备库存条件的区县优先配送；其三是直接配送到学校，这是一个巨大的难题，在全国还从来没有谁去思考这一问题，但在上海最终实现了对 1 600 所学校的直接配送。

为此，物流中心在设计时提出了"当前配送用户"的概念。所谓"当前用户"有两层含义：一是该用户是当前优先配送的对象；二是该用户具备优先配送的条件，如库存情况符合要求等。

课本配送中心设置在物流中心一楼，占地 3 000 平方米，除设计平面堆放区域外，还配有少量货架，以完成部分货物的储存。

5．文教用品

文教用品配送是上海新华传媒物流中心的特色之一，每年完成 3 亿元的配送业务，在全国并不多见。文教用品配送本身也比较简单，主要原因是品种少（约 3 000 个），退货也少（小于 5%）。

文教用品作业区位于四楼，占地 2 000 平方米，分为收货、一般储存、贵重品储存、大件货物储存和发货 5 个区域。

5.2.3 配送中心的特征

1．配送反应速度快

新型物流配送中心对上、下游物流配送需求的反应速度越来越快，前置时间越来越短。在物流信息化时代，速度就是金钱，速度就是效益，速度就是竞争力。

2．配送功能集成化

主要是将物流与供应链的其他环节进行集成，如物流渠道与商流渠道集成、物流功能集成、物流环节与制造环节集成、物流渠道之间的集成。

3．配送作业规范化

强调物流配送作业流程和运作的标准化、程式化和规范化，使复杂的作业简单化，从而大规模地提高物流作业的效率和效益。

4．配送服务系列化

强调物流配送服务的正确定位与完善化、系列化，除传统的配送服务外，在外延上扩展物流的市场调查与预测、物流订单处理、物流配送咨询、物流配送方案、物流库存控制策略建议、物流货款回收、物流教育培训等系列的服务。

5．配送目标系统化

从系统的角度统筹规划的一个整体物流配送活动，不求单个物流最佳化，而求整体物流活动最优化，使整个物流配送达到最优化。

6．配送手段现代化

使用先进的物流技术、物流设备与管理为物流配送提供支撑，生产、流通和配送规模越大，物流配送技术、物流设备与管理就越需要现代化。

7．配送组织网络化

有完善、健全的物流配送网络体系，物流配送中心、物流结点等网络设施星罗棋布，并运转正常。

8．配送经营市场化

物流配送经营采用市场机制，无论是企业自己组织物流配送还是社会物流配送，都实行市场化。只有利用市场化这只看不见的手指挥调节物流配送，才能取得好的经济效益和社会效益。

9．物流配送流程自动化

物流配送流程自动化是指运送规格标准、仓储货、货箱排列装卸、搬运等按照自动化标准作业，商品按照最佳路线配送等。

10．物流配送管理法制化

宏观上，要有健全的法规、制度和规则；微观上，新型物流配送企业要依法办事，按章行事。

5.2.4　配送中心的功能

1．保管功能

保管功能是配送中心的主要工作之一，但它与一般的仓库不同，其仓库形式、平面布置、设备组成等，首先要有利于拣选作业、拣选顺序、拣选路线、拣选方法等。为了充分利用仓库的面积和空间、提高保管商品的入出库频率，利用科技和生产的进步，货架向高层化发展，作业向机械化、自动化发展，保管机械向小通道或无通道发展，库存账目管理和货位管理向计算机化发展，配送中心与相关企业的信息交换向网络化发展。

2. 倒装功能

配送中心采购时为了降低运输成本，一般采用大包装或散装；此外，商品来自不同的制造厂或流通企业，运输包装的形式也各不相同。但为了有利于配送中心的机械化和自动化作业，必须进行商品的集装单元化，即进行倒装作业。倒装作业一般在入库区和出库区的商品整理、检验作业时进行。

3. 拣选功能

商品在配送中心保管时，一般是按保管单元的形式来分区域存放。但出库时，首先是按客户订单商品目录来进行拣选的，同一张订单的商品可能只有一种，但通常是若干种；同一订单的商品可能在一个区域内存放，但通常是在不同的区域内存放。所需商品的数量可能是一个整保管单元，但有时不是一个整保管单元。在具体作业时，是采用一张订单，顺序到有关保管区去一一拣选，还是先分解成若干张订单，指令有关保管区分别拣选有关商品及其数量，然后再按订单一一汇总，这些都增加了配送中心设计的复杂性。

4. 流通加工功能

为了经济高效地运输、装卸、保管，一般需要大的包装形式，但在配送中心下位的零售商、最终客户，一般需要小的包装。为解决这一矛盾，有的配送中心设有流通加工功能。流通加工与制造加工不同，它对商品不作性能和功能的改变，仅仅是商品尺寸、数量和包装形式的改变。例如，粮油配送中心是将大桶油包装加工成瓶状小包装；饲料配送中心则是将多种饲料的大包装，加工成混合包装的小包装。

5. 运送功能

配送中心需在其服务范围内，准时地把必要的商品及其数量送达客户，为了减少客户的库存或实现零库存，运送是多频次的。这就需要配备相应的运输设备及运输前后的装卸设备，这是良好快捷服务的重要保证之一。

6. 信息管理功能

在流通领域，为了从各供应商处准时地采购商品，然后准时地向众客户配送，提供快捷满意的服务，并最大限度地减少库存，提高工作效率，信息管理功能是十分重要的。配送中心应具有功能完备的仓库管理系统，并能与各供应商、各客户的ERP或其他信息系统实施实时的链接。

5.2.5 配送中心的基本作业

1. 收获、验货与存储

配送中心收货是商品从生产领域进入流通领域的基本环节，包括从货运卡车上卸货、点数、分类、验收、搬运到配送中心的存储地点。配送中心验收的目的之一在于与送货单位分清责任。

（1）收货操作程序和要求

1）当供应商送货卡车停放收货站台时，收货员“接单”，对于没有预报的商品办理有关手续后方可收货。

2）卸货核对验收，验收商品条形码、件数、质量、包装等。

3）在核对单货相符的情况下签字，在收货基础联上盖章并签注日期。对于一份收货单的商品分批配送的，应将每批收货件数记入收货检查联，待整份单据的商品件数收齐后，方可盖章回单给送货车辆带回。

4）在货堆齐后，每一托盘标明件数，并标明这批商品的总件数，以便于保管员核对接收，在货运操作过程中，为做到单货相符、不出差错，送货与复核最好由两人进行。

（2）收货检验

收货检验是对商品质与量的控制，采用“三核对”和“全核对”相结合的方式。三核对——商品条码，件数，包装上品名、规格、细数；全核对——对于品种繁多的小商品，以单对货，核对所有项目，即品名、规格、颜色、等级等，才能保证单货相符，准确无误。

（3）商品验收

1）质量验收。配送中心对入库商品进行质量检验的目的是查明入库商品的质量情况，发现问题，分清责任，确保入库商品符合订货要求。

2）包装检验。包装检验目的是保证商品正常的储运条件。检验标准为国家颁布的包装标准、购销合同和订单对包装规格的要求。

检验的具体作业内容：包装是否安全，包装标志和标识是否符合标准，包装材料的质量状况。

3）数量验收。入库商品必须按不同供应商或不同类型初步整理查点大数后，依据订单和送货单的商品名称、规格、包装情况等对商品进行验收，以确保准确无误。

商品验收作业常见问题处理如表 5-1 所示。

表 5-1　商品验收作业常见问题处理

常见问题处理	数量溢余	数量短缺	品质不合格	包装不合格	规格不合格	单据与实物不符
通知供应商	√	√			√	√
按实数签收		√				
维修整理			√	√		
查询等候处理	√				√	√
改单签收	√				√	√

续表

常见问题处理	数量溢余	数量短缺	品质不合格	包装不合格	规格不合格	单据与实物不符
拒绝签收	√		√	√	√	√
退单、退货	√		√	√	√	√

（4）存储

存储功能包括从验收月台到存储区，以及在仓库作业中其他类似的货物移动。

2. 订单处理

订单处理是指从接到门店订货到准备出货之间的作业阶段。

（1）订单品项、数量及日期确认

配送中心对门店的订单资料进行检查，发现要求送货时间有问题或出货有时间延迟时，需要与门店再次确认订单内容或更正要求的进货时间。

（2）订货价格确认

核对送货单的价格与采购单的价格是否相符。若价格不符，系统加以锁定，以便主管审核。

（3）包装确认

对订购的商品，明确是否有特殊的包装、分装或贴标等要求，有关赠品的包装等资料都应详加确认记录，并将出货要求在订单上注明。

（4）订单号码

每张订单必须有唯一的订单号码，可以根据经营合同或成本单位来确定，便于计算成本、采购结算。配送等整个商品流转过程，所有工作说明及进度报告均以此号码为依据。

（5）建立和维护客户主档

更新客户的详细记录，包括供方名称、代号、等级，负责本企业商品供应的业务员、车辆形态、送货地点、配送要求等。

3. 储位管理

储位管理的重点从静态的存储作业“保管”向配送作业“动管”转移。主要管理内容包括：

1）空间最大化作用。

2）人力资源及设备的有效作用。

3）维护适当的库存，保证所有品项能随时存取。

4）商品的有效移动。

5）保持商品的良好质量。

6）保证存储作业的环境良好。

4. 盘点作业

盘点是配送中心工作人员定期对仓储商品进行数量、质量、状态等数据的记录工作，是配送中心工作流程中的一个重要环节。检查库存管理实绩，借盘点发现问题，以优化商品库存管理。

1）建立月末盘存制度。以每月月末为盘点日，对配送中心的库存商品，规定几天内交盘点报表，将盘点情况书面汇报部门经理。

2）在盘存过程中产生的差异，必须找出原因，并予以更正。

3）在日常拣货、理货过程中如怀疑商品有误差短缺现象，随时对单品进行盘点以核对账目，对问题商品的差异数量、金额做书面记录报部门经理。

5. 拣选作业

分拣作业是仓管人员按照采购部门的配货单要求，按门店汇总制作拣货单，从储存的货物中拣出一定品种和数量的商品，同时制作拣货单，拣货单原则上以配货单上的数量为准，对于与实际库存有出入的商品以库存实数为准并核实，实拣数不能大于配货单数字。

（1）摘果式拣选

对于每张订单，拣选人员或拣选工具在各个存储点将所需物品取出，完成货物分配。

该方法作业前置时间短，针对紧急需求可以快速拣选，操作容易，对机械化、自动化无严格要求，作业责任明确，分工容易、公平。但是，当订单数量、商品品项较多，拣选区域较大时，该拣选方式耗费时间长、效率低、搬运强度大。

（2）播种式拣选

把每批订单上的相同商品各自累加起来，从存储仓位上取出，集中到理货现场，然后将每个门店所需的数量取出，分放到要货单位商品运货处，直至配货完毕。

（3）分区拣选

将拣选作业场地划分成若干区域，每个作业员负责拣选固定区域内的商品。无论是摘果还是播种，分区拣选可以提高工作的效率。

6. 补货与出货

（1）补货

补货是以托盘为单位，从保管区向拣货区补货，保证拣货作业的需求。配送中心采取的补货方式包括以下两种。

1）对采用多层货架存储的，将下层作为拣选区，商品由上层货架向下层货架补货；对于平库的物品，通常遵循"先进先出"的原则进行拣选，对补货要求不是很严格。

2）由存储货架与流力货架组成的存货、拣货、补货系统。

（2）出货

出货是将拣选的商品按订单或配送路线进行分类，再进行出货检查，做好相应的包装、标识和贴印标签工作，根据门店或行车路线等将物品送到出货暂存区，最后装车配送。出货作业流程如图 5-2 所示。

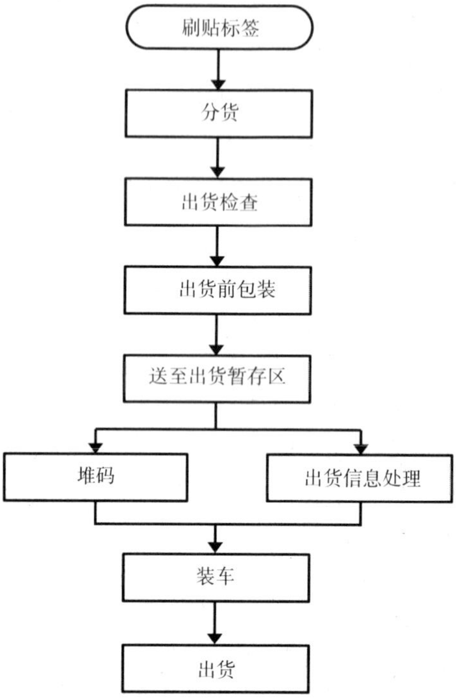

图 5-2　出货作业流程

1）分货作业。采用人工分货方式处理，在完成货物拣选之后，将所拣选的商品根据不同的门店或配送路线进行分类，对其中需要进行包装的商品，拣选集中后，先按包装分类处理，再按送货要求分类出货。

2）出货检查作业。根据门店、车次、对象等对拣选商品进行产品号码和数量的核对，以及产品状态和品质的检验。

3）出货形式。配送中心在拣取方面采用托盘、箱、单品为单位。

4）出货作业质量控制。拣选作业的效率和拣选准确性直接影响供应商的结算和库存的准确率及后续作业的正常进行，所以应对出货作业质量进行控制。

5.2.6　配送中心的设置与管理

1．配送中心配送区域的确定

配送区域是指配送中心辐射的范围，配送区域的大小不仅关系到配送中心的投资规模，也影响到配送中心的运作方式。

对于连锁企业来说，配送中心的辐射范围主要由两个因素决定：一是连锁企业或店铺的辐射范围，二是每个配送中心要辐射的范围。店铺布局决定着配送中心的辐射范围，配送中心必须保证每个店铺能及时、准确地得到商品。店铺遍布的区域越大，配送中心辐射的区域越大，配送中心的辐射范围必须与连锁店铺分布相一致。同时，对于大型的连锁企业来说，店铺数量大，分布相当分散，需要建立的配送中心不止一家，还需要确定每个配送中心承担的配送任务，以此确定配送中心的位置、规模和数量。例如，日本的全家便利商店公司，其配送中心的配送半径为 30 公里，在半径 30 公里的范围内平均设有 70 家店铺，由一个配送中心负责配送。

不论何种形式的配送中心，其配送区域的确定，都是以其服务对象所形成的区域为基本前提，在一定商圈范围内进行选址。建设规模越大，经营能力越强，其辐射范围就越大。

2．配送中心建设规模确定

（1）配送中心建设规模决策

通常情况下，配送中心规模越大，其服务能力就越强，而规模越大，投资成本也将会增加。一般来说，配送规模和单位配送成本之间的关系是：在开始的某一时段内，随着配送规模的增大，单位配送成本随之下降，其原因在于规模经济性；而当规模大到一定程度，单位配送成本则会开始随规模的增大而上升，规模不经济开始发生作用。配送规模与服务能力之间的关系则表现为：随着配送规模的扩大，配送中心的服务能力不断增强，但当规模扩大到一定程度时，其服务能力受规模的影响则不断减小。理论上的最佳配送中心的规模应是在服务能力和单位配送成本上升阶段的交叉点上，此时若再进一步扩大规模则可能引起规模不经济。也就是说，过分强调服务能力而不注意单位配送成本，认为配送中心规模越大越好的思想是不正确的，相反，过分偏重单位配送成本的降低，而忽视配送服务能力的思想也是不可取的。

（2）配送中心的规划程序

配送中心规划可以分为两种情况，一种是对新建配送中心的规划，一种是对原有配送中心进行调整及改造。不论哪种规划都是一件复杂的工作，其规划可按如下程序进行。

1）前期准备工作。前期准备工作是为配送中心规划提供必要的基础资料，主要内容有：① 分析物流环境，包括物流服务的供需情况、行业发展情况、政策法规情况等；② 收集配送中心建设的内部条件、外部条件及潜在用户的信息；③ 分析配送中心经营品种、流量及流向。

2）确定目标。根据配送中心的发展并结合前期准备工作的资料，确定配送中心建设的目标。

3）功能规划。功能规划是将配送中心作为一个系统来考虑，依据确定的目标，规划配送中心为完成配送服务而应具备的物流功能。配送中心作为一种专业化的物流组织，不仅需要具备一般的物流功能，还应该具备适合不同需要的特色功能。配送中心的功能规划，首先需要对配送中心的运输、保管、包装、装卸搬运、流通加工、物流信息等功能要素进行分析，然后综合物流需求的形式、配送中心发展战略等因素选择配送中心应该具备的功能。

4）选址规划。配送中心拥有众多建筑物以及固定机械设备，初始投资很大，如果选址不当，将付出很大的代价，因而，对配送中心选址规划要给予高度重视。选址规划主要包括以下内容：①分析约束条件，如客户需求、运输条件、用地条件等；②确定评价标准；③选择选址方法，一般采用定性与定量相结合的方法。

5）作业流程规划。作业流程规划是配送中心规划的重要步骤，决定了配送中心的详细要求，如设施配备、库房分区等，对后续的建设具有重要影响。是传统物流企业进行作业流程重组，提高物流作业效率，降低物流成本的重要途径。

6）信息系统规划。信息化、网络化、自动化是配送中心的发展趋势，信息系统是现代配送中心的重要组成部分。配送中心的信息系统规划，主要是对配送中心内部的管理信息系统分析与设计，同时，建立起配送中心网络平台架构。

7）设施设备规划。配送中心的设施设备是保证配送中心正常运转的必要条件，设施设备规划涉及建筑模式、空间布局、设备安置等多方面问题，需要运用系统分析的方法求得整体优化，最大限度减少物料搬运，简化作业流程，同时，还要考虑设备投资问题。

3. 配送中心选址考虑的因素

（1）客户的分布

配送中心选址时首先要考虑的就是所服务客户的分布。对于零售商型配送中心，其主要客户是超市和零售店，这些客户大部分分布在人口密集的地方或大城市。为了提高服务水准及降低配送成本，配送中心多建在城市边缘接近客户分布的地区。

（2）供应商的分布

配送中心选址时也要考虑供应商的分布地区。因为物流的商品全部是由供应商所供应的，如果物流愈接近供应商，则其商品的安全库存可以控制在较低的水平。但是，因为国内一般进货的输送成本是由供应商负担的，因此有时不太重视此因素。

（3）交通条件

交通条件是影响物流配送成本及效率的重要因素之一，交通运输的不便将直接影响车辆配送的进行。因此必须考虑对外交通的运输通路，以及未来交通与邻近地区的发展状况等因素。地址宜紧临重要的运输线路，以方便配送运输作业的进行。考核交通方便程度的条件有高速公路、国道、铁路、快速道路、港口、交通限制规定等。一般配送中心应尽量选择在高速公路、国道及快速道路附近的地方，如果以铁路及轮船当作运输工具，则要考虑靠近火车编组站、港口等。

（4）土地条件

土地与地形的限制，对于土地的使用，必须符合相关法规及城市规划的限制，尽量选在物流园区或经济开发区。建设用地的形状、长宽、面积与未来扩充的可能性，则与规划内容有密切的关系。因此在选择地址时，有必要参考规划方案中仓库的设计内容，在无法完全配合的情形下，必要时需修改规划方案的内容。

另外，还要考虑土地大小与地价，在考虑现有地价及未来增值情况下，配合未来可能扩充的需求程度，决定最合适的面积大小。

（5）自然条件

在物流用地的评估当中，自然条件也是必须考虑的，事先了解当地自然环境有助于降低建设的风险。例如，在自然环境中有湿度、盐分、降雨量、台风、地震、河川等几种自然现象，有的地方靠近山边湿度比较高，有的地方湿度比较低，有的地方靠近海边盐分比较高，这些都会影响商品的储存品质，尤其是服饰产品或 3C 产品等对湿度及盐分都非常敏感。另外，降雨量、台风、地震及河川等自然灾害，对于配送中心的影响也非常大，必须特别留意并且避免被侵害。

（6）人力资源条件

在仓储配送作业中，最主要的资源需求为人力资源。由于一般物流作业仍属于劳动力密集的作业形态，在配送中心内部必须要有足够的作业人力，因此在决定配送中心位置时必须考虑劳动力的来源、技术水准、工作习惯、工资水准等因素。

人力资源的评估条件有附近人口、上班交通状况、薪资水准等几项。如果物流的选址位置附近人口不多且交通又不方便或如果附近地区的薪资水准太高，都会影响到基层作业人员的招募。

（7）政策环境

政策环境也是配送中心选址评估的重点之一，尤其是物流用地的取得很困难的现在，如果有政府政策的支持，则更有助于物流业者的发展。政策环境条件包括企业优惠措施（土地提供，减税）、城市规划（土地开发，道路建设计划）、地区产业政策等。在许多交通枢纽城市如深圳、武汉等地都在规划设置现代物流园区，其中除了提供物流用地外，也有关于税赋方面的减免，有助于降低物流业者的营运成本。

4. 配送中心的管理

（1）配送中心的岗位设置

配送中心的一些必要的岗位设置应由配送中心的作业流程来决定。配送中心一般可以设置以下岗位：

1）采购或进货管理组，负责订货、采购、进货等作业环节的安排及相应的事务处理，同时负责对货物的验收工作。

2）储存管理组，负责货物的保管、拣取、养护等作业运作与管理。

3）加工管理组，负责按照要求对货物进行包装、加工。

4）配货组，负责对出库货物的拣选和组配（按客户要求或方便运输的要求）作业进行管理。

5）运输组，负责按客户要求制订合理的运输方案，将货物送交客户，同时对完成配送进行确认。

6）营业管理组或客户服务组，负责接收和传递客户的订货信息，送达货物的信息，处理客户投诉，受理客户退换货请求。

7）财务管理组，负责核对配送完成表单、出货表单，进货表单、库存管理表单，协调控制监督整个配送中心的货物流动，同时负责管理各种收费发票和物流收费统计、配送费用结算等工作。

8）退货与退货作业组。当营业管理组或客户服务组接收到退货信息后，将安排车辆回收退货商品，再集中到仓库的退货处理区，重新清点整理。

以上岗位设置是一般配送中心设置的主要岗位。由于配送中心的规模、设施设备、作业内容、服务对象不同，岗位设置也不尽相同。

（2）配送中心管理机构

配送中心事实上就是一个微缩的物流组织，其管理机构的形态大致可以分为金字塔形、参谋型、矩阵形及运用型组织。

1）金字塔形组织。金字塔形是按配送的基本职能来层层划分的，在这种形式下，下级对上级负责，上级的工作内容是监督下级，配送中心的经理负责所有的活动，如订货、库存、保管、运输、配货、客户服务等。

2）参谋型组织。这种组织把有关物流活动的参谋职能单独划出，而基本的物流活动还是在配送中心中进行。参谋型组织主要从计划、预测、顾客服务、技术以及成本分析等方面为配送中心的经理提供参谋和建议。

3）矩阵型组织。配送中心的计划与运作往往贯穿于配送中心各种职能之中，配送中心经理负责整个配送系统的管理，但对其中的活动并没有直接的管辖权。配送中心分享职能部门的决策权，各项费用的支出，不仅要通过各职能部门的审查，还要通过配送中心经理的审查。各部门协调合作以完成特定的配送作业。

4）运用型组织。这是一种运用原来的组织形式来顺利地完成各种物流配送活动和改善配送作业的组织，这种组织形式不必为此另设管理机构。它主要通过各种手段和控制，以及采纳外聘专家的意见，对物流诸活动进行调整，从而推进综合物流合理化，降低物流成本。

5.3　电子商务物流配送模式

电子商务物流配送是指物流配送企业采用网络化的计算机技术和现代化的硬件设备、软件系统及先进的管理手段，针对客户的需求，根据用户的订货要求，进行一系列分类、编码、整理、配货等理货工作，按照约定的时间和地点将确定数量和规格要求的商品传递到用户的活动及过程。

这种新型的物流配送模式带来了流通领域的巨大变革，越来越多的企业开始积极搭乘电子商务快车，采用电子商务物流配送模式。

5.3.1　电子商务物流配送特征

1. 虚拟性

电子商务物流配送的虚拟性来源于网络的虚拟性。通过借助现代计算机技术，配送活动已由过去的实体空间拓展到了虚拟网络空间，实体作业节点可以虚拟信息节点的形式表现出来；实体配送活动的各项职能和功能可在计算机上进行仿真模拟，通过虚拟配送，找到实体配送中存在的不合理现象，从而进行组合优化，最终实现实体配送过程效率最高、费用最少、距离最短、时间最少的目标。

2. 实时性

虚拟性的特征不仅有助于辅助决策，让决策者获得高效的决策信息支持，还可以实现对配送过程的实时管理。配送要素数字化、代码化之后，突破了时空制约，配送业务运营商与客户均可通过共享信息平台获取相应的配送信息，从而最大限度地减少各方之间的信息不对称，有效地缩小了配送活动过程中的运作不确定性与环节间的衔接不确定性，打破了以往配送途中的“失控”状态，做到全程的“监控配送”。

3. 个性化

个性化配送是电子商务物流配送的重要特征之一。作为“末端运输”的配送服务，所面对的市场需求是“多品种、少批量、多批次、短周期”，小规模的频繁配送将导致配送企业的成本增加，这就必须寻求新的利润增长点，而个性化配送正是这样一个开采不尽的“利润源泉”。电子商务物流配送的个性化体现为“配”的个性化和“送”的个性化。“配”的个性化主要指通过配送企业在流通节点（配送中心）根据客户的指令对配送对象进行个性化流通加工，从而增加产品的附加价值；“送”的个性化主要是指依据客户要求的配送习惯、喜好的配送方式等为每位客户制定量体裁衣式的配送方案。

4．增值性

除了传统的分拣、备货、配货、加工、包装、送货等作业以外，电子商务物流配送的功能还向上游延伸到市场调研与预测、采购及订单处理，向下延伸到物流咨询、物流方案的选择和规划，库存控制决策，物流教育与培训等附加功能，从而为客户提供具有更多增值性的物流服务。

5.3.2　电子商务物流配送优势

1．高效配送

在传统的物流配送企业内，为了实现对众多客户大量资源的合理配送，需要大面积的仓库来用于存货，并且由于空间的限制，存货的数量和种类受到了很大的限制。而在电子商务系统中，配送体系的信息化集成可以使虚拟企业将散置在各地分属不同所有者的仓库通过网络系统连接起来，使之成为“集成仓库”，在统一调配和协调管理之下，服务半径和货物集散空间都放大了。这种情况下，货物配置的速度、规模和效率都大大提高，使得货物的高效配送得以实现。

2．适时控制

传统的物流配送过程是由多个业务流程组成的，各个业务流程之间依靠人来衔接和协调，这就难免受到人为因素的影响，问题的发现和故障的处理都会存在时滞现象。而电子商务物流配送模式借助网络系统可以实现配送过程的适时监控和适时决策，配送信息的处理、货物流转的状态、问题环节的查找、指令下达的速度等都是传统的物流配送无法比拟的，配送系统的自动与程序化处理、配送过程的动态化控制、指令的瞬间到达都使得配送的适时控制得以实现。

3．简单化

传统物流配送的整个环节由于涉及主体的众多及关系处理的人工化，所以极为烦琐。而在电子商务物流配送模式下，物流配送中心可以使这些过程借助网络实现简单化和智能化。比如，计算机系统管理可以使整个物流配送管理过程变得简单和易于操作；网络平台上的营业推广可以使用户购物和交易过程变得效率更高、费用更低；物流信息的易得性和有效传播使得用户找寻和决策的速度加快、过程简化。很多过去需要较多人工处理、耗费较多时间的活动都因为网络系统的智能化而得以简单化，这种简单化使得物流配送工作的效率大大提高。

5.3.3　制约我国电子商务物流配送发展的因素

从总体上看，我国的电子商务还处于初期发展阶段，其功能主要局限于信息的交流，电子商务与物流之间的相互依赖、相互促进的关系还没有得到企业的普遍认可。因此，人们在重视电子商务的同时，却对面向电子商务的物流配送系统重视不够，从而出现物流配送系统建设落后，与电子商务结合不够紧密，这在很大程度上限制了电子商务高效、快速、便捷优势的发挥。具体说来，主要有以下几个方面的制约因素。

1．与电子商务相协调的物流配送基础落后

虽然基于电子商务的物流配送模式受到了越来越多的关注，但由于观念、制度和技术水平的制约，我国电子商务物流配送的发展仍然比较缓慢，与社会需求差距仍然较大。目前，高速公路网络的建设与完善、物流配送中心的规划与管理、现代化物流配送工具与技术的使用、与电子商务物流配送相适应的管理模式和经营方式的优化等都无法适应我国电子商务物流配送的要求。基础设施和管理手段的落后、必要的公共信息交流平台的缺乏，都制约着我国电子商务物流配送的发展。

2．电子商务物流配送的相关政策法规不完善

目前，我国物流管理体制还处于区域、部门分割管理的状态下，区域之间缺乏协调统一的发展规划和协调有序的协同运作，归口管理不一致，都制约了电子商务物流配送的效率。由于缺乏一体化的物流系统，电子商务很难发挥其应有的突破空间、快捷交易的功能。此外，与电子商务物流配送相适应的财税制度、社会安全保障制度、市场准入与退出制度、纠纷解决程序等还不够完善，制度和法规的缺陷阻碍了电子商务物流配送的发展。

3．物流配送的电子化、集成化管理程度不高

电子商务物流配送之所以受到越来越多企业的青睐，在于电子商务迎合了现代顾客多样化的需求。网络上的大量定制化越来越多地出现，电子商务企业只有通过电子化、集成化物流管理把供应链上各个环节整合起来，才能对顾客的个性化需求做出快速反应。但从我国的实际来看，企业的集成化供应链管理还处于较初级阶段，表现在运输网络的合理化有待提升、物流信息的速效性不高等方面。这与我国物流业起步较晚，先进的物流技术设备，如全球定位系统、地理识别系统、电子数据交换技术、射频识别技术、自动跟踪技术等还较少应用有关。没有先进的技术设备做基础，电子商务物流配送企业的集成化管理就难以实现；而集成化管理程度不高，电子商务物流配送企业的效率就会大打折扣。

4．熟悉电子商务的物流配送人才匮乏

由于电子商务物流配送在我国的发展时间较短，大多数从传统物流企业转型而来的企业在人才的储备和培育方面显然还不能适应电子商务时代的要求，有关电子商务方面的知

识和操作经验不足，这直接影响了企业的生存和发展。与国外形成规模化的物流教育系统相比较，我国在物流和配送方面的教育还相当落后，尤其是电子商务物流配送方面的教育。由于实践中成功案例的缺乏，熟悉电子商务的物流配送人才匮乏，制约了电子商务物流配送模式的推广，也影响了电子商务物流配送的成功运营。

5.3.4 推动我国电子商务物流配送发展的对策

1. 完善适应电子商务需要的物流配送基础设施

建设和完善与电子商务物流配送相适应的基础设施关系到我国物流行业的发展水平和国际竞争力，毕竟随着电子商务在全球范围内展开，物流业必然跨越国界发展，国际化物流是物流业发展的方向。因此，必须努力推动国内物流与国际物流标准的接轨，包括物流术语标准化、物流条码标准化和物流设备标准化。这要求政府相关部门及行业组织要在计量标准、技术标准、数据传输标准、物流作业和服务标准等方面做好基础工作。同时，在高速公路网络的建设与完善、物流配送中心的规划与管理等方面，政府应当加强投入力度，并且加强指导和管理，通过提供良好的服务与引导使基础设施的建设与完善得到落实。此外，公共信息交流平台的建立也只有依靠政府和相关行业协会的支持和引导才能建立起来。

2. 加强对电子商务物流配送体系建设的支持力度

为支持和推动电子商务物流配送行业的发展，政府应当在政策法规上加强支持力度。为改善条块分割的问题，必须在政府的主导下建立统一管理和协调有序的全国性的或跨区域性的物流协调机构，由其承担组织协调职能，为统一归口管理物流行业创造条件。其次，必须规范电子商务物流配送发展的产业政策，以政府为主导并引导企业共同加大对电子商务物流配送行业的投资力度，统一进行发展规划，重点建设基于电子商务的物流配送基础设施，以此为基础建立起我国电子商务物流配送的实体网络，形成全社会的电子化物流配送系统。

3. 加强软硬件建设，提高电子化集成化管理水平

电子商务物流配送的集成化管理水平依赖于物流配送各个环节软硬件的先进性以及它们之间的兼容性和良好衔接。为此，必须做到物流配送手段的机械化和现代化、物流配送管理的规范化和制度化、物流配送过程的信息化和自动化，只有做到这些方面，电子商务物流配送的集成化管理水平才能真正提高。除了管理方面应当建立、健全科学的管理体制，形成统一的程序和标准之外，先进技术的采用和管理策略的使用也非常重要。一般认为，物流信息收集的数据化和条码化、物流信息处理的电子化和计算机化、物流信息传递的标准化和适时化、物流信息存储的数字化等，是实现高水平集成化管理的关键环节。物流系统只有具有良好的信息处理和传输功能，快速、准确地对配送货物进行适时跟踪，并及时

提供反馈信息，才能做到统一有序的高效管理。

4．大力培育高层次的电子商务物流配送人才

电子商务物流配送行业的发展关键还要依靠高素质、高层次人才的推动。为了适应电子商务时代物流配送行业的新要求，必须大力培养从事物流理论研究与实务的专门人才、懂得电子商务理论与实务的专门人才、既懂 IT 又懂电子商务的网络经济人才、既懂电子商务又懂现代物流的复合型人才。培养的途径和模式可以多种多样，职业教育、专业教育、岗位学习等方式都可以采用，但关键是与实际相结合，着重于实际运作能力的培养和操作经验的积累。虽然高层次电子商务物流配送人才的培育必然与我国电子商务物流配送发展的水平相关联，但明确的方向引导、市场需求的拉动、培训途径的科学完善都会起到有力的推动作用。

物流实践

烟草配送中心物联网技术应用盘点

由于烟草业在中国多年来一直是一个受严格保护的垄断行业，拥有较高的行业垄断利润，同时，烟草成品对自动化处理的需求高：烟草生产企业的高度自动化生产要求烟草流通企业与之衔接时，具有实时、准确、跟踪和可控等功能，这就要求烟草物流向高度信息化与自动化方向发展。配送中心作为商业环节的重要组成部分，通过利用先进的物联网技术和智能处理技术，可以实现配送中心的仓储、分拣、包装、零售配送的全面感知和全程监控。那么一个先进的烟草配送中心应用的物联网技术有哪些呢？

1．RFID 覆盖网络

射频识别即 RFID（Radio Frequency Identification）技术，又称电子标签、无线射频识别，是一种通信技术，可通过无线电信号识别特定目标并读写相关数据，而无须识别系统与特定目标之间建立机械或光学接触。常用的有低频、高频、超高频，无源等技术。烟草配送中心 RFID 覆盖网络如图 5-3 所示。

2．条码关键识读节点

条形码可以标出物品的生产国、制造厂家、商品名称、生产日期、图书分类号、邮件起止地点、类别、日期等许多信息，因而在烟草物流领域得到较长时间和广泛的应用，由于 RFID 技术的成本较高，所以在较细小的识别环节上，仍旧使用条形码进行单位标识。

图 5-3　烟草配送中心 RFID 覆盖网络

3．仓储环境传感网

烟草的存储有一定的环境存储要求，利用新一代无线传感网络，能够有效检测烟草配送中心的仓储，为下一步的管理和控制做好准备。

环境传感网包括了基于 Zigbee 技术的传感器、仓储监控摄像头、红外热度传感器等，其中基于 Zigbee 技术的传感器使用 IEEE802.15.4 标准，能耗低，传输距离在数百米，能够很好地适应烟草配送中心的仓储环境。通过温湿度传感器，能够实时收集到配送中心各个环节中的温湿度情况，上传到上层管理系统中。视频摄像头收集配送中心各个环节中的图像数据，提供给管理系统，以便做出智能分析。红外热度感应仪能够照射整体配送中心，对于温度异常现象能够做出有效的反应，第一时间将信息发给管理系统。烟草配送中心仓储环境传感网如图 5-4 所示。

4．一体车载终端

在烟草配送车上安装新一代车载终端——车载监控调度一体机，该机集 GPS 卫星定位技术、移动通信技术、远程调度管理技术、视频监控技术于一体，能够对车辆位置、速度、方向、车辆状况、运行信息、车内视频进行采集、处理、记录，并且通过 3G 无线网络与管理中心进行信息交互，满足烟草配送物流车辆业务、调度、安全监控等各种管理工作的需要。

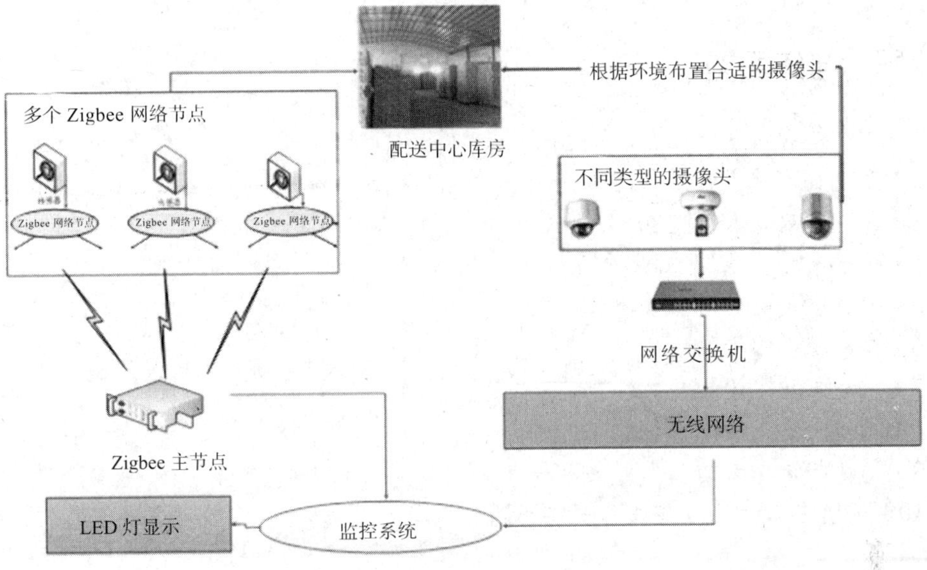

图 5-4　烟草配送中心仓储环境传感网

本章小结

本章首先从配送的基本概念入手，了解配送的关键在于"配"，而不在于"送"，之后介绍了配送的主要作业流程、要素、业务模式及类型。接着从配送中心的形成和发展入手，较为详细地阐述了配送中心的定义。在现实中，配送中心的类型是多种多样的，为了区分配送中心，通常情况下，我们会对配送中心做出分类。配送中心在整个物流体系中有着重要的地位，它的作用是十分明显的，它有传统的存储、集散功能，在物流现代化进程中，有又出现了一些现代功能。为了充分的发挥其作用，我们应该对配送中心进行科学合理的设计、规划。

综合实训

由校方或自己联系好当地 1～2 家知名的配送中心，教师带着学生去参观学习。请公司相关负责人首先对配送中心的经营内容做简要介绍，然后带领大家参观公司各个部门的岗位设置和运作。同学在配送中心以小组为单位进行调研，对配送中心的运作模式做总结，并进行书面调查报告。

思考与练习题

（1）配送的含义是什么?

（2）简述我国物流配送的历史。

（3）配送的要素有哪些?

（4）简述配送作业的流程。

（5）简述配送的类型。

（6）简述配送中心的定义。

（7）简述配送中心的分类。

（8）简述配送中心的特征。

（9）简述配送中心的基本业务流程。

（10）配送中心选址应该注意哪些问题?

第 6 章

电子商务物流成本

学 习 目 的

- 了解电子商务物流成本的含义；
- 了解电子商务物流成本的分类；
- 掌握降低电子商务物流成本的途径。

工作任务

德国 BMW 公司

汽车制造工业对物流供应要求很高，其中最难的工作在于如何有效提供生产所需的千万种零件器材。居世界汽车领导地位的德国 BMW 公司，针对客户个别需求生产多样车型，其中 3 个在德国境内负责 3、5、7 系列车型的工厂，每天装配所需的零件高达 4 万个运输容器，供货商上千家。面对如此庞大的供应链，德国 BMW 公司有一套先进的方法。

1．在订单方面，BMW 已在挖掘当日需要量潜力

在汽车组装零件的送货控制中，最重要的是提出订货需求，也就是把货物的需要量和日期通知物流采购中心。BMW 在生产规划过程中，可以针对 10 个月后所需货物的需要量提出订货需求，供货商也可借此预估本身对上游供货商所需提出货物的种类及数量。不过，随着生产日期的接近，双方才会更确切地知道实际需要量。

针对送货控制而言，一般可分为两种不同形式：一种为根据生产步骤所需提出订单；另一种为视当日需要量提出需求。前者由生产顺序决定需要量，其零件大多在极短时间内多次运送，由于此种提出订单方式对整个送货链的控制及时间要求相

当严格，因此适用于大量、高价值或者变化大的零件。对于大多数的组装程序而言，只要确定当天需要量就足够了，区域性货运公司在前一天从供货商处取货，隔天就可送抵BMW组装工厂。在送抵BMW工厂的先前取货并停放在转运点的过程称为“前置运送”，而第二阶段送抵BMW工厂的步骤称为“主要运送”。通过几年的时间，BMW公司已把根据生产顺序所需的订货方式最佳化。视当日需要量提出订单方式仍有极大发展潜能，所以BMW公司目前正积极对此项的最佳化进行研究。

2．在仓储方面，BMW已在处理低存货带来的运输成本

“前置运送”及“主要运送”的费用计算有所区别。前者的费用计算是把转运点到供货商的路程、等待及装载时间都列入费用计算，与运送次数成正比，但与装载数量的多少无关；而后者的费用计算是与货物量成正比，不受送货次数影响。

大多数供货商接到BMW公司不同工厂的订单，可由同一个货运公司把货物集中到综合的转运站，然后再配送到各所需工厂，这样有效地安排取货路径，降低“前置运送”所需成本。同时，也考虑各工厂间整合性仓储设备及运送的供应链管理、各个价值创造的部分程序及其系统，使其产生互动影响，着眼点不再只限于局部最佳化，而是以整体成本为决定的依据。

3．供应链方面，BMW公司已把其合作伙伴纳入成本节约的考虑因素

BMW公司把其供应链上的合作伙伴（如运输公司等）纳入成本节约的考虑因素，这也是物流链管理的意义所在。在此基础上，他们建立成本方程式，并且其中亦考虑到不同取货方式，如在一次的“前置运送”中，安排替几个BMW工厂同时取货。这个成本方程式是建立在最佳化计算法的基础上的，考虑因素为对供货商成本最低化的送货频率、其他与实务有关的不同附加条件，如尽可能让运输工具满载、每周固定时间送货等。如果同一货运公司替多个BMW工厂送货，则必须安排送货先后次序，以达到成本最佳化。此外，运送货量最好一星期内平均分配，让运输工具及仓储达到最高使用率，不致影响等待进货时间。

请思考：

BMW公司从供应链管理的角度如何降低电子商务物流成本的？这样做有何意义？

6.1 电子商务物流成本的含义

电子商务物流成本指在进行电子商务物流活动过程中所发生的人、财、物耗费的货币表现。它是衡量电子商务物流经济效益高低的一个重要指标。

长期以来，我国对物流成本的核算与管理重视不够，企业历来不进行物流成本的专门统计与核算，掩盖了物流方面的成本，造成了物流成本的浪费。电子商务的发展把物流提高到了一个非常重要的地位，也使人们充分认识到了降低物流费用的重要性。因此，在电子商务物流过程中，加强电子商务物流成本的管理，建立电子商务物流管理会计制度，降低电子商务物流成本不仅是我国物流经济管理需要解决的重要问题，也是企业进行电子商务活动、开展物流配送所必须解决的一个重要问题。

相关链接　　中国物流成本现状

2013 年，社会物流总费用 10.2 万亿元，同比增长 9.3%，增幅较 2012 年同期回落 2.1 个百分点；社会物流总费用与 GDP 的比率为 18.0%，与 2012 年基本持平。这反映出我国经济社会运行的物流成本仍然较高。

运输费用 5.4 万亿元，同比增长 9.2%，增幅较 2012 年回落 1.5 个百分点；占社会物流总费用的比重为 52.5%，与 2012 年基本持平。运输费用中，受市场需求减弱影响，陆路与水路运输费用增速回落，全年同比分别增长 9.9%和 1.1%，增幅较 2012 年分别回落 2.7 个和 0.9 个百分点；而受铁路改革提价带动，铁路运输费用增速明显回升，全年同比增长 14.3%，增幅较 2012 年大幅回升 8.6 个百分点。

保管费用 3.6 万亿元，同比增长 8.9%，增幅较 2012 年回落 2.9 个百分点；占社会物流总费用的比重为 35.0%，同比下降 0.2 个百分点。保管费用中，受利率下调影响，利息费用同比增长 8.7%，增幅较 2012 年回落 4.7 个百分点；仓储费用同比增长 9.2%，增幅较 2012 年回落 2 个百分点。

管理费用 1.3 万亿元，同比增长 10.8%，增幅较上年回落 2.3 个百分点；占社会物流总费用的比重为 12.5%，同比提高 0.2 个百分点。

当前，我国物流发展面临的核心问题是物流费用高、效率低，导致“社会物流成本偏高”与“物流企业赢利能力偏低”相并存。近年来，全社会物流总费用与 GDP 的比率维持在 18%左右，难以下降。这一比率高于美国、日本和德国约 9.5 个百分点；高于全球平均水平约 6.5 个百分点；高于“金砖”国家印度和巴西 5～6 个百分点。但与此同时，全社会物流企业收入增速低于全社会物流费用增速，物流企业普遍赢利能力偏低。

6.2　电子商务物流成本的分类

6.2.1　按企业性质划分的物流成本

物流成本按企业性质划分为物流企业物流成本、商业企业物流成本、生产企业物流成本及网站物流成本等。

1. 物流企业物流成本

物流企业的物流成本是指物流企业在组织物流活动过程中所耗费的人力、物力和财力的货币表现。随着社会生产力和分工的专业化发展，物流将会成为社会经济生活中的一个独立产业而存在，并将发挥越来越重要的作用。一般来说，物流企业的物流成本主要包括以下几个方面：

1）物流企业的职工工资及福利费用。

2）企业在经营过程中的物质消耗，如固定资产折旧等。

3）企业在物流作业过程中所发生的包装成本、运输成本、装卸成本、保管成本、配送成本、加工成本及退货成本等。

4）企业在经营过程中所发生的物品损耗。

5）企业在经营过程中所发生的信息成本。

6）企业在经营过程中所发生的各项管理成本，如办公费、差旅费等。

7）企业在经营过程中支付给银行的贷款利息。

2. 商业企业物流成本

在我国，商品的经营主要是由物资企业和商业企业承担的。商业企业的物流成本是指在组织物品的购进、运输、保管、销售等一系列活动中所耗费的人力、物力和财力的货币表现，其基本内容如下：

1）企业职工工资及福利费用。

2）支付给有关部门的服务费，如运输费、邮电费等。

3）经营过程中的物质消耗，如固定资产折旧等。

4）经营过程中发生的物品损耗。

5）经营中的各项管理成本，如办公费、差旅费等。

3. 生产企业物流成本

生产企业是生产一定产品、满足社会某种需要的企业。为了进行生产经营活动，必须进行有关生产要素的购进和产品的销售；同时，为了保证产品质量，为消费者服务，还要进行产品的返修和废物的回收。生产企业的物流成本是指企业在进行供应、生产、销售、回收等过程中所发生的运输、包装、保管、输送、回收方面的成本。与物流企业的物流成本相比，生产企业的物流成本最终都体现在所生产的产品成本中，具有与产品成本的不可分割性。生产企业的物流成本一般包括：

1）供应、销售人员的工资及福利费用。

2）生产要素的采购成本，包括运输成本、邮电成本、采购人员的差旅费等。

3）产品的推销成本，如广告成本、宣传成本等。

4）企业内部仓库保管费、维护费、搬运费等。

5）有关设备、仓库的折旧费等。

6）物流信息费，如邮电费、簿记费等。

7）银行贷款的利息。

8）回收废弃物发生的物流成本。

4．网站物流成本

随着电子商务的发展及网上有形商品交易活动的开展，网站也存在着物流成本。在网站实际经营过程中，网站采取的物流经营模式不同，其物流成本的构成也不同。

若网站采取第三方的物流经营模式，其物流成本包括网站自身从事物流活动人员的成本及支付给第三方（物流企业）的物流成本；若网站采取互用型的物流经营模式，则网站物流成本的构成较复杂，需要根据具体情况进行进一步的分析和研究。

6.2.2　按成本发生的流转环节划分的物流成本

按成本发生的流转环节，物流成本可划分为进货成本、商品储存成本和销售成本（见表 6-1）。

表 6-1　按成本发生的流转环节划分的物流成本

物流成本类型	具体表现
进货成本	商品由供应单位到需求企业仓库所发生的运输费、装卸费、损耗费、包装费、入库验收和中转单位收取的成本
商品储存成本	企业在商品保管过程中所开支的转库搬运、检验、挑选整理、维护保养、管理、包装等方面的成本及商品的损耗费等
销售成本	企业在商品销售过程中所开支的检验、挑选整理、维护保养、管理、包装等方面的成本及商品的损耗费等

6.2.3　按供应链划分的物流成本

按供应链划分，物流成本可分为供应物流成本、生产物流成本、销售物流成本和退货物流成本、废弃物物流成本（见表 6-2）。

表 6-2　按供应链划分的物流成本

物流成本类型	具体表现
供应物流成本	企业为生产产品购买各种原材料、燃料、外构件等所发生的运输、装卸、搬运等成本

续表

物流成本类型	具体表现
生产物流成本	企业在生产产品时由于材料、半成品、成品的位置转移而发生的搬运配送、发料、收料等方面的成本
销售物流成本	企业为了实现商品价值，在商品销售过程中发生的有关运输、包装、推销等的成本
退货物流成本	企业产品因质量、规格、型号不符或者不按合同发货，造成客户退货所发生的有关运输、包装等的成本
废弃物物流成本	企业某些资产、产品因自然灾害、物理性能、质量事故而损毁后所处理、拆卸、输送、整理发生的成本

6.2.4 按物流机能划分的物流成本

按物流机能划分，物流成本可分为货物流通成本、信息流通成本、物流管理成本等（见表6-3）。

表6-3 按物流机能划分的物流成本

物流成本类型	具体表现
货物流通成本	货物实体因空间位置转移而发生的成本，包括包装成本、运输成本、保管成本、装卸成本及流通加工成本
信息流通成本	为了实现物资价值变换、处理各种物流信息而发生的成本，包括与库存管理、订货处理、客户服务等有关的成本
物流管理成本	为了组织、计划、控制、调配物流活动而发生的成本，如物流工作人员奖金、办公费、差旅费等
其他物流管理成本	为了有效地制定物流计划，开展物流管理，也可以按其他不同项目对物流成本进行分类

6.2.5 按分析方法划分的物流成本

物流成本不是面向企业的经营结果，而是面向客户的服务过程，所以，物流成本的大小就具有以客户服务需求为基准的相对性特点。这是物流成本与企业其他成本在性质上的最大区别。

1．显性成本

按传统核算方式，物流的成本主要包括运输成本和库存成本。在这里，将运输成本和库存成本作为物流显性成本的主要组成部分。之所以称其为显性，一是因为这两种成本容易为人们熟知并接受；二是因为可以用定量的分析方法近似估算。

（1）运输成本

通过分析美国物流成本资料可以看出，运输成本在物流总成本中占据着相当大的比重，故运输成本分析在物流成本分析中的意义重大。

在通常情况下，单位商品的运输成本与运输距离成正比，与运输商品的数量成反比。所以，理想的运输服务系统应该在运输距离固定的情况下，追求运输商品数量的最大化；在运输商品数量不足的情况下，追求运输距离的最小化。理想的运输服务系统的解决方案是将长距离、小批量、多品种的商品运输整合起来，统一实施调度分配，并按货物的密度分布情况和时间要求在运输过程的中间环节适当安排一些货物集散地，用以进行货运的集中、分拣、组配。实行小批量、近距离运输和大批量、长距离干线运输相结合的联合运输模式。另外，注意线路优化和有效配载可以有效地降低运输成本。

相关链接　　运输线路的优化

运输路线的选择会直接影响运输成本的大小。在运输的过程中应尽量避免同一物资在同一路线上的往返，即对流现象的发生。同时，要防止运输迂回的出现。有效的配载，尤其是回程配载，在长距离的运输当中，回程配载可以极大地降低运输成本。如果长途货物运输回程实现有效配载，则单位商品的运输距离由往返减为单程。距离减半，成本降低 50%。

（2）库存成本

物流系统中的库存成本是和库存系统的经营有关的成本。一般情况下，库存成本由订货成本、保管成本、缺货损失费用等几项构成。对库存成本的分析可通过建立库存控制模型来进行。存储系统作为物流系统的一个子系统，在顾全大局的前提下，合理库存对于降低库存成本是非常必要的。合理库存主要包括以下 3 个方面。

1）合理的库存量。指在新的商品到来之前，能保证在这期间商品正常供应的数量。合理的库存必须以保证商品流通正常进行为前提。

2）合理的库存结构。指商品的不同品种、规格之间储存量的比例关系。因为社会对商品的需要既包括供应总量的充足，又包括品种、规格的可选性，还包括结构的不断变化。所以，确定合理的库存量的同时，还必须考虑不同商品及其品种、规格在储存中的合理比例关系及市场变化情况，以便确定正确的储存结构。

3）配送。配送中心对商品库存成本控制的实现主要是靠配送中心对购货商的近距离快速反应能力和对多家购货商的需求的均衡预测实现的。

物流的显性成本除了运输与库存成本外，客户服务成本和存货持有成本等虽所占成本总比重不大，但也不容忽视。

2．隐性成本

之所以称为隐性成本，是因为这部分成本很难用定量分析的方法进行估算。这里主要是指物流管理成本和逆向物流成本。

（1）物流管理成本

在物流成本中，管理成本最难以控制和统计。在我国这种情况尤为突出，主要原因是我国企业物流总成本管理的概念比较淡薄，只关心直接的仓储和运输成本，而对物流管理成本则基本不予考虑。同时受基础数据的限制，特别是由于我国有关物流行业的产出及物流成本的统计数据缺乏，以至于对管理成本只能借鉴一些发达国家的物流管理成本的分析。

相关链接　　我国物流管理成本降低空间很大

美国物流成本统计资料表明，管理成本在总成本中所占的比重基本保持在3.8%左右。有关资料显示，我国目前的信息处理水平只相当于世界平均水平的2.1%。排除物流总成本基数过高的影响，我国的物流管理成本在物流总成本中所占的比重亦远远高于美国。因此，降低物流管理成本对企业总成本的降低有着重要的意义。

物流管理成本与企业的信息化程度关系密切，而企业的信息化程度又影响着企业正常生产活动的各个环节。发展信息化系统，可以利用相对较小的资金投入，实现物流管理的优化，获得利润的回报。而且，物流管理的信息化还会促进运输和仓储系统的发展。由于管理信息系统的建立本身也需要一定的成本，也许直接降低总成本有一定的难度，但是管理信息系统的建立无疑会提高物流企业的服务水平和工作效率。在总成本一定的条件下，这也是间接降低物流成本的表现。

（2）逆向物流成本

市场上存在着产品由市场反向流向企业的现象。当企业的经济规模不断扩大，很少有企业能意识到，在扩大规模的同时，其资源损失的绝对值也会同步增长。于是，在物流的隐性成本里面，又多了一个逆向物流成本的概念。在买方市场条件下，客户对产品质量及所需服务要求越来越高。在这个过程中，逆向物流因此产生。逆向物流的产生与物流的管理水平息息相关。提高物流的管理水平，虽不能彻底消除逆向物流，但可以把逆向物流控制在低水平，从而降低企业的逆向物流成本，进而降低企业物流的总成本。

隐性成本作为降低物流成本的关键因素，已经越来越多地受到人们关注并对其进行研究。但由于受会计核算及我国的统计体制的影响，所以很难得出有意义的成果。隐性成本除了上述的管理成本与逆向成本外，还有许多方面，如与物流活动相关的各种通信费用及订单成本等，但所占总份额较小。

物流成本的高低，直接关系到利润的多少。因此，如何以最少的物流成本“在适当的时间将适当的产品送到适当的地方”是摆在企业面前的一个重要问题。

美国公司和加拿大公司的物流成本构成情况见相关链接。

相关链接

美国公司和加拿大公司的物流成本构成情况

成本内容	美国公司（%）	加拿大公司（%）
客户服务/订单清关	8	8
仓储	25	25
运输	37	36
管理	9	8
库存搬运	21	23

美国小公司物流成本

年销售额（百万美元）	小于 200	201～500	501～1 250	大于 1 250
物流成本占销售额的比例（%）	10.4	8.73	7.36	3.4

加拿大中等规模公司物流成本

年销售额（百万美元）	小于 200	201～500	501～1 250	大于 1 250
物流成本占销售额的比例（%）	10.1	10.97	10.42	3.4

（资料来源：Establish.Inc Herbert W.Davis and Company）

6.3　电子商务物流成本管理

6.3.1　电子商务物流成本计算对象

众所周知，社会再生产过程是对生产、分配、交换和消费四个环节的统一。物流作为货物实体在空间上的运动，其中每个环节都有可能发生位移。因此，从宏观上讲，物流活动存在于社会再生产过程的各个阶段和环节，而且每个阶段都要发生人、财、物的耗费，从这个角度来看，对物流费用进行核算和管理，是一个涉及范围广而又十分复杂的问题。

电子商务物流是依靠电子商务技术所进行的物流活动，同样也存在于社会再生产过程的各个阶段和环节，同样也不可忽视。

物流成本如何归集和计算，取决于对所要进行评价与考核的成本计算对象的选取。成本计算对象的选取方法不同，得出的物流成本结果也就不同，从而也就导致了成本评价结果不同。

在计算或收集物流成本数据时，明确成本计算对象是所有活动的前提条件，否则物流成本的计算也就失去了存在的意义。成本计算对象是指企业或成本管理部门，为归集和分配各项成本费用而确定的、以一定时期和空间范围为条件而存在的成本计算实体。

物流实践

利用外部力量减少公司物流成本

假设有一家销售额为 6 000 万元的箱包企业工厂，总部位于北京，全国有 9 家分公司，距北京平均距离 1 200 公里，平均每个城市分担的月销售额为 50 万元。设标准包装箱为 45 厘米×33 厘米×60 厘米，约 0.09 立方米，15 千克，每箱容量 30 只箱包。平均计价 144 元/只，每箱货价值 0.43 万元。每城市每月销售 116 箱，每箱体积约 11.25 立方米。计费吨数为 3.4 吨。假设该公司在每城市有 100 家销售网点，每个网点销售 116 箱，计 0.5 万元/家，约 38 只箱包。每个城市送货 3 800 只/月，10 个城市总送货 3.8 万只，全年送货 45.6 万只。假设每家销售网点存货品种为 20 种，30%为畅销品，占销量的 70%，即 6 种箱包的每月的送货量为 26 只，其余 14 种每月送货量为 12 只，分 3 次送完。计每个城市每月送货 300 次，10 个城市送货 3 000 次，全年送货 3.6 万次。该公司的物流比率为 1.8%。

该箱包企业为了完成原料采购和产品分销等物流功能，可以选择采用第三方物流或企业自营物流。企业自行承担物流功能需要车辆、仓库、办公用房等固定资产占用，还要负担相应的维修及折旧费用及负担有关人员的工资奖金费用，年物流费用为 277 万元，约占销售额的 4.62%。若委托第三方物流，采购全套物流服务，所需物流费用为 200 万元，约占销售额的 3.33%。

由此可见，利用第三方物流服务比企业自营节省可见成本 28%。实践证明，采用第三方物流服务有以下好处：降低物流成本；扩大公司业务能力；集中精力，强化主业；缩短出货至交货时间；增加车辆效率和减少油耗费用；彻底实施品质管理；避免遇到旺季人手不够的情况等，这些也恰恰是电子商务企业的特点。

物流企业的任何生产经营活动都是在一定的时空范围内进行的。从各个生产经营过程来看，时间上具有连续性，空间上具有并存性。因此，各项成本费用的发生，需要从其发生期间、发生地点和承担实体 3 个方面进行合理划分。这就形成了成本计算对象的 3 个基本构成要素。

1. 成本计算对象的 3 个基本构成要素

（1）成本费用承担实体

成本费用承担实体是指发生并应合理承担各项费用的特定经营成果的体现形式，包括有形的各种产品和无形的各种劳务作业等。例如，生产企业的某种、某批或某类产品；服务行业的某一经营项目；施工企业的某项工程；运输业的运输劳务等。

就物流企业来讲，其成本费用承担实体，主要是指各种不同类型的物流活动或物流作业。

（2）成本计算期间

成本计算期间是指汇集生产经营费用、计算生产经营成本的时间范围，如工业、企业按产品的生产周期和日历月份；农业、种植业按一个生长周期；服务业、劳务性企业按日历月份等作为各自的成本计算期间。物流企业的成本计算期间根据物流作业性质的不同可有不同的确定方法。例如，对于远洋货物运输作业来讲，因其生产周期较长，所以应以航次周期作为成本计算期间。

（3）成本计算空间

成本计算空间是指发生成本费用并能组织企业成本计算的地点或区域（如部门、单位、生产或劳务作业环节等），如工业、企业的成本计算空间可按全场、车间、分厂、某个工段或某一生产步骤划分；服务型等企业可以按部门、分支机构或班组等单位来确定各个成本计算空间。

物流企业成本计算空间的划分一般是指对物流活动范围、物流功能范围及物流成本控制的重点进行的选取。

2．物流成本计算对象的选取

根据对物流成本计算对象 3 个基本构成要素的分析，结合企业物流成本管理的基本要求，企业物流成本计算对象存在以下几种情况。

（1）形态区别物流成本核算

形态区别物流成本核算是指以物流费用的支付形态作为成本计算对象所进行的物流成本核算。其具体内容如下。

1）企业内部物流费用计算，即汇总、归集企业自身进行各项物流活动所产生的物流费用，是相对于委托物流费用计算而言的核算方法。企业内部物流费用计算又可分为材料费计算、人工费计算、水/电/气费计算、维护费计算、物流利息计算、其他费用计算等。

2）委托物流费用计算，即汇总和归集企业委托外单位进行运输、保管、装卸、包装、流通加工等物流活动所支付的各项费用。

3）外企业支付物流费用计算，包括供应外企业支付物流费用计算和销售外企业支付物流费用计算。外企业是指自己的上下游客户，他们自己承担合作中的物流成本，不用本企业或本企业委托的物流企业承担物流活动费用。

用形态区别物流成本的核算是企业物流成本核算的基础。通过形态区别物流成本核算，可以为制定标准的物流成本和编制物流成本的预算、企业进行有关的决策提供资料。例如，企业物流活动是否委托外单位进行、企业应该采用何种交货方式采购物料或销售产品等。

（2）功能区别物流成本核算

功能区别物流成本核算是指以物流活动的功能为成本计算对象所进行的物流成本核算，即对企业一定时期的物流费用按其发生的用途不同进行分类、归集，包括运输费计算、保管费计算、装卸费计算、包装费计算、流通加工费计算和物流管理费计算等。

通过功能区别物流成本核算，可以了解物流成本的功能区别构成，便于企业更好地协调物流各个环节的关系。各功能成本的计算可通过各功能的成本计算表进行，并在此基础上进一步汇总各功能成本计算表的资料，编制整个企业的物流成本汇总表。

（3）范围区别物流成本核算

范围区别物流成本核算是指以物流活动的范围为成本计算对象所进行的物流成本核算，即对企业一定时期内的物流费用按物流活动的发生与物流活动的不同过程所进行的汇总、归集，具体包括供应物流费用计算、生产物流费用计算、销售物流费用计算、退货物流费用计算和废弃物物流费用计算等。

通过范围区别物流成本核算，便于发现不同过程的物流活动中所存在的问题，分清有关部门对此应负的责任，并为不同过程的物流活动的协调、控制提供依据。进行范围区别物流成本核算时，凡是发生在某一物流过程的物流费用都必须计入该过程的物流成本中，以便据此考核其负责部门的工作业绩。例如，凡是在物料供应过程中发生的物流费用都应计入供应物流费用中。用范围区别物流成本核算可通过各物流范围物流费用汇总表进行，并在此基础上进一步编制企业物流成本汇总表。

（4）制品区别物流成本核算

对供应部门而言，它是以各种原材料、包装材料为成本计算对象而进行的物流成本计算；对生产部门而言，它是以产品、半成品、成品为成本计算对象而进行的成本计算；对整个企业和销售部门而言，它是以销售产品为成本计算对象而进行的成本计算。

（5）变动物流成本核算

变动物流成本核算是根据企业发生的物流费用与物流业务量之间的关系不同所进行的核算，包括随物流业务量增加而增加的变动物流费用的计算和不随物流业务量增减的固定物流费用计算。具体方法有高低点法、散布图法、最小二乘法等。这种核算可以为企业进行的各种物流决策提供资料。

（6）责任物流成本核算

责任物流成本核算是根据物流成本发生的责任归属不同，对责任中心的物流成本所进行的计算。责任的划分应以可控原则为基础，即一定层次、一定部门和人员的责任物流成本必须是其权力范围内可以控制或可以影响其发生额大小的成本。在已经实行责任成本核算的企业，责任物流成本的核算可结合到现行责任成本核算之中，并作为现行责任成本报告的附录资料反映出来。进行责任物流成本计算，有利于评价各责任单位的物流活动状况，加强其责任心，从而有利于控制和降低物流成本。

综上所述，企业进行物流成本管理的目的不同，其所需要的物流成本资料也就有所不同，因此产生出上述不同的成本计算对象和方法，共同构成了企业物流成本核算的方法体系。

6.3.2　电子商务物流成本核算

1. 基于物流管理基本功能活动的测算方法

学界普遍认同的企业物流成本计算的概念性公式为：

企业物流总成本=运输成本+存货持有成本+物流行政管理成本

由于物流管理运作具有跨边界（由普遍的协同运作要求所决定）和开放性（由客户服务要求所决定）的特点，这使得由一系列相互关联的物流活动产生的物流总成本既分布在企业内部的不同职能部门中，又分布在企业外部的不同合作伙伴里。从实现企业产品价值的过程来看，物流成本既与企业的生产和营销管理有关（实现产品的场所和时间效用），又与客户的物流服务要求直接相关（作为与客户互动的界面要让客户满意）。所以，即使有了这样一个简单明了的概念性公式，但企业对物流总成本的准确把握难度仍然很大。

2. 基于活动的物流成本测算方法

该方法是为了适应物流服务的过程特点和跨越现行会计制度的缺陷而采用的。但是，为了有效使用这种管理会计方法首先必须了解物流成本和物流服务行为的互动关系；其次必须有一套能够控制物流活动过程的预算体系与物流服务绩效管理指标体系相配套。例如，Ray Mundy 教授在 2002 年给出的一个基于 ABC 管理原理的物流总成本计算的概念性公式为：

物流总成本=物流费用+所动用的物流服务资产的总价值×资产占用费率

虽然这类方法为研究物流总成本提供了新的思路，但这类方法的实际应用离物流成本管理实践的要求还存在相当的距离。

3. 以活动为基础的成本分析（ABC）法

ABC 成本法（Activity-Based Costing），即作业成本法，是以作业为核心，确认和计量耗用企业资源的所有作业，将耗用的资源成本准确地计入作业，然后选择成本动因，将所有作业成本分配给成本计算对象（产品或服务）的一种成本计算方法。ABC 成本法的指导思想是："成本对象消耗作业，作业消耗资源"。ABC 成本法把直接成本和间接成本（包括期间费用）作为产品（服务）消耗作业的成本同等对待，拓宽了成本的计算范围，使计算出来的产品（服务）成本更准确真实。

作业是成本计算的核心和基本对象，产品成本或服务成本是全部作业的成本总和，是实际耗用企业资源成本的终结。

相关链接　　应用作业成本法核算企业物流并进行管理的 4 个步骤

第一，界定企业物流系统中涉及的各个作业。作业是工作的单个单位，作业的类型和数量会随着企业的不同而不同。例如，在客户服务部门，作业包括处理客户订单、解决产品问题及提供客户报告 3 项作业。

第二，确认企业物流系统中涉及的资源。资源是成本的源泉，一个企业的资源包括直接人工、直接材料、生产维持成本（如采购人员的工资成本）、间接制造费用及生产过程以外的成本（如广告费用）。资源的界定是在作业界定的基础上进行的，因为每项作业一定涉及相关的资源，与作业无关的资源应从物流核算中剔除。

第三，确认资源动因，将资源分配给作业。作业决定着资源的耗用量，这种关系称作资源动因。资源动因联系着资源和作业，它把总分类账上的资源成本分配到作业。

第四，确认成本动因，将作业成本分配到产品或服务中。作业动因反映了成本对象对作业消耗的逻辑关系。例如，问题最多的产品会产生最多的客户服务电话，故按照电话数量的多少（此处为作业动因）把解决客户问题的作业成本分配到相应的产品中去。

物流成本分析的主要目的是在实现既定的客户服务水平的条件下降低企业物流成本，提高企业的竞争能力。物流作为一个大的系统，分析其成本和收益应从整体考虑，避免子系统间各自为政。也就是说，要站得高，看得远，为企业的发展壮大提供最强有力的支持。国外对物流成本的分析及核算由来已久，并已相对较为完善，而我国由于物流业起步较晚，相关的政策及法规的制定相对滞后，以至于至今仍未形成一套独立的核算体系，这使得对我国的物流成本分析只能停留在初始阶段。

6.3.3　电子商务物流成本管理的具体内容

1．物流成本管理的含义

物流成本是指产品在空间位移（含静止）过程中所耗费的各种劳动和物化劳动的货币表现。具体地说，它是产品在实物运动过程中，如包装、装卸、运输、储存、流通加工等各个活动中所支出的人力、财力和物力的总和。物流成本管理就是对物流成本所进行的计划、组织、指挥、协调、控制和决策，以降低物流成本，提高物流效率和经济效益。电子商务物流成本管理就是以现代通信为基础，特别是以因特网为基础，应用现代信息技术对物流成本所进行的计划、组织、指挥、协调、控制和决策。

2．电子商务物流成本管理的目标和原则

（1）电子商务物流成本管理的目标

电子商务物流成本管理的目标包括基本目标和具体目标。基本目标是企业进行电子商务物流活动时整体性的、长期的和导向性的目标；具体目标是企业进行电子商务物流活动时局部的、短期的和操作性的目标。在此，本书主要探讨电子商务物流成本管理的基本目标，至于电子商务物流成本管理的具体目标，则由企业根据物流成本管理基本目标的要求，按照一定时期企业经营的具体情况和存在的具体问题加以制定和实施。

企业电子商务物流管理的基本目标主要受企业财务管理目标和物流经营活动目标的制约。一方面，物流成本管理是企业财务管理的一个组成部分；另一方面，物流成本的大小与物流的经营规模密切相关。

一般来说，企业电子商务物流成本管理的基本目标可以概括为：在保证企业经营活动需要的前提下，以最小的物流成本完成物流活动的运作。

（2）电子商务物流成本管理的原则

电子商务物流成本管理的原则是指企业在物流成本管理过程中各环节、各方面所遵循的基本行为准则。从日常表现形式来看，就是处理物流成本关系的基本行为准则。企业物流成本的管理原则是以企业生产经营及财务活动的一般原则为基础和前提的，同时物流成本管理又具有自身的特点。具体来讲，企业物流成本管理的原则主要有费用最小原则、保证需要原则、利益兼顾原则及责任明确原则等。

1）费用最小原则是指在对物流成本的管理过程中，企业应采取各种对策和措施，积极地降低物流成本，在尽可能的情况下，使成本降低到最小。

2）保证需要原则是指在对物流成本的管理过程中，物流成本的控制应在保证需要的前提下进行，采用费用最小原则，不能为了实现费用的最小而放弃顾客的需要、降低信誉、丧失市场。

3）利益兼顾原则是指在对物流成本的管理过程中，企业充分考虑各部门的利益，特别是物流部门之间的利益。在对物流成本的具体控制中，应根据各物流环节的重要程度、工作量规模的大小及市场状况来进行操作。

4）责任明确原则，物流费用遍布企业的每个环节与过程，要想控制物流费用，除了制定物流费用标准，还需要在物流部门、生产部门、销售部门和管理部门实行责任制，实行全过程、全人员的费用管理，明确责任，赋予权利。

3．降低电子商务物流成本的途径

（1）从物流全过程的视角来降低物流成本

对于一个企业来讲，控制物流成本不单是本企业的事，一方面追求本企业物流的效率化，应考虑到从产品制成到最终用户整个供应链过程的物流成本效率化；另一方面物流设

施的投资或扩建与否，要视整个物流渠道的发展和要求而定。

（2）通过实现供应链管理、提高对客户的物流服务来削减成本

在供应链管理体制下，仅仅保证本企业的物流具有高效率是不够的，这需要企业协调与其他企业及客户、运输业者之间的关系，实现整个供应链活动的高效率。正因为如此，追求成本的高效益不仅仅是企业中物流部门或生产部门的事，也是经营部门及采购部门的事，同时要将降低物流成本的目标贯彻到企业所有职能部门之中。

提高对客户的物流服务是企业确保利益的最重要手段。从某种意义上来讲，提高客户服务是降低物流成本的有效方法之一，但是，超过必要量的物流服务不仅不能带来物流成本的下降，反而有碍于物流效益的实现。

物流实践

中国台湾地区制造商借助采购分析进行物流成本控制

中国台湾地区制造商以其低成本生产能力而著称，在长期鏖战于微利竞争的过程中，积累了丰富的采购经验，值得借鉴。

制造行业的供应链有 3 个阶段：

1）制造行业企业内部的业务整合，即完成典型 ERP 构架。

2）建立企业社区，优化供应商之间的供应链。

3）完成从生产原材料到客户的所有业务流程协同，实现供求关系的结合。

随着产品生命周期的缩短、订单变化的起伏加大及产品交货期的压力倍增，元器件采购和成品销售这种制造过程的一头一尾，已成为电子制造企业发展与生存的关键。而作为采购管理与采购行为的基础，采购分析的重要性更是日益突出。

普遍而言，生产型企业通常要用销售额的 40%～70%来进行原材料和元器件的采购。采购的速度、效率、订单的执行情况都会直接影响到企业是否能够快速灵活地满足下游客户的需求。因此，中国台湾地区制造商在企业运作之初就已经意识到：作为整个供应链管理的重要一环，采购分析对于企业成本的控制相当重要。如果采购分析没有做好，就意味着企业的供应链和成本没有控制好，企业的经营、生存和发展就会存在问题。

所谓采购分析，是分析该买什么、买多少、什么时候买、花多少钱、什么时候得到及怎样得到的问题。由此可见，采购分析需要考虑的基本信息包括所采购物料的成本分析、交货时间和地点、交易的付款期限等。成本分析是其中最重要的部分，买家们不仅要考虑最原始的物料成本，也要考虑上游供应商的成本。

采购的原则就是一切从供应链的成本角度出发，供应商的成本也是总成本的一部分。中国台湾电子制造厂商大多在大陆设有工厂，假如他们的供应商在台湾地区有工厂，但在大陆没有工厂，势必牵扯供应器件的运输成本。不论这一运输费用谁来出，总是客观存在，并会打进总成本的。因此，要求本地化的采购比例越来越多，只有这样，供应商和采购商的整体竞争力才能得到加强。采购商要从长远出发，多考虑整个供应链的成本，让供应商赚到足够的利润，才会有长远的合作关系。

在分析采购成本时，他们需要结合库存情况进行。现在绝大部分的电子产品一生产出来就在跌价。产品放在仓库里面，就相当于钱每天在损失，厂商所承担的风险也越高。因此，零库存的概念大行其道。许多台湾生产商都开始实行本地化采购，并力求越来越多的元件实现 JIT，逐步把库存降到最少。

中国台湾地区制造商还建立起供应商评估系统，他们对供应商的评估有一个通用的流程。首先是审查供应商的基本信息，包括公司组织结构是否健全、财务状况是否稳定、生产的品种和产能如何、有哪些客户群体等。待供应商通过了基本的审查后，又派出由研发、采购、生产、品管等相关人员组成的团队对其进行现场审查，做详细的认证；最后由供应商递送样品；由制造商进行认证。审查供应商最重要的环节在于现场验证和样品抽验阶段。

目前，许多中国台湾地区的公司已经建立了信息化系统来保证采购分析流程的准确和快捷。例如，明基公司在接到客户订单后，会通过 ERP 系统进行生产流程安排。ERP 系统结合生产流程安排和库存方面的信息，计算物料需求清单。信息可通过短信等方式通知供应商，让供应商登录公司的网站查询订单信息。

（3）借助现代信息系统的构筑降低物流成本

借助现代信息系统的构筑，一方面，可使各种物流作业或业务处理能够准确、迅速地进行；另一方面，能够由此建立物流经营战略系统。具体来讲，通过将企业订购的意向、数量、价格等信息在网络上进行传输，从而使参与生产、流通全过程的企业或部门分享由此带来的利益，充分对应可能发生的各种需求，进而调整不同企业间的经营行为和计划，这无疑从整体上控制了物流成本发生的可能性。即现代信息系统的构筑为彻底实现物流成本的降低（并非向其他企业或部门转嫁成本）奠定了基础。

（4）通过高效率的配送降低物流成本

根据用户的订货要求建立短时期、正确的进货体制是企业物流发展的客观要求。但是，伴随配送而产生的成本费用要尽可能降低，特别是多频度、小单位配送的发展，更要求企业采用效率化的配送方法。一般来讲，企业要实现高效率的配送，就必须重视配车计划管理、提高装载及对车辆运行管理。

相关链接 配车计划

配车计划是指与客户的订货相吻合，将生产或购入的商品按客户指定的时间进行配送的计划。对于生产商而言，如果不能按客户指定的时间进行生产，也就不可能在客户规定的时间配送商品，因此，生产商配车计划的指定必须与生产计划相联系来进行。同样，批发商也必须将配车计划与商品进货计划相联系。当然，要做到配车计划与生产计划或进货计划相匹配，就必须构筑最有效的配送计划信息系统。这种系统不仅是处理配送业务，而且是在订货信息的基础上，管理从生产到发货全过程的业务系统，特别是制造商为缩短对用户的商品配送，又要同时降低成本，必须通过这种信息系统制作配送计划，商品生产出来后，装载在车辆中进行配送。对于发货量较多的企业，需要综合考虑并合理组合车辆的装载量和运行路线。

在制定配车计划的过程中，还需要将客户的进货条件考虑在内，如进货时间、司机在客户作业现场搬运的必要性、客户附近道路的情况等都需要关注和综合分析，同时客户的货物配送也对配车计划有影响，货物输送量少，相应的成本就高，配车应当优先倾向于输送量较多的地域。

削减配送成本的另一方式是追求车辆运行的效率化。提高车辆运行效率的一个有效方法是建立有效的货车追踪系统，即在车辆上搭载全球定位系统（GPS），通过这种终端与物流中心进行通信，一方面，对货物在途中情况进行控制；另一方面，有效地利用空车信息，合理配车。

特别提示 消减退货成本很重要

例如，销售额100万元的企业，退货比率为3%，即有3万元的退货，由此产生的物流费用和企业内处理费用一般占到销售物流的9%～10%，因此，伴随着退货将产生3 000元的物流费。同时由于退货商品物理性、经济性的损伤，可能的销售价格只为原来的50%，因此，由于退货而产生的机会成本为15 000元。综上所述费用，退货所引起的物流成本为18 000元，占总销售额的1.8%。如果退货率为5%时，物流费用将达到30 000元，占总销售额的3%。由此可以看出，削减退货成本十分重要，这是物流成本控制活动中需要特别关注的问题。

（5）通过逆向物流政策实现成本的控制

在逆向物流处理方面，要避免在尽量少的退货或无条件退货之间走极端，应该制定合理的逆向物流政策，其目标是通过合理地处理产品退回的方式，增加顾客满意度、更多地降低成本并且保护环境。许多零售商将退货作为在赢得市场份额中一项有竞争力的武器。因此，合理的逆向物流政策已经成为电子商务物流成败的关键。

特别提示　　电子商务零售商制定退货政策的建议

（1）反向设计

首先，设计系统时应努力优先考虑前向和逆向物流，从仓库开始反向设计。无论站点多么吸引人，如果不能处理产品退货，都将会失去顾客。

（2）准确地进行演示

保持退货减低的最好方法之一是保证网页上商品图像质量，并保证传递给顾客的关于适用性、大小等信息是准确的。

（3）为冲动购买提供取消机会

点一下鼠标的购买技术使冲动购买比以前任何时候都更容易。可是，买主可能在按下“购买”按钮后懊悔。应该增加一个功能，以使当一份订单在网上被创建时，一个“取消”按钮也同时创建，并且在一个小时内保持可在线取消。

（4）告知顾客如何退货

许多站点在没有把如何退货的说明封装进产品的情况下就发运产品，这将迫使购物者重新在线以了解该如何做。这是由于很多在线零售商将责任履行外包给其他公司，此时这些产品可能需要被退回到一个原来发运地不同的地址。详细的退货说明和退货政策应该能通过在线说明和离线的产品包装两个途径获得。重要的是，这样可以使顾客满意，从而留住顾客。

（5）及时送货

当购买产品和收到产品之间的时间被延长时，退货的机会将会增加。如果产品的发运时间比应该占用的时间长，那么应该在提供在线订单追踪的同时，通过电子邮件积极地征询客户的意见。

（6）提供在线退货工具

应配备免费的在线退货工具，商家可以将这些工具集成进站点，这将使顾客退货非常容易。为了使用电子退货服务，在线零售商必须获得退货许可，并且在每个当地邮局建立一个账号。当客户告知在线零售商有一个退货需求时，该零售商通过因特网向客户提供一个退货标签，客户把它打印出来并用于将要退货的包裹就可以完成退货。

（6）利用一贯制运输和物流外包降低成本

从运输手段上降低物流成本，可以通过一贯制运输来实现；或者将从制造商到最终消费者之间的商品搬运，利用各种运输工具的有机衔接来实现，运用运输工具的标准化及运输管理的统一化，来减少商品周转、转载过程中的费用和损失，并大大缩短商品在途时间。

在控制物流成本方面，还有一种行为是值得我们注意的，这就是物流的外包，或称为第三方物流或合同制物流，是指利用企业外部的分销公司、运输公司、仓库或第三方物流公司执行本企业的物流管理或产品分销职能的全部或部分。实际上，外包的利益不仅局限于降低物流成本上，企业也能在服务和效率上得到许多其他改进，如增强战略行动的一致性，提高顾客反应能力，降低投资需求，带来创新的物流管理技术和有效的渠道管理信息系统等。

（7）推行物流活动系统化、机械化和合理化

物流所要解决的主要问题是物资实体的位移。因此，建立物流活动的系统化、机械化，从而使其流向合理化和包装运输科学化，同样可以降低物流费用。

（8）合理制定费用标准，实行科学的预算管理

虽然物流费用项目繁多，难以分离，但是，只要大体上确定了费用对象，就可以实行预算管理，而实行预算管理的条件首先是要制定合理的费用标准。

1）合理地制定费用标准。费用标准的制定主要有以下几种类型。

- 按费用项目制定标准。企业内部每个物流费用项目，按其与业务量的关系可分为相对固定费用与相对变动费用两项。对于固定费用项目，如折旧费、办公费等，可以以历史先进水平或其他企业水平为依据，结合本企业现在的状况与条件，确定合理的费用标准。而对于相对变动项目，则着重考虑长期时间下环境变化，如运输能力、仓容能力、运输条件及国家的政策法规等，然后制定标准。
- 按物流功能制定标准。不论是运输、保管还是包装、装卸费用，其水平的高低均主要取决于物流技术条件、设施与作业水平。因此，应结合企业生产任务与流转数量并考虑其他因素进行标准的制定。
- 按物流过程制定标准。按物流过程制定标准是一种综合性技术，既要以历史费用水平为依据，又要充分考虑企业内外部因素的变化。例如，退货物流主要取决于企业产品的质量、信誉及其售后服务水平；而供应物流则主要取决于货物场所的变更及运输方式的改变。因此，要根据实际制定标准。

2）实行科学的预算。管理费用标准确定以后，企业应充分考虑其财力状况，制定每种费用的资金预算，以确保物流活动的正常进行。同时，按照费用标准，进行定期与不定期检查、评价与对比，以求有效地控制物流活动和费用水平。

（9）实行责任制度，明确权责关系

物流费用遍布企业的每个环节和过程，要想控制物流费用，除了制定物流费用标准，还需要在物流部门、生产部门、销售部门和管理部门实行责任制，实行全过程、全员的费用管理，明确责任，赋予权力。

（10）积极追求规模化经营

在实际工作中，还应注意到，电子商务的物流成本可能比店铺销售方式的物流成本高。

因为，电子商务的物流更加具有多品种、小批量、多批次、短周期的特点，很难单独考虑物流的经济规模。例如，客户自己到一个商店去购买一台电视机，商店提供免费送货服务，一次送货费用是 50 元，这时商店一般会将顺路的其他客户购买的商品同时完成送货，如 5 台电视机同时送货，每台电视机的送货费用就只是 10 元。但当采用电子商务时，企业很难顺利地将客户的订货在一个比较短的时间内集中起来并配装在一台送货车里，因此就会造成送货次数的增多、送货批量的降低，直接导致物流成本的提高，该成本只由单个消费者负担。这是对电子商务这种形式的威胁，因此电子商务服务商必须扩大在特定的销售区域内消费者群体的基数，如果达不到一定的物流规模，物流成本将居高不下。

案例分析

安利降低物流成本的秘诀

同样面临物流信息奇缺、物流基建落后、第三方物流公司资质参差不齐的实际情况，国内同行物流成本居高不下，而安利（中国）的储运成本仅占全部经营成本的 4.6%安利（中国）大中华区储运店营运总监许绍明透露了安利降低物流成本的秘诀：全方位物流战略的成功运用，非核心环节通过外包完成。

据许绍明介绍，安利的“店铺+推销员”的销售方式，对物流储运有非常高的要求。安利的物流储运系统，其主要功能是将安利工厂生产的产品及向其他供应商采购的印刷品、辅销产品等先转运到位于广州的储运中心，然后通过不同的运输方式运达各地的区域仓库（主要包括沈阳、北京及上海）暂时储存，再根据需求转运至设在各省市的店铺，并通过家居送货或店铺直销等销售渠道推向市场。与其他公司所不同的是，安利储运部同时还兼管着全国近百家店铺的营运、家居送货及电话订货等服务。所以，物流系统的完善与效率，在很大程度上影响着整个市场的有效运作。

但是，由于目前国内的物流信息极为短缺，很难获得物流企业的详细信息，如从业公司的数量、资质和信用等，而国内的第三方物流供应商在专业化方面也有所欠缺，很难达到企业的要求。在这样的状况下，安利采用了适应中国国情的“安利团队+第三方物流供应商”的全方位运作模式。核心业务（如库存控制等）由安利统筹管理，实施信息资源最大范围的共享，使企业价值链发挥最大的效益；而非核心环节，则通过外包形式完成。例如，以广州为中心的珠三角地区主要由安利的车队运输，其他绝大部分货物运输都是由第三方物流公司来承担。另外，全国几乎所有的仓库均为外租第三方物流公司的仓库，而核心业务，如库存设计、调配指令及储运中心的主体设施与运作则主要由安利本身的团队统筹管理。目前已有多家大型第三方物流公司承担安利公司大部分的配送业务。公司会派人员定期监督和进行市场调查，以评估服务供货商是否提供具有竞争力的价格，以及是否符合公司要求的服务标准。这样，既能整合第三方物流的资源优势，与其建立坚固的合作伙伴关系，同时又通过对企业供应链的核心环节——管理系统、设施和团队的掌控，保持安利的自身优势。

从安利的物流运作模式来看，至少有两个方面是值得国内企业借鉴的。

首先，是投资决策的实用主义。在美国，安利仓库的自动化程度相当高，而在中国，很多现代化的物流设备并没有被采用，原因是因为美国土地和人工成本非常高，而中国这两方面的成本比较低。两相权衡，安利弃高就低。“如果安利中国的销售上去了，有了需要，我们才考虑引进自动化仓库。”许绍明解释说。刚刚启用的安利新的物流中心也很好地反映出安利的“实用”哲学。新物流中心占地面积达40 000平方米，是原来仓库的4倍，而建筑面积达16 000平方米。这样大的物流中心如果全部自建，仅土地和库房等基础设施方面的投资就需要数千万元。安利采取和另一物业发展商合作的模式，合作方提供土地和库房，安利租用仓库并负责内部的设施投入。只用了一年时间，仅投入1 500万元，安利就拥有了一个面积充足、设备先进的新物流中心。而国内不少企业，在建自己的物流中心时将主要精力都放在了基建上，不仅占用了企业大量的周转资金，而且费时费力，效果并不见得很好。

其次，是在核心环节的大手笔投入。安利单在信息管理系统上就投资了9 000多万元，其中主要的部分之一，就是用于物流、库存管理的AS400系统，系统的使用使公司的物流配送运作效率得到了很大的提升，同时大大地降低了各种成本。安利先进的计算机系统将全球各个分公司的存货数据联系在一起，各分公司与美国总部直接联机，详细储存每项产品的生产日期、销售数量、库存状态、有效日期、存放位置、销售价值、成本等数据。有关数据通过数据专线与各批发中心直接联机，使总部及仓库能及时了解各地区、各地店铺的销售和存货状况，并按各店铺的实际情况及时安排补货。在仓库库存不足时，公司的库存及生产系统亦会实时安排生产，并预订补给计划，以避免个别产品出现断货情况。

思考题

安利降低成本的策略哪些具有普通适用性？

本章小结

本章首先讲述了电子商务物流成本的含义；其次从多个角度对电子商务物流成本的类别进行了剖析；最后详细论述了电子商务物流成本的核算和管理的方法与途径。

思考与练习题

（1）电子商务物流成本的含义是什么?

（2）物流企业的物流成本包含哪些内容?

（3）电子商务物流成本的核算方法有哪些?

（4）电子商务物流成本管理有什么作用?

（5）可通过哪些途径来降低电子商务物流成本?

第7章

电子商务物流管理

学习目的

- 理解电子商务物流管理的含义、原则；
- 掌握电子商务物流管理的内容。

工作任务

电子商务到底需要什么样的物流经理人

电商物流经理人作为负责整个企业物流供应的“掌舵人”，将销售收到的订单或供货预测，转换为近期公司的主导生产供货计划等，组织安排相应的配送计划等并保证满足客户的需求。由此可见，电商物流经理人对于电商行业的发展具有非常重要作用。其主要表现在两个方面：第一，电商物流经理人需要与其他部门保持密切的联系，协调各部门的计划衔接；第二，电商物流经理人要参与企业战略性决策。

由于电商物流活动提供的产品是无形的物流服务，而这种服务对象的客户千差万别，为了使不同的客户满意，必须要有不同管理模式和竞争方式，这对于从事物流管理的高层经理们提出相当难度的挑战。

首先，物流经理人要熟悉操作层面事务，应该掌握理论知识和操作方法，最好具有比较丰富的操作经验，这样有利于管理下属。

电商物流要求物流经理人不能只有一种单一的物流知识、物流技能，而是要有一种综合的技能、综合的知识。这就要求物流经理人懂对象、手段，又要懂国家的政策。从劳动手段来讲，从IT到各种各样的技术都要懂，这是电商物流经理不同于一般的产品销售经理，或者高于产品销售经理的重要一点。

其次，为了有利于和其他部门沟通与协调，电商物流经理除了需要具备沟通与协调能力以外，还需要对业务有全面的了解。

电商物流经理人需要对企业性质、服务特性方面有细致的了解，对电商物流中出现的问题能够对症下药，根据市场的需求做出迅速反应。

请思考：

企业对电商物流经理人有什么要求？如何培养与管理这样的人才？

7.1　电子商务物流管理概述

7.1.1　电子商务物流管理的含义

电子商务物流管理是指在社会再生产过程中，根据物质资料实体流动的规律，应用管理的基本原理和科学方法，对电子商务物流活动进行计划、组织、指挥、协调、控制和决策，使各项物流活动实现最佳协调与配合，以降低物流成本、提高物流效率和经济效益。

简而言之，电子商务物流管理就是通过研究并利用电子商务下物流规律对物流全过程、各环节和各方面的管理。电子商务物流管理主要包括对物流过程的管理、对物流要素的管理和对物流活动中具体职能的管理。

1. 对物流过程的管理

（1）运输管理

它是指运输方式及服务方式的选择。例如，一家网上零售店，在选择送货方式时，有自己送货、邮政送货、快递送货、专业物流公司送货等各种方式。管理者就必须考虑客户要求的时间、商品性质、客户距公司的地理位置等因素来选择合适的送货方式。运输管理另一方面就是运输路线的选择，选择运输路线要考虑运量尽可能少，这就要求较小的运输距离，同时还要考虑路线的车流量等问题。解决方法可以用最短路、最大流、节约里程法等数学模型进行。运输管理最后一个内容是车辆调度和组织，电子商务物流管理主要是利用现代电子商务技术进行科学的车辆指派、作业任务安排及交接事项控制等。

（2）储存管理

电子商务既需要建立因特网网站，又需要建立或具备物流中心，而物流中心的主要设施之一就是仓库及附属设备。需要注意的是，电子商务服务提供商的目的不是要在物流中心的仓库中储存商品，而是要通过仓储保证开展市场分销活动，同时尽可能降低库存占压的资金，从而减少储存成本。因此，提供社会化物流服务的公共型物流中心需要配备高效率的物流分拣、传送、储存、拣选设备。在电子商务方案中，可以利用电子商务的信息网络，尽可能多地通过完善的信息沟通，将实物库存暂时用信息代替，即将信息作为虚拟库存（Visual Inventory，VI），解决的办法是建立需求端数据自动收集系统（Automated Data Collection，ADC）；在供应链的不同环节采用EDI交换数据，建立因特网，为用户提供Web服务器，以便于数据实时更新和浏览查询；一些生产厂商和下游的经销商、物流服务商共用数据库，共享库存信息等，目的都是尽量减少实物库存。那些能将供应链上各环节的信息系统有效集成并能利用以尽可能低的库存以满足营销需要的电子商务方案提供商将是竞争的真正领先者。

（3）装卸搬运管理

它是指装卸搬运系统的设计、设备规划与配置和作业组织等。装卸搬运系统的设计主要是指装卸搬运的路线、方式、程序与工艺等方面的综合设计。电子商务的装卸搬运管理强调装卸搬运的工作量最小化、均衡化和无缝链接。

（4）包装管理

它是指包装容器和包装材料的选择与设计，包装技术和方法的改进，包装系列化、标准化、自动化。电子商务物流包装管理的重点是系列化、标准化、自动化。

（5）流通加工管理

它是指加工场所的选定、加工机械的配置、加工技术与方法的研究和改进。

（6）配送管理

它是指配送中心选址及系统优化布局。配送中心选址要考虑企业在电子商务下的生产模式和顾客服务战略。企业生产模式是备货型还是按订单生产，如果是按订单生产则需要供应商建立在企业周围，原材料配送中心尽可能选择离企业比较近，从而减少供应不确定性。如果企业虚拟生产，如耐克、美特斯邦威这些企业则要考虑配送中心尽可能实现生产的同步化、销售的及时化。配送管理另一方面是指配送作业流程的制定与优化。电子商务的配送作业流程强调的是如何与客户加强信息沟通，减少需求的不确定性，并根据不同种类的货物来制定不同的作业流程。

（7）物流信息管理

它是指对反映物流活动内容的信息、物流要求的信息、物流作业的信息和物流特点的信息所进行的收集、加工、处理、存储和传输。

（8）客户服务管理

它是指对于物流活动相关服务的组织和监督，如调查和分析顾客对物流活动的反映，决定顾客所需要的服务水平和项目等。电子商务的客户服务更强调个性化，如何建立客户的档案、根据不同的客户需求确定不同的服务模式已成为客户服务管理的一个重点。

2．对物流要素的管理（见表 7-1）

表 7-1　对物流要素的管理

物流要素	管理的具体内容
人	物流从业人员的选用和录用；物流专业人才的培训与提高；物流教育和物流人才培训规划与措施的制定
物	“物”指的是物流活动的对象，即物质资料实体，涉及物流活动诸多要素，即物的运输、储存、包装、流通加工等
财	指物流管理中有关降低物流成本、提高经济效益等方面的内容，包括物流成本的计算与控制、物流经济效益指标体系的建立、资金的筹措与运用、提高经济效益的方法等
设备	指对物流设备进行管理，包括对各种物流设备的选型与优化配置；对各种设备的合理使用和更新改造；对各种设备的研制、开发与引进
方法	指各种物流技术的研究、推广及普及，物流科学研究工作的组织与开展，新技术的推广及普及，现代管理方法的应用
信息	掌握充分的、准确的、及时的物流信息，把物流信息传递到适当的部门和人员中，从而根据物流信息做出物流决策

3．对物流活动中具体职能的管理（见表 7-2）

表 7-2　对物流活动中具体职能的管理

物流职能	管理的具体内容
物流战略	是为了达到某个目标，物流企业或职能部门在特定的时期和特定的市场范围内，根据企业的组织机构，利用某种方式，向某个方向发展的全过程管理。物流战略具有全局性、整体性、战略性、系统性的特点
物流业务	主要包括运输、仓储保管、装卸搬运、包装、协同配送、流通加工及物流信息传递等基本过程
物流企业	主要有合同管理、设备管理、风险管理、人力资源管理和质量管理等
物流经济	主要涉及物流成本费用管理、物流投资/融资管理、物流财务分析及物流经济活动分析
物流信息	主要有 MIS（管理信息系统）、物流 MIS 与电子商务系统的关系及物流 MIS 的开发与推广

7.1.2　电子商务物流管理的原则

物流向一体化、供应链管理方向发展是电子商务物流管理的基本指导思想。依据一体化的思想和我国物流管理的实际情况，电子商务的物流管理应遵循下述原则。

1．系统化原则

系统化原则就是强调电子商务物流管理应从物流系统整体出发进行管理。具体表现为：物流方案的制定必须从物流的运输、仓储、装卸搬运、流通加工、配送、包装等整体考虑，而不能单独考虑某一功能要素；物流的计划、组织、执行与控制必须从供应链整体最优的角度进行，而不仅仅从某个企业最优角度为出发点进行。这就要求通过电子商务的信息网络实施协同化运作，同时要求企业在制定物流管理的绩效考核指标时必须从系统角度出发进行考核。

2．标准化原则

电子商务物流管理要进行系统化管理，前提之一是必须首先实施标准化。电子商务物流管理涉及环节较多、范围较广、参与者较多，这就要求企业与企业之间的信息传递、物流作业设施设备、物流作业流程、物流作业单证等进行标准化。只有在社会范围内建立一个系统的、大家都认可的标准，物流管理才能实现系统化管理。

3．服务化原则

服务化原则是指电子商务物流管理必须树立服务的理念，强调在最合适的时间、利用合适的方式把合适的产品以合适的数量、合适的质量和合适的成本送达最合适的顾客［7R（Right Time, Right Mode, Right Products, Right Quantity, Right Quality, Right Cost, Right Customer）］。这就要求管理人员在制定服务策略的时候必须考虑顾客需求、产品特性等，在满足顾客要求的基本服务能力上尽可能创造更多的增值服务，从而不断提高服务水平。

7.1.3 电子商务物流管理的职能

电子商务物流管理和任何管理活动一样，其职能包括组织、计划、协调、指挥、控制、激励和决策（见表7-3）。

表7-3 电子商务物流管理的职能

职 能	工作内容
组织职能	确定电子商务物流系统的机构设置、劳动分工和定额定员；配合有关部门进行物流空间组织和时间组织的设计；对电子商务物流中的各项职能进行合理分工，使各个环节的职能进行专业化协调
计划职能	主要是编制和执行年度电子商务物流的供给和需求计划、月度供应作业计划、电子商务物流各环节的具体作业计划（如运输、仓储等）、物流营运相关的经济财务计划等

续表

职　能	工作内容
协调职能	除电子商务物流业务运作本身的协调功能外，更需要进行物流与商流、资金流、信息流之间的协调，以保证电子商务用户的服务要求
指挥职能	物流过程是物资从原材料供应者到最终消费者的一体化过程，指挥就是物流供应管理的基本保证，涉及物流管理部门直接指挥下属机构和直接控制的物流对象，如产成品、在制品、待售和售后产品、待运和在运货物等
控制职能	由于电子商务涉及面广，其物流活动的参与人员众多、波动大，所以物流管理的标准化、标准的执行与监督及偏差的发现与矫正等控制职能应具有广泛性和随机性
激励职能	主要是电子商务物流系统内职员的挑选与培训、绩效的考核与评估、工作报酬与福利、激励与约束机制的设计
决策职能	电子商务物流管理的决策更多与物流技术挂钩，如合理定额的决策及采购量和采购时间决策等

7.2　电子商务物流管理的内容

物流实践

7-11 电子商务物流的发展过程

7-11 这个名字来自遍布全球的便利名店 7-11，名字的来源是这家便利店在建立初期的营业时间是从早上 7 点到晚上 11 点，后来这家 70 多年前发源于美国的商店成为全球最大的便利连锁店，在全球 20 多个国家拥有 2.1 万家左右的连锁店。

一家成功的便利店背后一定有一个高效的物流配送系统，7-11 从一开始采用的就是在特定区域高密度集中开店的策略，在物流管理上也采用集中的物流配送方案，这一方案每年大概能为 7-11 节约相当于商品原价 10%的费用。

配送系统的演进：一间普通的 7-11 连锁店一般只有 100～200 平方米大小，却要提供 2000～3 000 种食品，不同的食品有可能来自不同的供应商，运送和保存的要求也各有不同，每种食品又不能短缺或过剩，而且还要根据顾客的不同需要随时能调整货物的品种，种种要求给连锁店的物流配送提出了很高的要求。一家便利店的成功，很大程度上取决于配送系统的成功。

7-11 的物流管理模式先后经历了 3 个阶段 3 种方式的变革。起初，7-11 并没有自己的配送中心，它的货物配送是依靠批发商来完成的。以日本的 7-11 为例，早期日本 7-11 的供应商都有自己特定的批发商，而且每个批发商一般都只代理一家生产商，这个批发商就是联系 7-11 及其供应商间的纽带，也是 7-11 和供应商间传递货物、信息和资金的通道。供应商把自己的产品交给批发商以后，对产品的销售就不再过问，所有的配送和销售都会由批发商来完成。对于 7-11 而言，批发商就相当于自己的配送中心，它所要做的就是把供应商生产的产品迅速有效地运送到 7-11 手中。为了自身的发展，批发商需要最大限度地扩大自己的经营，尽力向更多的便利店送货，并且要对整个配送和订货系统做出规划，以满足 7-11 的需要。

渐渐地，这种分散化的由各个批发商分别送货的方式无法再满足规模日渐扩大的 7-11 便利店的需要，7-11 开始和批发商及合作生产商构建统一的集约化的配送和进货系统。在这种系统之下，7-11 改变了以往由多家批发商分别向各个便利店送货的方式，改由一家在一定区域内的特定批发商统一管理该区域内的同类供应商，然后向 7-11 统一配货，这种方式称为集约化配送。集约化配送有效地降低了批发商的数量，减少了配送环节，为 7-11 节省了物流费用。

配送中心的好处：特定批发商（又称为窗口批发商）提醒了 7-11，何不自己建一个配送中心？与其让别人掌控自己的经脉，不如自己把自己的脉。7-11 的物流共同配送系统就这样浮出水面，共同配送中心代替了特定批发商，分别在不同的区域统一集货、统一配送。配送中心有一个计算机网络配送系统，分别与供应商及 7-11 店铺相连。为了保证不断货，配送中心一般会根据以往的经验保留 4 天左右的库存，同时，中心的计算机系统每天都会定期收到各个店铺发来的库存报告和要货报告，配送中心把这些报告集中分析，最后形成一张张向不同供应商发出的订单，由计算机网络传给供应商，而供应商则会在预定时间之内向中心派送货物。7-11 配送中心在收到所有货物后，对各个店铺所需要的货物分别打包，等待发送。第 2 天一早，派送车就会从配送中心鱼贯而出，择路向自己区域内的店铺送货。整个配送过程就这样每天循环往复，为 7-11 连锁店的顺利运行修石铺路。

配送中心的优点还在于 7-11 从批发商手上夺回了配送的主动权，7-11 能随时掌握在途商品、库存货物等数据，对财务信息和供应商的其他信息也能握于股掌之中，对于一个零售企业来说，这些数据都是至关重要的。

有了自己的配送中心，7-11 就能和供应商谈价格了。7-11 和供应商之间定期会有一次定价谈判，以确定未来一定时间内大部分商品的价格，其中包括供应商的运费和其他费用。一旦确定价格，7-11 就省下了每次和供应商讨价还价这一环节，少了口舌之争，多了平稳运行，7-11 为自己节省了时间也节省了费用。

7.2.1　组织管理

1．电子商务物流管理的组织模式

物流系统组织机构设计的科学化、合理化是物流系统正常运行的前提和基础。因此，电子商务物流组织管理是整个电子商务物流管理的首要环节。如果说组织设计是物流管理的静态组织，那么组织管理则是物流组织体系的运行过程，即组织体系是对物流过程的动态管理，功能是使物流系统的各组成部分按照明确的业务分工、核准无误地执行各自的职能，从而保证物流总体活动的系统协调进行。在构建电子商务物流管理组织模式时，要充分考虑电子商务物流系统的内外环境，遵循协作分工、集权和分权结合的原则，合理确定管理宽度和管理层次。一般的电子商务物流组织管理有以下几种。

（1）集权型的集中管理组织模式

集权型的集中管理模式是指电子商务物流的全部商品和物流流程集中交由第三方物流公司实施统一计划、统一订购、统一保管、统一分配、统一调度、统一控制。这种方式有利于实施专业化分工协作管理，降低流通费用；统一的计划、订购和调度也有助于仓储设施的机械作业现代化，提高物流设施的利用效率。同时，集权型的集中管理组织模式要求电子商务物流企业有先进完善的物流信息系统、灵敏高效的指挥调度系统、训练有素的专业队伍。

（2）集分权相结合的分级/分散管理组织模式

集分权相结合的分级/分散管理组织模式是指电子商务物流企业设置物流管理中枢机构，并在中枢机构的领导下划分物流类别，按照不同的管理层次进行分级管理。这种方式可以调动基层单位和人员的积极性，但是物流成本过高，经济效益较差。

（3）分权型事业部集中管理组织模式

分权型事业部集中管理组织模式是指物流机构是电子商务公司的一个事业部，同时是一个利润中心，实行企业化或准企业化的管理。

（4）集分权相结合的各事业部分散管理组织模式

集分权相结合的各事业部分散管理组织模式不是按照供应链划分事业部门，而是按照物流的性质划分事业部门，每类产品的物流由使用或管理该类产品的部门负责，这种管理组织模式是低层次的。

2．组织机构的重组

在组织机构上，早期的企业物流运作是分立的。后来，企业物流组织向集中管理阶段演变，即由企业物流总部或物流分公司专营企业物流，与之相应，物流运作集中在两类，即物料管理和物资配送。企业物流业务类型如图 7-1 所示，其管理结构如图 7-2 所示。到了 20 世纪末和 21 世纪初，企业物流管理将所有的物流运作有机结合在一起，并通过现代

信息技术进行物流规划、运作、控制以实现物流一体化。

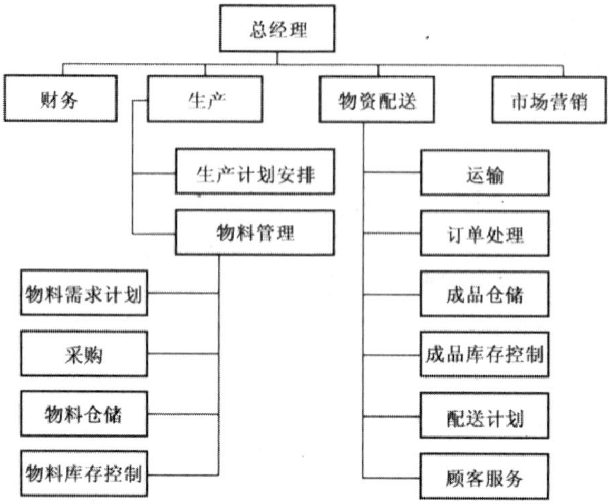

图 7-1　企业物流业务类型

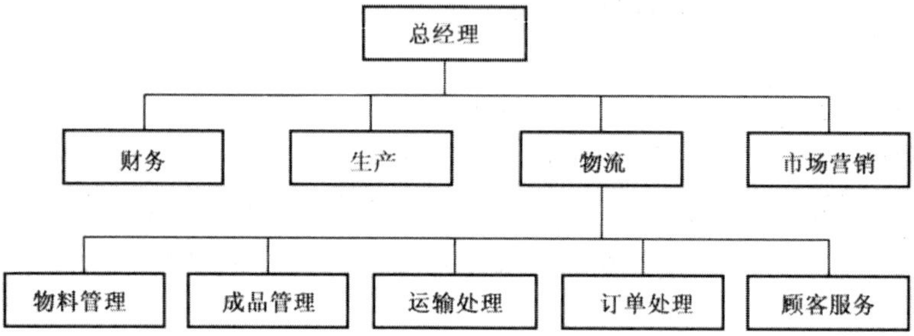

图 7-2　企业物流管理结构

物流一体化的目的在于将原料、配件、产成品的流通进行战略管理，以最优的方式、最快的速度来满足顾客需求，实现物流低成本、高效率目标。组织机构是实现物流一体化的保证。典型的物流一体化的组织机构如图 7-3 所示。

从图 7-3 中可以看出，计划与控制在最高运作层次上，对实现物流一体化起着至关重要的作用。计划立足于长期、远期的战略定位，同时对整个物流系统的优劣进行评价、改进、重组，以达到物流系统合理化；控制定位于为服务的绩效和降低成本上，为管理决策提供信息。计划与控制两个部门下是 3 个并行的物流部门，即物流运作、物流支持与物流资源计划。将采购、制造、配送统一到物流运作上来，使产、供、销协同进行，这对物流一体化的实施是十分有效的。将物流功能即包装、装卸、仓储、库存控制与运输设施统一在物流支持模块下，管理、协调、组织每日的物流工作，强调了系统整体的服务效果。物流资源计划模块是以市场调查与预测为依据的，以订单为龙头，来拉动人力、财力、时间的计划并与生产协调。

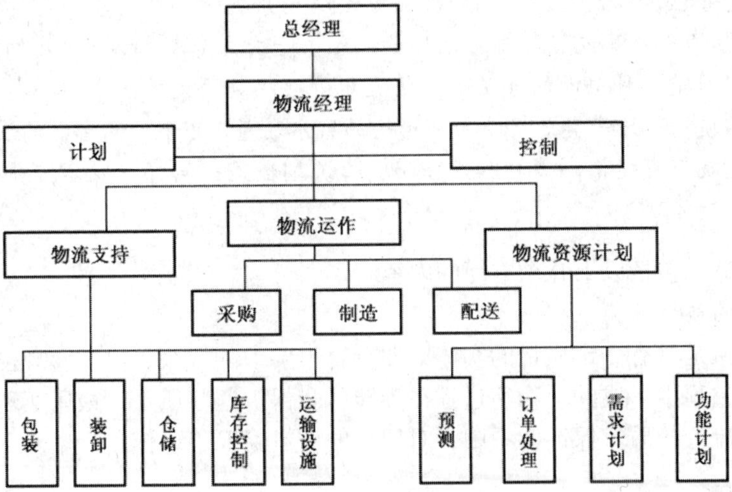

图 7-3 物流一体化的组织机构

7.2.2 业务管理

电子商务物流业务管理主要包括 11 个部分，分别是电子商务物流运输配送管理、电子商务物流仓储管理、电子商务物流运输管理、电子商务物流调度管理、电子商务物流货运代理管理、电子商务物流报关管理、电子商务物流采购管理、电子商务物流结算管理、电子商务物流合同管理、电子商务物流客户关系管理和电子商务物流数据交换。

7.2.3 质量管理

1. 电子商务物流质量的概念和内容

长期以来，在物流行业中的传统思想，数量观念是非常牢固的，而质量意识却很淡薄。物流概念中，强调解决产/需在时间、空间的分离，从而创造出时间及场所效用，但是人们在理解时往往以商品的量来补足产/需之间的差额，因此忽视了在创造时间及场所效用中质量的作用。物流过程中丢失、损坏、变质、延误等事故，不仅使物流中货物数量受到损失，而且使货物质量损失，其结果是使物流本身和企业经营活动两方面都受到挫折。

物流质量低劣会使物流企业、承担物流责任的生产企业和公司、销售企业等各类企业遭受赔偿损失的支出；处理索赔的行政、法律实务的支出；收回、更新在发送时被退回货物的支出；时间延误的机会及利息损失；公司的信誉损失、订货减少、合同条款不利的问题，并由此给企业带来的损失。

相关链接 物流质量管理简述

物流质量管理可以定义为“用经济的办法向用户提供满足要求的物流质量的手段体系”。物流质量的概念既包括物流对象质量，又包括物流手段、物流方法的质量，还包含工作质量，因而是一种全面的质量观。物流质量可以做两大类区分，一类是反映现实物流工作的基本质量；另一类是反映长远影响的战略质量。当然，两者之间没有绝对界限，一个基本质量就有可能使用户增加信任而决心长期合作；同样，战略质量也需要在一个基本操作中才能体现。

物流质量概念包括以下几个方面的内容。

（1）商品的质量

物流的对象是具有一定质量的实体，即有合乎要求的等级、尺度、规格、外观。这些质量是在生产过程中形成的，物流过程在于转移和保护这些质量，最后实现对用户的质量保证。在当代流行的质量保证体系中，对用户的质量保证不仅依赖于生产，而且也依赖于流通。

（2）物流服务质量

物流业有极强的服务性质，有些国家将物流过程中的运输业完全划分入第三产业，说明其性质主要在于服务。物流业作为一种服务性行业，因为提供的产品就是服务，所以整个物流的质量目标就是服务质量。在质量管理的 8 项原则中，以顾客为中心、过程方法、持续改进 3 个原则对于物流企业提高服务质量、达到顾客满意，具有非常重要的意义。

（3）物流工作质量

物流工作质量是指物流各环节、各工种、各岗位具体工作的质量。物流工作质量和物流服务质量是两个有关联又不相同的概念，因为物流服务质量水平取决于各个工作质量总和，所以，工作质量是物流服务质量的保证和基础。重点抓好工作质量，物流服务质量也就有了一定程度的保障。实现物流服务质量，要确定具体的工作要求，以质量指标形式确定下来作为工作质量目标。这是将物流服务总的目标质量分解成各个工作岗位可以具体实现的质量，是提高服务质量所做的技术、管理、操作等方面的努力。工作质量具体表现和反映在各环节、各工序的质量，由于物流系统的庞杂，工作质量内容也十分庞大。

（4）物流工程质量

物流和产品生产的情况类似，物流质量不仅取决于工作质量，而且取决于工程质量，优良的工程质量是物流质量的保证。好的工程质量是在整个物流过程中形成的一项能够“事前控制”的物流质量，预防物流造成的不良产品，因此，必须对影响物流质量的各个因素进行有效控制。这些因素可以归纳为 6 个方面，如表 7-4 所示。

表 7-4　影响物流工程质量的因素

影响因素	具体内容
人	包括人的知识结构、能力结构、技术熟练程度、质量意识、责任心等反映人的素质的各项要求
体制	包括领导方式、组织机构和工作制度等方面
设备	包括物流各项装备技术水平、设备能力、设备实用性、设备保养状况及设备配套性等
工艺方法	包括物流流程、配置设备组合及工艺操作等
计量与测试	包括计量、测试、检查手段和方法
环境	包括物流设施规模、水平、湿度、温度、照明、噪声、卫生条件等

以上 6 个因素在物流过程中同时对产品质量发生影响，需要设计、建设、培训等方式创造条件，因而将这些方面的因素通称为工程。提高工程质量，是进行物流质量管理的基础工作，能够提高工程质量，从而能够做到以预防为主的质量管理思想。

2．电子商务物流质量管理的特点

（1）管理的对象全面

电子商务物流质量管理不仅管理物流对象本身，而且还管理工作质量和工程质量，最终对成本及交货期起到管理作用，具有很强的全面性。

（2）管理的范围广泛

电子商务物流质量管理对物流对象的包装、装卸搬运、储存、运输、配送及流通加工等若干过程进行全过程质量管理，同时又是对产品在社会再生产全过程中进行全面质量管理的重要一环。在这个全过程中，必须一环不漏地进行全过程管理才能保证最终的物流质量，达到目标管理。

（3）全员参与管理

要保证电子商务物流质量，就涉及有关环节的所有部门和所有人员，必须依靠各个环节中各部门和广大职员的共同努力。物流管理的全员性，正是由物流的综合性、物流质量问题的重要性和复杂性所决定的，它反映了质量管理的客观要求。

3．电子商务物流质量指标体系

根据物流系统的产出，可将物流质量划分为物料流转质量和物流业务质量两个方面。

（1）物料流转质量

物料流转质量是对物流系统提供的物品数量、质量、时间、地点上的正确性评价。

1）数量的正确性：数量的正确性是指物流过程中物品的实际数量与要求数量的符合程度。常见的指标包括仓储物品盈亏率、错发率等。

2）质量的正确性：质量的正确性是指物流过程中物品的实际质量与要求质量的符合程度。常见指标有仓储物品完好率、运输物品完好率、进货质量合格率等。

3）时间的正确性：时间的正确性是指物流过程中物品流动的实际时间与要求时间的符合程度。常见指标有及时进货率、及时供货率等。

4）地点的正确性：地点的正确性是指物流过程中物品流向的实际地点与要求地点的符合程度。常见的指标有错误送货率等。

（2）物流业务质量

物流业务质量是对物流系统所进行的物流业务在时间、数量上的正确性及工作上的完善性的评价。

1）时间上的正确性：时间的正确性是指物流过程中物流业务在时间上实际与要求的符合程度。常见的指标有采购周期、供货周期、发货故障平均处理时间等。

2）数量的正确性：数量的正确性是指物流业务在数量上实际与要求的符合程度。常见指标有采购计划完成率、供应计划完成率、供货率、订货率等。

3）工作的完善性：工作的完善性是指物流过程中物流业务工作的完善程度。常见指标有对用户问讯的响应率、用户特殊送货要求的满足率、售后服务的完善性等。

物流实践

精益六西格玛物流

精益六西格玛是一种方法，通过提高客户满意度、降低成本、提高质量、加快流程和改善资本投入，使股东价值实现最大化。精益六西格玛能够更有效地直接降低成本，效果远胜于以往的任何改进方法，关键在于它同时兼顾了质量和速度两个因素。

把精益思想和六西格玛方法应用到物流领域就有了精益六西格玛物流，这样就有机会来降低物流网络的成本，并且提高物流网络的绩效质量。精益六西格玛能为物流网络提供下面的功能：

- 是一种战略，能够在生产设备刚好用完特定零件后，将原材料添加到生产设备中。
- 实际上是一种配送职能，它只生产定购的产品，而且它的补充库存只用来替代已销售的货物。
- 能够帮助你平衡需求和资源，并且帮助你减少供应链各阶段的库存。
- 运输设计和交付频率。

7.2.4　电子商务物流的人力资源管理

1．人力资源管理的含义与作用

对人的管理或以人为本的管理将是电子商务物流管理的方向与重点。所谓人力资源管理，是指为了实现既定目标，采用计划、组织、指挥、激励、控制等有效措施，充分开发和利用组织系统中的人力资源，所进行的一系列活动的总称。它是研究组织中人与人的关系调整，人与事的配合，充分开发人力资源，挖掘人的潜力，调动人的积极性，提高工作效率，实现组织目标的理论、方法、工具和技术。

2．人力资源管理的主要内容

人力资源管理的主要内容：人力资源规划、职务设计与职务分析、人才测评、招聘与选择员工、员工培训与开发、绩效评价、工资福利与劳资关系。

案例分析

亚马逊物流促销策略研究启示

全球最大的网上书店亚马逊网上书店于 2002 年开始赢利，这是电子商务发展的喜讯。美国亚马逊网上书店于 1995 年 7 月在美国开业以来，经历了 7 年的发展历程。到 2002 年年底，全球已有 220 个国家的 4 000 万网民在亚马逊网上书店购买了商品，亚马逊为消费者提供的商品数量总数已达到 40 多万种。随着近几年来在电子商务的发展受挫，许多追随者纷纷退出市场之时，亚马逊却顽强地经营了下来并脱颖而出，创造了令人振奋的业绩，2006 年销售额达 107 亿美元，成为全世界最大的电子零售商。

是什么成就了亚马逊今天的业绩？亚马逊的快速发展说明了什么？带着这一连串的疑问，探究亚马逊的发展历程，人们惊奇地发现，正是许多人称为是电子商务发展“瓶颈”和最大障碍的物流拯救了亚马逊，是物流创造了亚马逊今天的业绩。通过对亚马逊的生存和发展经历的研究带给现代企业有益的启示如下。

1．物流是其促销手段

在电子商务举步维艰的日子里，亚马逊推出了创新、大胆的促销策略——为顾客提供免费的送货服务，并且不断降低免费送货的门槛。免费送货极大地激发了人们的消费热情，使那些对电子商务心存疑虑、担心网上购物价格昂贵的网民们迅速加入亚马逊消费者的行列。物流对销售的促进和影响作用，在亚马逊的经营实践中得到了最好的诠释。

2．开源节流是其物流促销成功的保证

如前所述，亚马逊赢利的秘诀在于给顾客提供大额购买折扣及免费送货服务。然而

此种促销策略也是一把双刃剑：在增加销售的同时产生巨大的成本。如何消化由此而带来的成本呢？亚马逊的做法是在财务管理上不遗余力地削减成：本减少开支、裁减人员；适用先进便捷的订单处理系统降低错误率；整合送货和节约库存成本等。通过降低物流成本，相当于以较少的促销成本获得更大的销售收益，再将之回馈于消费者，以此来争取更多的顾客，形成有效的良性循环。当然这对亚马逊的成本控制能力和物流系统都提出了很高的要求。此外，亚马逊在节流的同时也积极寻找新的利润增长点，如为其他商户在网上出售新旧商品；与众多商家合作，向亚马逊的客户出售这些商家的品牌产品，从中收取佣金等方式，使亚马逊的客户可以一站式地购买众多商家的品牌商品及原有的书籍、音乐制品和其他产品，既向客户提供了更多的商品，又以其多样化选择和商品信息吸引众多消费者前来购物，同时自己又不增加额外的库存风险，可谓一举多得。这些有效的开源节流措施是亚马逊低价促销成功的重要保证。

3. 完善的物流系统是其生存与发展的命脉

在电子商务中，如果物流滞后、效率低、质量差，则电子商务经济、方便、快捷的优势就不复存在。所以完善的物流系统是决定电子商务生存与发展的命脉。分析众多电子商务企业经营失败的原因，在很大程度上是源于物流上的失败，而亚马逊的成功也正是得益于其在物流上的成功。亚马逊虽然是一个电子商务公司，但它的物流系统十分完善，一点也不逊色于实体公司。由于有完善、优化的物流系统作保障，它才能将物流作为促销的手段，并有能力严格地控制物流成本和有效地进行物流过程的组织运作。在这方面亚马逊的独到之处是以下几点。

（1）在配送模式上选择外包的方式

在电子商务中亚马逊将其国内的配送业务委托给美国邮政和UPS，将国际物流委托给国际海运公司等专业物流公司，自己则集中精力去发展主营和核心业务。这样既可以减少投资，降低经营风险，又能充分利用专业物流公司的优势，节约物流成本。

（2）将库存控制在最低水平，实行零库存运转

亚马逊通过与供应商建立良好的合作关系，实现了对库存的有效控制。亚马逊公司的库存图书很少，维持库存的只有200种最受欢迎的畅销书。一般情况下，亚马逊是在顾客下了买书订单后，才从出版商那里进货。购买者购买时即以信用卡向亚马逊公司支付书款，而亚马逊却在图书售出后46天后才向出版商付款，这就使得它的资金周转比其他传统书店要顺畅得多。由于保持了低库存，亚马逊的库存周转速度很快，并且从2001年以后越来越快。

（3）降低退货比率

虽然亚马逊经营的商品种类很多，但由于对商品品种选择适当，价格合理，商品质量和配送服务等方面都能满足顾客需求，所以保持了很低的退货率。传统书店的退书率

一般为 25%，高的可达 40%，而亚马逊的退书率只有 0.25%，远远低于传统的零售书店。极低的退货比率不仅减少了企业的退货成本，也保持了较高的顾客服务水平并取得了良好的商业信誉。

（4）为邮政发送商品提供便利，降低送货成本

在送货业务中亚马逊采取一种被称为“邮政注入”，的方式来降低送货成本。所谓“邮政注入”，就是使用自己的货车或由独立的承运人将整卡车的订购商品从亚马逊的仓库送到当地邮局的库房，再由邮局向顾客送货。这样就可以免除邮局对商品处理的程序和步骤，为邮局发送商品提供便利条件，同时也节约了自己的资金。据一家与亚马逊合作的送货公司估计，靠此种“邮政注入”方式节省的资金相当于头等邮件普通价格的 5%～17%，成本十分可观。

（5）根据不同商品类别建立不同的配送中心，提高配送中心的作业效率

亚马逊的配送中心按商品类别设立，不同的商品由不同的配送中心进行配送。这样做有利于提高配送中心的专业化程度，使作业组织简单化、规范化，既能提高配送中心的作业效率，又可以降低配送中心的管理和运转费用。

（6）采用组合包装技术，扩大运输批量

当顾客在亚马逊的网站上确认订单后，就可以立即看到亚马逊销售系统格局。例如，顾客所订商品是否有现货，以及选择的发运方式，估计的发货日期和送货日期等信息。如前所述，亚马逊根据商品的类别建立不同配送中心，所以顾客订购不同商品时需要从美国不同地点的不同配送中心发出。由于亚马逊的配送中心只保持少量的库存，所以在接到顾客订货后，亚马逊需要查询配送中心的库存，如果配送中心没有现货，就要向供应商订货。因此会造成同一张订单上商品有的可以立即发货，有的则需要等待，为了节省顾客等待的时间，亚马逊建议顾客在订货时不要将所需要等待的商品和有现货的商品放在同一张订单上。这样在发运时，承运人就可以将来自不同顾客的、相同类别的且配送中心也有现货的商品配装在同一货车内发运，从而缩短顾客订货后的等待时间，也扩大了运输批量，提高了运输效率，降低了运输成本。

（7）配送管理的科学化与规范化

完善的发货条款、灵活多样的送货方式及精确合理的收费标准体现出亚马逊配送管理的科学化与规范化。亚马逊的发货条款非常完善，在其网络上，顾客可以得到以下信息：送货时间的估算、免费的超级节约发运方式、需要特殊装卸和搬运的商品、包装物的回收、发运的特殊要求、发运费率、发运限制、订货跟踪等。亚马逊为顾客提供了多种可供选择的送货方式和送货期限。在送货方式上有以陆运或海运为基本运输方式的“标准送货”，也有空运方式。送货期限上，根据目的地是国内还是国外的不同，以及所订的商品是否有现货而采用标准送货、两日送货和一日送货等。根据送货方式、送货期限

及商品品种的不同，采用不同的收费标准，有按固定费率收取的批次费，也有按件数收取的件数费，还有按重量收取的费用。

亚马逊配送管理上的科学化、制度化和运作组织上的规范化、精细化，为顾客提供了方便、周到、灵活的配送服务，满足了消费者多样化需求。亚马逊以其低廉的价格、便利的服务在顾客心中树立起了良好的形象，增加了顾客的信任度，并增强了其对未来发展的信心。

亚马逊所带给人们的启示中最重要的一点就是物流在电子商务发展中起着至关重要的作用。如果中国的电子商务企业在经营发展中能将物流作为企业的发展战略，合理地规划企业的物流系统，制定正确的物流目标，有效地进行物流的组织和运作，那么对中国的电子商务企业来讲，亚马逊神话将不再遥远。

? 思考题

（1）亚马逊是如何解决由免费送货产生的财务成本的？

（2）亚马逊是如何达到“零库存”的？

（3）物流为亚马逊带来了哪些优势？

本章小结

本章首先对电子商务物流管理作了概述，介绍了其含义、原则与职能；其次重点从组织管理、业务管理、质量管理、人力资源管理几个方面讲述了电子商务物流管理的主要内容。

思考与练习题

（1）什么是电子商务物流管理？

（2）电子商务物流管理要素的管理包含哪些内容？

（3）电子商务物流管理的内容有哪些？

第 8 章

电子商务下的供应链管理

学 习 目 的

- 供应链管理基本概念;
- 供应链管理的方法;
- 供应链管理原则;
- 电子商务对供应链管理的影响;
- 电子商务供应链管理的内容和核心思想。

工作任务

解析三星独特的供应链模式

一、"三星模式"工业园

三星对供应链管理的重视可以追溯到其手机部成立伊始，当时，由于一些部件紧缺，三星无法及时供货，令网络运营商和其他客户大光其火，并且还错过了圣诞节促销的大好机会，损失惨重。这件事刺痛了三星的掌权者，此后相当长一段时间里，三星都把供应链管理作为重中之重，确保供应链的顺畅和强健。"三星模式"的思路成型于2003年，当时，正是全球电信市场的黄金季节，国际及国内手机市场需求旺盛，而此时也正是全球各大手机制造厂商们奋力一搏的时候，虽然三星已鼓足了劲，但老牌劲旅诺基亚、摩托罗拉与当时的爱立信、西门子等都十分抢眼，大家都铆足了力气扩大自己的生产份额。

一部手机，用到的零配件有几千个，模块则有数百个，对于三星这样实现大规模批量生产的企业，一年要生产数千万部手机，所需零配件量之大可以想象。虽然当时的三星已经拥有众多全球优秀的原材料、零部件供应商，但在世界许多国家，却缺乏一家成规模的供应商，时常不得不从国外直接进口相关零部件。于是，三星产生了成立一个工业园，把遍布全球、相对分散的供应商聚集在这个园区周边的想法。随后的一年中，三星模式的工业园分别在世界 7 个国家建立了起来，其中包括中国的北京。三星主动召集供应商和自己毗邻而居，把原来需要空运、海运等方式才能实现的原料和零部件的采购变得简易，节省了以前耗费很多的高端运输成本，库存成本几乎降至为零，从而能最高效地保证生产，提高自己的产能。

二、与最优秀的合作

2004 年 7 月，三星又在中国东莞建立了自己的物流中心。“三星模式”工业园是为整个工业园内的多家企业服务的，而东莞项目则是为三星一家企业服务的。”三星手机部一位负责人如实说。这个物流中心的运营管理，同样是由为“三星模式”工业园提供服务的跨国物流公司 rugel 来实施的。rugel 和三星已合作多年，而且一直是三星在全球的物流服务提供商，rugel 为三星提供全程服务，三星从物料采购、仓库管理到制成品分拨，全部由其一手操办，rugel 的核心能力在于库存控制、分销及供应链管理。据悉，最初，园区内客户选择 rugel 作为“三星模式”项目的物流服务提供商是希望与其交流工业园运作理念，rugel 继而将其在全球的类似操作中得到的最佳模式引入，包括在巴西为大众运作的供应链管理模式。三星在接到订单后，立即组织生产，24 小时内就要由物流中心发出成品。目前，在“三星模式”工业园已有超过 26 家三星配套供应厂商，围绕三星提供其所需的零配件，以保证及时生产、供货。为配合生产企业的需要，三星物流中心也实行 7 天 24 小时运作。rugel 使用目前世界最先进物流派送模式，由在园区内循环运转的电瓶拖车完成对所有园区企业的送货和收货手续，园区内货物的流转也将通过可循环使用的包装进行运送，这样不仅可以减少车辆闲置费用、包装费用。为了实现全园“零”库存的目标，园内各相关企业之间都设有网络连线，以保证物流和信息流的即时连接和直接沟通，有的配套厂商甚至准备专门建造直接通向三星组装厂厂房的超大型传送带。

三、做到处处监控

其实，“三星模式”工业园成功运作的关键在于有先进的信息系统作支撑。中央物流管理系 CSMS（The Central Services Management System）既是工业园的物流监管系统，也是中央管理平台，是支配园区内各项活动的“神经中枢”，对工业园中的生产企业、物流中心等成员，通过先进的计算机网络有机地结合在一起，从而大大简化相关环节的交流程序，同时也带给园区企业更强的竞争力。简单来讲，就是通过 CSMS，工业园变成了非保税区里的小保税区，整个工业园变成了一家“超级保税工厂”，物流企业变成了企业的物流部，物流中心则成为保税仓库。当地政府通过 CSMS 平台，可以随时登录到这个系统中，对工业园进行实时监督管理。实现了政府对企业的网络化管理，提高了政府的办事效率。对园区内企业来说，借助 CSMS，进出口业务从纸面报关变为网上报关，不需申请进出口手册，而生产计划登记、报关、清关等工作都可以在网上完成，办事手续从原来的 11 个减少到 6 个，大大提高了办事效率，降低了成本，而且，园区内企业实现了信息共享，整条供应链的可视性大大增强，总库存下降，供应链总体成本降低，竞争力提高。另外，在信息系统的支持下，把所有的供应商经过供应链整合系统进行整合之后，把供应商全部都集成在一起，在统一品牌的领导下，采用自动补货系统，供应商可以直接地了解到他的货品目前在生产企业的库存，可随时根据生产的情况进行补货，整个流程变得更加透明。

四、尝试直供模式

因为有了先进供应链管理思想下的成本控制，三星近年才能在全球手机市场上逐渐站稳脚跟。现在，除了发挥其传统的多层次、多渠道的分销体系的优势之外，三星更多地采用为零售终端直供产品来获取利润率。与分销模式相比，厂家直接供货给连锁渠道的直供模式在销售渠道上更加扁平，中间环节更少，但对于厂商的推广能力和售后水平要求更高。通过直供模式，厂商可以把自身对渠道的控制力直接延伸到销售终端，从而在一定程度上摆脱对代理商的依赖。

请思考：

三星在供应链管理方面有什么可借鉴之处？

8.1　供应链管理概述

8.1.1　供应链管理的兴起

20 世纪 90 年代以来，随着各种自动化和信息技术在制造企业中的不断应用，制造生产率已被提高到了相当高的程度，制造加工过程本身的技术手段对提高整个产品竞争力的潜力开始变小。为了进一步挖掘降低产品成本和满足客户需要的潜力，人们开始将目光从管理企业内部生产过程转向产品全部生命周期中的供应环节和整个供应链系统。不少学者研究得出，产品在全部生命周期中供应环节的费用在总成本中所占的比例越来越大。加拿大哥伦比亚大学商学院的迈克尔·特里西韦教授研究认为：对企业来说，库存费用约为销售额的 3%，运输费用约为销售额的 3%，采购成本占销售收入的 40%～60%；而对一个国家来说，供应系统占国民生产总值的 10%以上，所涉及的劳动力也占总值的 10%以上。另外，随着全球经济一体化和信息技术的发展，企业之间的合作正日益加强，跨地区甚至跨国合作制造的趋势日益明显。国际上越来越多的制造企业不断地将大量常规业务“外包”给发展中国家，而只保留最核心的业务（如市场、关键系统设计和系统集成、总装配及销售）。

相关链接 **供应链管理实例**

波音公司生产一架波音 747 飞机需要 400 万余个零部件，可这些零部件的绝大部分并不是由波音公司内部生产的，而是由 65 个国家中的 1 500 个大企业和 15 000 个中小企业提供的。我国的四大飞机工业公司这几年承担了波音 737/300、737/700、757、MD82、MD90-30 各机种的平尾、垂尾、舱门、机身、机头、翼盒等零部件的“转包”生产任务。同样，福特公司在马来西亚生产零部件后，要送至日本组装成发动机，然后再将发动机送至美国的总装厂组装成整车，最后汽车返回日本销售。美国克莱斯勒公司制造汽车使用的零部件有 2/3 是从外部获得的，它从 1 140 个不同的供应商那里购买 60 000 个不同的部件。我国一些运营良好的家电企业（如春兰空调公司）和高科技企业（如深圳华为公司）在其生产经营过程中也是把很多零部件生产任务外包给其他厂家（如春兰公司有近 100 家零部件协作厂）。

在合作生产的过程中，大量的物资和信息在很广阔的地域间转移、储存和交换，这些活动的费用构成了产品成本的重要组成部分，而且对满足顾客的需求起着十分巨大的作用。因此，有必要对企业整个原材料、零部件和最终产品的供应、储存和销售系统进行总体规划、重组、协调、控制和优化，加快物料的流动、减少库存，并使信息快速传递，时刻了解并有效地满足顾客需求，从而大大减少产品成本，提高企业效益。

对一个国家而言，供应系统也非常重要。在海湾战争中，多国部队在与伊拉克对战中，除了拥有先进的武器装备外，其整个军需物质的供应系统也非常高效有序。在制造业占国民经济重要地位的国家里，整个制造业零部件厂家的合理布置和协作体系的建立，对其经济发展是十分重要的。

因此，供应链管理（Supply Chain Management，SCM）作为一种新的学术概念首先在西方被提出来，很多人对此开展研究，企业也开始这方面的实践。世界著名的《财富》杂志，就将供应链管理能力列为企业一种重要的战略竞争资源。

8.1.2 供应链管理的内容

供应链是一种全球性的网络，它是指围绕着核心企业，从原材料获取到产品制造最后把产品送到顾客手中所经历的一系列过程。它包括了所有的合作伙伴，以及通过精心设计的物流、信息流和资金流，连接伙伴的各种方法。供应链活动起于顾客对产品的订购，终于顾客的付款行为。产品生成及其供需过程沿着供应商→制造商→分销商→零售商→顾客这个链条传播，直观地显示了产品流、信息流和资金流。

供应链管理就是指对整个供应链系统进行计划、协调、操作、控制和优化，其目标是要将顾客所需的正确的产品（Right Product）能够在正确的时间（Right Time）、按照正确的数量（Right Quantity）、正确的质量（Right Quality）和正确的状态（Right Status）送到正确的地点（Right Place），并使总成本最小。即把供应链中所有节点企业看作一个整体，供应链管理涵盖整个物流从供应商到最终用户的采购、制造、分销、零售等职能领域过程（见图 8-1）。

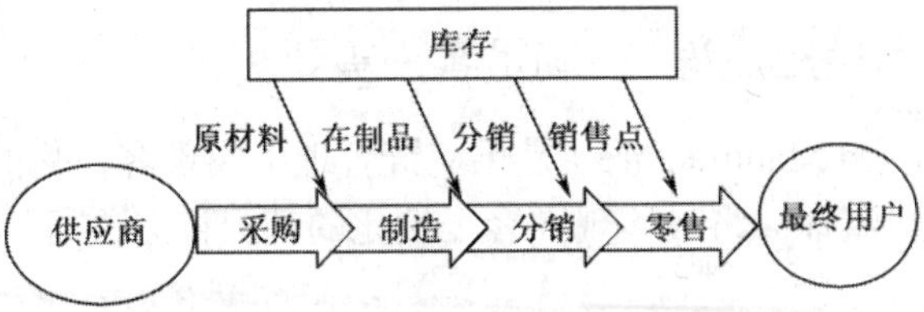

图 8-1　供应链管理的过程

企业供应链管理主要涉及以下 4 个领域：供应管理（Supply Management），生产计划（Production Schedule Plan），物流管理（Logistics Management），需求管理（Demand Management）（见图 8-2）。

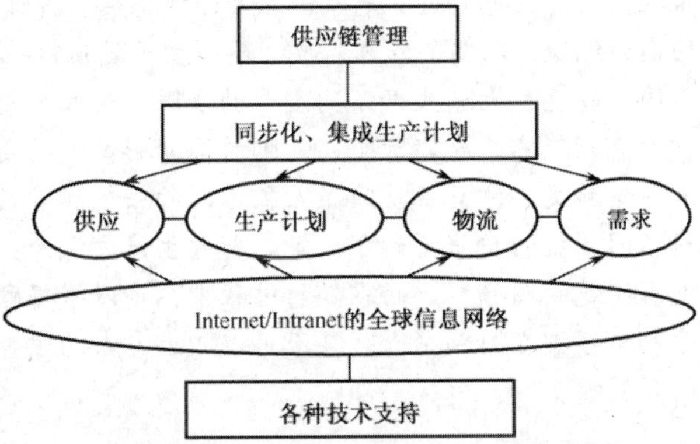

图 8-2　供应链管理涉及的领域

具体而言，包含以下内容：

1）物料在供应链上的实体流动管理。

2）战略性供应商和客户合作伙伴关系管理。

3）供应链产品需求预测和计划。

4）供应链的设计（全球网络的节点规划与选址）。

5）企业内部与企业之间物料供应与需求管理。

6）基于供应链管理的产品设计与制造管理、生产集成化计划、跟踪和控制。

7）基于供应链的客户服务和物流（运输、库存、包装等）管理。

8）企业间资金流管理（汇率、成本等问题）。

9）基于 Internet/Intranet 的供应链交互信息管理。

8.2 供应链管理的方法

8.2.1 重新规划供应流程——满足客户需要

推迟制造（Postponed Manufacture）是供应链管理中实现客户化的重要形式，其核心理念就是改变传统的制造流程，将最体现顾客个性化的部分推迟进行。

相关链接 美国贝纳通公司的生产流程

美国贝纳通制衣公司将某些生产环节推迟到最接近顾客需求的时间才进行生产。例如，对毛衣而言，顾客需求变化最快的主要是衣服的花色，而尺寸变化则相对较小。所以贝纳通制衣公司在生产毛绒衫时，先以一定规模生产的方式将其制成白毛衣(不染色)，然后等到快要投放市场之前再染色(而不是像传统上那样先染色再针织)，这样来保证衣服的花色符合当时的最新潮流，以满足顾客需要。再如生产圆领衫，在大量生产模式下，圆领衫的生产是采用同一花色，大量生产不同型号的衣服。其结果是，在街上人们所穿的圆领衫千篇一律，没有新鲜感。而实际上，人们对圆领衫型号的要求只有大、中、小 3 种，而上面所印的图案和文字才真正反映了人们不同的兴趣和爱好。新的廉价的速热印花技术，使人们对不同图案的爱好得到了满足。新的生产方式为：在服装厂生产出来的只是不同型号的没有印花的圆领衫。而在销售过程中，可以根据顾客的不同要求，现场将顾客喜爱的图案和文字印在圆领衫上，甚至可以印上本人的照片。这样顾客拿到的就是一件非常满意的圆领衫。

总之，在整个供应系统的设计中，应该对整个生产制造和供应流程进行重构，使产品的差异点尽量在靠近最终顾客的时间点完成，因而充分满足顾客的需要。这种对传统的制造流程进行重构的做法实际上与当前流行的企业业务流程重组（Business Process Reengineering，BPR）是一致的。

8.2.2　重新规划供销厂家分布——降低经营成本

这里要考虑的是供应和销售厂家的合理布局，因为这对生产体系快速、准确地满足顾客的需求、加强企业与供应和销售厂家的沟通与协作、降低运输及储存费用等起着重要的作用。

相关链接　　美国惠普公司的生产布局

传统的美国公司生产打印机时，是在美国本土生产主机部分，考虑到各国电源和插头型号的不同而将插头部分放在别国生产，然后将插头运回美国，在美国本土装配储存，最后运往其他国家；而美国惠普公司的做法则不同。例如，美国惠普公司给中国生产打印机时，是将打印机插头的生产放在深圳，当中国某地需要货时，打印机和插头分别从美国本土和深圳运往目的地，在那里的零售店组装，使打印机与插头的装配放在最接近客户的地点进行。这时，产品的储存和运输就与传统上单纯的储存和运输不同，在这里储运是增值的。

供应系统合理布局中需要考虑总装厂与目标市场的距离，以及总装厂与其零部件厂之间的距离。总装厂距离目标市场较近，可以迅速了解市场的变化及顾客的需求，并且能够大大降低运输及储存费用；总装厂与零部件供应厂家距离较近，可以使零部件供应厂家迅速了解总装厂在生产环节的改变及其在需求上的变化，并且便于厂家之间的信息沟通和合作关系的发展，同时也减少了储运成本。所以，当企业打算在其他地点开发新市场时，通常在新市场附近建设新的总装厂，并要求长期合作的零部件供应厂家在附近投资协作配套厂，或在当地与适当的厂家合作。

相关链接　　德国大众汽车公司在中国大陆的生产

德国大众汽车公司为了开发中国市场，在上海投资，合资建立了上海大众汽车有限公司。上海大众轿车所需国产零部件约 70%由上海的企业（含上海大众）供货，30%由外地企业供货。而东风汽车公司神龙轿车已定点的零部件企业有 44%在湖北，38%在以上海为中心的华东地区。

8.2.3　全球化虚拟供应链管理——作为一个整体运作

企业往往有很多的供应厂家，为了满足某个具体的用户目标，就必须对所有这些供应厂家的生产资源进行统一集成和协调，使它们能够作为一个整体来运作。这是供应链管理中的重要方法。

物流实践

在传统的供应链模式中，每个节点所管理并完成的都是“段落供应链”，没有一个节点能够统揽全局并与所有的节点相联系，整条供应链的价值正是散落在这样一个复杂关系网中的各个环节。而作为香港最大的出口贸易公司，利丰则跳出了这种典型的供应链模式，站在一个全局的角度对整条供应链进行管理，进而形成自身的核心优势。如果我们选取利丰的任何一个客户和利丰为之提供的供应链系统，我们会发现在这个系统中利丰成了一个集合点（Hub），发出订单的客户的任务被极大地简化了，通常只需要和利丰进行点对点的联系。不真正拥有任何一家实体工厂的利丰则通过对其他所有环节的整合，管理一条“虚拟”的供应链和“虚拟”的价值链，将散落在各个环节的价值收归于一身。

利丰贸易专注于供应链上游：即以美国、欧洲和日本为主要出口市场，以亚洲为主要采购基地，与全球客户直接签订供货合约并提供产品。利丰负责统筹管理整个以产品为中心的合作网络。在整体供应链的规划方面，利丰贸易对整条供应链的环节进行细分、分析与计划。另外，利丰贸易会选择有潜质的原材料供货商、工厂等在供应链中占据关键位置的企业，为他们提供融资，使供应链上供求双方的各个节点的企业能够以最佳状态运作。最终，将根据客户的需求，为每个订单打造一条最有效益的供应链，为客户提供具有成本竞争力的产品，并尽量缩短交付周期，提高响应速度。

利和经销（利丰集团下主要从事分销服务的公司）专注于供应链中游：即立足于亚洲，为进军亚洲市场的消费品及保健产品品牌拥有人提供包括营销、物流及制造三项核心业务的综合分销服务。作为协助供应商开发市场的批发商，利和经销区别于传统批发商的不同点主要在于，其负责统筹管理整条供应链。其更重视收集、处理和运用市场信息，帮助供应商了解市场趋势，根据产品的特性和目标客户，来设定产品种类的销售策略和计划，实现双方的共赢。

利丰零售专注于供应链下游：即负责将产品交送最终客户的过程，主要包括产品与零售服务，而其背后的物流管理是重要的支撑。利丰零售利用顾客相关数据，设计和制定满足客户的销售与服务策略，并通过整个流程的相互配合，提高效率并降低成本。

从上述实例可以看出，在当今全球经济一体化、企业之间日益相互依赖、用户需求越来越个性化的环境下，供应链管理正日益成为企业一种新的竞争战略。

8.3 电子商务与供应链管理

相关链接 企业中的电子商务供应链系统

1. 企业中电子商务供应链系统将迎来商业变革

企业内部存在物流、信息流、资金流的流动，企业与企业之间也存在这样的流动关系。在分工日趋细化、开放合作的时代，企业仅仅依靠自己的资源参与市场竞争往往处于被动局面。必须把同经营过程有关的多方面纳入一个整体的供应链中，这样每个企业内部的价值链就通过供应关系联系起来，成为更高层次、更大范围的网络供应链。供应链管理就是把这个供需的网络组织好。但传统的供应链管理仅仅是一个横向的集成，通过通信介质将预先指定的供应商、制造商、分销商、零售商和客户依次联系起来，这种供应链只注重内部联系，灵活性差，仅限于点到点的集成。这样成本高、效率低，而且供应链的一个环节中断了，则整个供应链系统都不能运行。

B2B 的电子商务模式弥补了传统供应链的不足，它不仅不局限于企业内部，而且还延伸到供应商和客户，甚至供应商的供应商和客户的客户，建立的是一种跨企业的协作，覆盖了从产品设计、需求预测、外协和外购、生产、分销、存储和客户服务等全过程。居于同一个供应链系统的厂商之间不再是零和，而是双赢。B2B 的电子商务模式带来了供应链管理的变革。它运用供应链管理思想，整合企业的上下游的产业，以中心生产厂商为核心，将产业上游供应商、产业下游代理商、物流运输商及服务商、零售商及往来银行进行垂直一体化的整合，构成一个电子商务供应链网络，消除了整个供应链网络上不必要的运作和消耗，促进了供应链向动态的、虚拟的、全球网络化的方向发展。它运用供应链管理的核心技术——客户关系管理（CRM），使需求方自动作业来预计需求，以便更好地了解客户，给他们提供个性化的产品和服务，使资源在供应链网络上合理流动来缩短交货周期、降低库存，并且通过提供自助交易等自助式服务以降低成本，提高速度和精确性，提高企业竞争力。

2. 电子商务供应链的 IT 建设

要想成功地实现 B2B 的电子商务供应链管理，需要许多 IT 管理系统的支持。B2B 供应链管理系统是一个由多种信息技术、管理技术和多种设施组成的复杂系统，根据国外的一项调查研究表明，在接受调查的管理人员中，80%的人认为信息技术的应用是推进 B2B 供应链管理系统的关键，有 87%的企业计划在当前的基础上增加信息技术上的投资。调查还了解到，改进整个供应链的信息精度、及时性和运行速度，被认为提高整个供应链绩效的必要措施。基于这种考虑，供应链管理战略的一个重要内容就是建立一个供应链运行的高效信息支持平台。

供应链管理涉及企业内外的许多功能领域，并且受这些领域之间相互沟通与作用的影响，信息技术是支持供应链管理完成这些功能的必需工具。在许多情况下，支持供应链业务中不同组成部分的信息技术是相互独立并各具特性和差异的，这是因为在过去的年代里，各种区域性的供应链局部要求和企业范围的整体要求所造成的。因此，当前的供应链能将这些不同信息技术和软硬件系统构建成一个结构合理的体系，更好地支持供应链的运行和管理，并且这种结构具有一种易于扩展的、可配置的、易于实现个性化的特点。传统的企业信息化管理是以企业内联网和ERP为核心的，当今的供应链管理系统在Internet技术的推动和支持下，已变为构建在电子商务基础之上的、以SCM软件为核心的、以多种信息技术（如RFID技术等）为辅助的体系结构。

基于Internet的供应链信息系统能帮助企业优化供应链的执行、降低成本并提高生产率和工作效率。其特点大概有以下几点。

（1）清晰的端到端的执行状态

系统组织跨越整个供应链的库存和信息以支持订单履行、生产运作和客户服务运作。及时的库存和订单状态意味着供应商能够迅速地做出正确的决策，较少错误并保证及时交付。可以把握的交付顾客不再满足仅仅只是通过一个Web产品目录获得产品介绍和产品价格信息。结合电子商务解决方案一起，让顾客能够知道他通过网络下的订单是否有货及何时可以交付，从而做出明智的购买决定。

（2）自动化的流水作业

系统可提供给供应商和买主一个可见的连线，当买主的库存低于安全库存，系统可以自动地向供应商发出订单并将产品交付给买主。

3. 快速的应变能力

物流和配送操作并不都是类似的，系统设计提供了一个开放的技术平台，使企业能够实行新的战略战术来提高货物的周转率，满足和发掘新的产品需求和增值服务。

8.3.1 以客户为导向的电子商务时代

随着全球经济一体化进程的加快，IT 技术发展特别是因特网技术的出现与广泛应用，使人类社会的发展发生了重大变化。从过去的工业经济时代进入到电子商务时代，有人称为知识经济时代，也有人称为新经济时代。

工业经济时代是生产能力不足和商品短缺的时代，在这种时代背景下，企业以“产品生产”为导向，产品的成本和质量是企业最主要的竞争手段，于是企业基于“劳动分工”原理建立自己的生产线，并追求大规模和标准化产品生产以取得市场竞争中的成本优势和利润最大化。

电子商务时代则是社会生产能力与商品过剩的时代，客户存在极大的商品选择空间和余地，而且表现出“个性化”的需求特征，在这种背景下，企业只能以“客户”为导向，多品种、小批量组织生产。产品的持续创新是企业最重要的竞争手段，“客户满意度”则是企业发展的最重要指标。企业能否快速响应客户的个性化的需求变化，决定了企业在激烈竞争的市场中能否生存和发展。企业供应链的导向如图 8-3 所示。

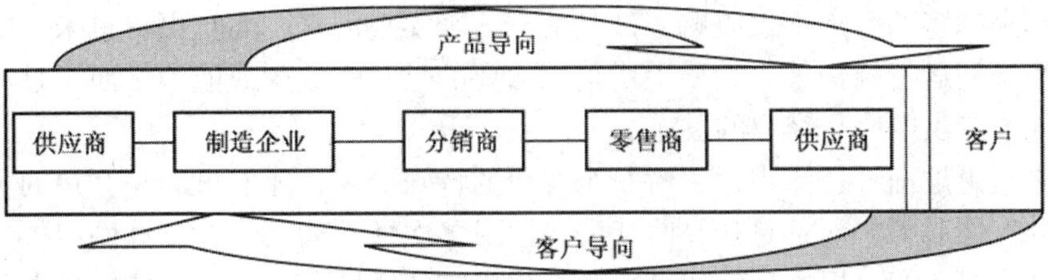

图 8-3　企业供应链的导向

8.3.2　企业供应链管理与电子商务的相互作用

企业资源计划（ERP）系统的出现满足了企业供应链管理的需要，它的推出及广泛的应用原本是为了帮助企业实现供应链管理，但在系统应用中很难突破不同企业之间的组织边界，即企业与企业之间仍难以通过信息的有效沟通，协同对市场做出快速反应。

随着因特网技术的不断发展和广泛应用，在因特网平台上基于 Web 技术的 ERP 系统及其最新发展为企业真正实现供应链管理提供了可能。一是基于因特网网络的采购管理，实现企业与供应商之间的网上采购业务管理；二是基于客户关系管理（CRM）系统，CRM 定位于产成品的整个营销过程的管理。系统包括市场活动、营销活动和售后服务三大环节的管理。借助 CRM 和系统集成应用，不仅实现了企业对供应链的管理，而且同时实现了自身的商务电子化。

在企业实现商务电子化的同时，商业主体之间交易的两大目标得到显著改善，即交易的便捷性得到显著提高；交易的成本大大下降。

电子化交易手段大大提高了交易主体的选择空间，同时加剧了全球经济一体化进程，交易主体的多对多关系推动了全球网络化供应链的形成。在全球网络化供应链中，交易主体在选择合适的交易对象时，由于数量剧增而影响了交易的效率，如每个零售商需要到很多企业的网站上下订单。在这种情况下，为了提升全球网络化供应链的运行效率，在交易主体之间按商品类别建立网上商场将大大提高交易效率，从而衍生出纯粹的电子商务企业，为交易的双方提供交易信息和交易平台服务。

8.3.3 电子商务对供应链的影响

在电子商务的商业环境下，网络上的企业都具有双重身份，既是客户又是供应商，是构成该供应链的一个元素。所有的企业都将面临更为严峻的挑战，它们必须在提高客户服务水平的同时努力降低运营成本。同时，因特网和电子商务也将使供应商与客户的关系发生重大的改变，其关系将不再仅仅局限于产品的销售，更多的将是以服务的方式满足客户的需求。越来越多的客户不仅以购买产品的方式来实现需求，而且更看重未来应用的规划与实施，系统的运行维护等，本质上讲他们需要的是某种效用或能力，而不是产品本身，这将极大地改变供应商与客户的关系。

企业必须更加细致、深入地了解每个客户的特殊要求，才能巩固与客户的关系，这是一种长期的有偿服务，而不是产品时代的一次或多次性的购买。在全球网络供应链中，企业的形态和边界将产生根本性的改变，整个供应链的协同运作将取代传统的电子订单，供应商与客户间信息交流层次的沟通与协调将是一种交互、透明的协同工作。一些新型的、有益于供应链运作的代理服务商将替代传统的经销商，并成为新兴业务，如交易代理、信息检索服务等，将会有更多的商业机会等待着人们去发现。这种全球网络供应链将广泛和彻底地影响并改变所有企业的经营运作方式。

1．为顾客提供直销

运用电子商务，制造商和供应链其他成员可以跳过中介机构直接向顾客销售产品，以增加收入；而在传统的渠道，他们不能与顾客发生直接的联系。中介机构的消失将降低成本。例如，戴尔公司直接在网上销售个人计算机，这样，公司能够提高收益，因为它不必与分销商分享利润。相比之下，通过零售商进行销售的个人计算机制造商，如康柏，则必须与分销商和零售商分享产品的边际利润，从而导致康柏公司的边际利润下降，最终导致公司被美国惠普公司收购。此外，通过因特网实现对顾客的直销也可以避免同零售商之间发生冲突。

2．提供 24 小时的服务

电子商务打破了公司与顾客之间的时间限制，运用电子商务，顾客可以随时通过网络发送订单。在零售店，顾客发出订单的同时也得到了产品；而在电子商务上，即便履行程序已经结束顾客仍可以发出订单。例如，即便附近的格雷杰商店已经打烊，顾客照样可以在网上向格雷杰发出订单，该公司可以在其店面关门之后仍能发现在线订单量的增多。

电子商务也打破了公司与顾客之间的地理距离限制。例如，芝加哥附近的一家小型专业零售店通过建立电子商务系统，可以为全美国甚至全世界的顾客提供服务，而不借助电子商务，只有本店附近的顾客才可能到该店购物。顾客只有通过因特网才能享受到电子商务的服务，而因特网并不随着个人住所迁移而改变。

3．汇集各种渠道的信息

电子商务通过提供大量可供选择的产品信息，来提高公司的营业收入。例如，戴尔公司向顾客提供大量可供选择的计算机。而零售店如果要展销计算机，就必须具备大面积的展销场所及相应的大批量库存；雅虎网站集中了大量零售商的产品信息，顾客只需光顾雅虎网站就可以购买许多零售商的产品。而且，由于存在大量可供选择的产品，顾客可以找到自己满意的产品，零售商通过吸引全美的顾客也可以增加销售额。而没有电子商务，这些零售商只能限于吸引当地的顾客。

提供多种可供选择的产品并不意味着顾客就能够进行选择。如果公司不能够提供便捷的选择工具，公司所做的努力也是枉然。只有提供良好的搜索工具及智能化的产品推荐，公司提供大量可供选择的产品的努力才会奏效。

4．提供个人化和个性化信息

电子商务通过因特网利用顾客的个人信息，指导顾客消费，提高企业销售额。有些电子商务通过顾客提供的生日和其他个人信息来提醒顾客，并向顾客提出消费建议。例如，在 B2C 环境下，公司通过建立特殊客户网页，展示客户经常消费产品的信息。电子商务还可以借助可行技术对客户的当前偏好与历史消费资料进行排序，根据客户的个人偏好提供可供选择的产品。这样，因特网就可以激发客户的潜在购买力，与传统店面相比，极大的增大了“看与买”比率。

专注于个性化的公司，可以利用因特网帮助顾客选择合乎需要的产品。例如，戴尔公司通过其网页上可供选择的产品实现计算机的个性化；极地公司通过量体裁衣系统实现顾客“先试穿后购买”。

5．加速进入市场的时间

利用电子商务的公司比利用传统渠道的公司，能够更快地开发新产品，增加收入。例如，利用传统渠道销售个人计算机的公司，必须生产足够的产品来满足分销商和零售商，采用电子商务后，只需将新产品在公司网页上公布即可，从而避免了传统渠道的分销滞后。只要第一台产品已经生产出来，新产品就可以上市。在计算机行业中，这一优势尤为明显。因此，戴尔公司由于利用了电子商务，其推陈出新的速度总是比利用传统渠道的同业竞争对手要快。

6．实施弹性定价

利用电子商务，公司可以随时进入连接网页的数据库更改价格。这样，电子商务就可以根据当前库存和需求情况制定价格，实现收入最大化。这一优势在民航业及 IT 业中表现得尤为突出，在民航公司的网页上，它们可以对未售空座进行最后一分钟的定价。戴尔公司根据需求和零部件的性能，对不同型号的个人电脑制定不同的价格，通过电子商务变更价格比通过传统渠道变更价格更加容易。如果戴尔公司通过商品目录传递折扣信息，他们将不得不印制新的商品目录，并邮寄给潜在的消费群体。而通过电子商务，他们只需在他们的网页上及时更改信息即可。

7．实现价格和服务的区别对待

电子商务根据单个顾客购买力的大小来制定价格，实现价格的区别对待。针对不同的顾客群，制定不同的价位，与对所有顾客实行单一定价的模式相比，公司能够增加销售收入。例如，航空公司根据乘客推迟和提前预订的期限，对同一航班上的不同乘客收取不同的票价。像 eBay、i2、第一商业等拍卖网站，允许人们在网上对产品和服务进行竞价，这也在某种程度上实现了区别定价。其他电子商务也为顾客提供各种不同价格的服务，让顾客根据自己的需求选择合适的服务。例如，顾客可以在亚马逊网络公司预订各种图书，并标明每本书的递送时间。有些书次日就可以送达，而其他书的供货期为 5 天。该公司根据不同的递送时间制定灵活的价格，如果顾客要求图书在 5 天后送达，则可以享受低价优惠；如果顾客要求图书分两次送达，则可以向他们收取稍高的价格。

8．便于有效资金的转移

电子商务有助于加速融资，提高收入。

特别提示　　电子商务的潜在不利影响

电子商务对收入存在潜在的不利影响。由于真实产品的销售毕竟不能够下载，与传统销售渠道相比，电子商务存在这一潜在的弊端。零售店能够立即为顾客提供所需的牛仔服，而没有店面的电子商务由于运输时间的限制需要消费者等待更长的时间。所以，急需某种产品的顾客可能就不会在因特网上订购该产品。

8.3.4　电子商务降低供应链成本的措施

1．通过缩短供应链的长度，降低产品的管理成本

制造商利用电子商务直接向顾客销售产品，能够降低产品的管理成本，原因在于将产品向顾客传递的供应链环节减少了。

2．将产品的差异化延迟至订单发出之后发生

如果电子商务能够在产品订单发出之后再开发新的产品，就能够极大地降低库存成本。从顾客发出订单到预期的送达时间之间的间隔期，为电子商务提供了实施延迟策略的机会。例如，戴尔公司能以零部件的形式保有库存，接到订单之后再进行组装，这比戴尔公司以个人计算机成品的形式保有库存的成本要低得多。因此，电子商务使得戴尔公司降低了保

有库存的成本，同时避免了仓储产品的贬值。

3．通过可下载产品节省输送成本和时间

如果公司产品能够通过网上下载，则可以节省输送成本和时间。例如，网上音乐的 MP3 格式避免了所有与运送 CD 相关的成本。类似地，软件的下载避免了所有与生产、包装、向零售店运输 CD 相关的成本。

4．降低设施和加工成本

电子商务通过集中所有库存、减少所需设施的数量，来降低设施成本。例如，亚马逊网站公司只需几家仓库就可以满足顾客需求，而博德斯、班尼斯诺博公司所经营的零售店都要支付设施成本，并且书店每平方英尺的成本比仓库成本要高。

在许多情况下，顾客参与产品的选择并发出订单，有利于电子商务降低其资源成本。例如，当一位顾客进入极地公司的网页，他会尽力去查看产品是否有货，然后再发出订单。当同一位顾客通过电话订购时，公司就要增加额外成本，聘用雇员去确认产品是否有货。

由于电子商务不必在订单一到就立即履行，因此它能够降低订单的完成成本。零售店或超市必须增加柜员，这样当更多的顾客购物时，就会有更多的收银员为他们服务。因此，在周末和其他休闲时间，商店就需要更多员工。如果电子商务维持合理的履行订单缓冲机制，那么订单完成率就会比订单到达率平滑得多，减少了订单履行峰期的运送量，从而降低了资源需求及成本。

5．通过集中化降低库存成本

由于电子商务不必在顾客居住地附近保有库存，因此它能够集中库存。地理位置上的相对集中，使得电子商务仅需要很少的库存。由于顾客愿意等待产品的递送，亚马逊公司能够在少数仓库集中存储所有的图书和音乐制品。相比之下，博德斯、班尼斯诺博公司需要更多的库存，因为它们必须将库存的相当大一部分保存在零售店。这里的区别是，对于变动系数小、需求量大的产品来说，集中的相对利益就小；反之，集中的相对利益就大。

6．通过信息共享提高供应链的协调性

电子商务能够很容易地实现供应链之间的需求信息共享，从而缓解“牛鞭效应”，提高供应链的协调性。因特网也可以用于供应链内规划和预测信息的共享，从而进一步提高协调性。这有助于降低供应链总成本、更好地实现供需匹配。电子商务对供应链运营的驱动要素的成本影响，可归纳为如表 8-1 所示。

表 8-1　电子商务对供应链运营的驱动要素的成本影响

供应链驱动要素	影　响
库存	上升
运输	下降
设施	通过信息共享提高协调，降低成本
信息下降	大量初始投资，低额加工成本

相关链接　　牛鞭效应

当供应链上的各级供应商只根据来自其相邻的下级销售商的需求信息进行供应决策时，需求信息的不真实性会沿着供应链逆流而上，产生逐级放大的现象，这就是在营销活动中的需求变异放大现象，人们通俗地称为“牛鞭效应”。

8.4　电子商务供应链管理概述

8.4.1　电子商务供应链管理的概念

电子商务供应链管理，是指电子商务与供应链管理的有机结合，即企业电子商务改善其供应链管理的表现，并借助供应链管理来拓展电子商务。基于电子商务的供应链管理，以客户为中心，充分利用现代信息技术，集成整个供应链过程，充分利用外部资源，实现快速敏捷反应，极大地降低库存。

8.4.2　电子商务供应链管理的核心思想

电子商务供应链管理的核心就是要在电子商务环境下建立集成供应链管理系统。

1. 集成供应链管理系统的概念

把企业内部及节点企业之间的各种业务看成整体功能过程，形成集成化供应链管理体系。通过信息、制造和现代管理技术，将企业生产经营过程中有关的人、技术、经营管理三要素有机地集成并优化运行。通过对生产经营过程的物料流、管理过程的信息流和决策过程的决策流进行有效控制和协调，将企业内部的供应链与企业外部的供应链有机地集成起来进行管理，达到全局动态最优目标，以适应在新的竞争环境下市场对生产和管理过程提出的高质量、高柔性和低成本的要求。

2. 集成供应链管理实现的步骤

企业从传统的管理模式转向集成供应链管理模式，一般要经过三个阶段，包括从最低层次的基础建设到最高层次的集成化供应链动态联盟，各个阶段的不同之处主要体现在组织结构、管理核心、计划与控制系统、应用的信息技术等方面，其步骤如图 8-4 所示。

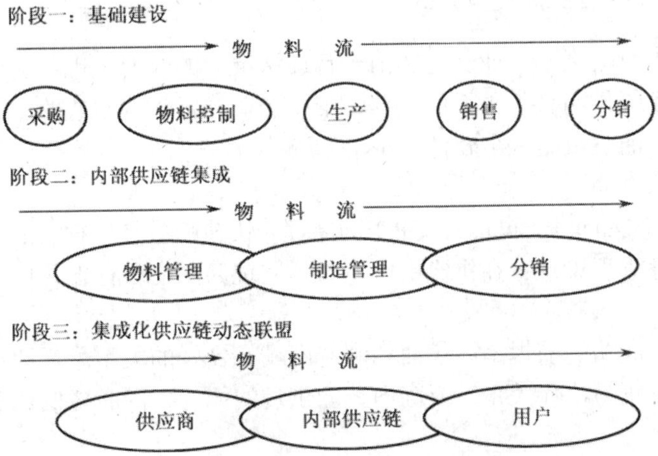

图 8-4　集成供应链管理实现的步骤

3．集成供应链管理系统的表现形式

（1）协同商务和经营创新

传统企业都是纵向发展的“大而全、小而全”模式，如电话机厂从生产电话机，到做纸包装箱，再到运货出厂，都是自己做。而协同商务需要企业从传统封闭的纵向思维中跳出来，向开放的横向思维转变。

在协同商务中，供应商、制造商、分销商、零售商和服务提供商以互利互惠、互信互补的原则，一同去面对市场竞争。协同商务将产生很多新的关系：协同规划，可以让生产商和销售商共同制定生产计划，使生产更有目的性；协同供应，可以使供需双方建立起真正完整的库存管理，达到供应链库存费用最低；协同开发，可以集中供应链上所有成员的智慧，进行产品设计，提高产品成功推出的机会，缩短产品周期，事实上，供应链上游的设计和制造所要解决的问题和它隐藏的利润比下游更大；协同的市场关系可以让联盟企业采用联合推广的方式推出产品，甚至可以分摊市场营销费用。

特别提示　　企业建立供应链要自立自强

目前国内大多数企业的采购、供应等环节，人为因素占一定分量，要推行供应链管理，一定会有各种主客观因素阻碍它的实施。国内企业若想建立一条以自己为主的供应链，首先，必须在行业里有相当规模和主导地位，没有一定的号召力不可能取得其他企业的配合；其次，企业一定要有创新的管理团队和良好的管理模式，创新地排除阻碍供应链管理实施的障碍，规范地实施日后的管理；最后，需要请一家专业的顾问公司和技术伙伴配合电子供应链管理的实施，因为供应链管理涉及很多方面的知识和技术，专业的业务伙伴可以提供专业的实施方案。

协同商务的推行会引起企业文化和内部管理深层次的改变，也会引起与供应商、制造商、分销商和服务提供商合作关系的改变，带来企业经营管理模式的创新。它是一个浩大的企业改造工程，而不只是一个软件或一个系统。

（2）快速响应

1）快速响应（Quick Response，QR）的原理。快速响应是一种新的业务方式，它体现了技术支持的业务管理思想：在供应链中，为了实现共同的目标，各环节间都应进行紧密合作。

快速响应业务成功的前提是零售商和制造商具有良好的关系。这种新的贸易方式意味着双方必须建立起贸易伙伴关系，提高向顾客供货的能力，同时降低整个供应链的库存和总成本。

2）实现快速响应的 6 个步骤。快速响应原来是大型零售商获取市场份额并进行全球竞争的工具，现在已成为所有商品制造商和中间商的标准战略行为。它意味着以更低的成本增加销售额、更好地对商品进行分类及向客户提供优质的服务。

实施快速响应需要 6 个步骤。每个步骤都以前一个步骤为基础，都比前一个步骤回报更高，但是需要的投资也更高。这 6 个步骤具体内容如下。

第 1 步，条形码和 EDI 技术。零售商首先必须安装条形码、POS 扫描和 EDI 等技术设备，以加快 POS 机收款速度、获得更准确的销售数据并使信息沟通更加通畅。POS 扫描用于数据输入和数据采集，它是指在收款检查时用光学方式阅读条形码，然后将条形码转换成相应的商品代码。

第 2 步，固定周期补货。快速响应的补货要求供应商更快更频繁地运输重新订购的商品，以保证店铺不缺货，从而提高销售额。零售商通过对商品实施快速响应并保证这些商品能满足顾客需求，加快商品的周转，为消费者提供更多可供选择的品种。

第 3 步，先进的补货联盟。这是为了保证补货业务的流畅，零售商和消费品制造商联合起来检查销售数据，制定关于未来需求的计划和预测，在保证现货和减少缺货的情况下降低库存水平。这样还可以进一步由制造商管理零售商的存货和补货，以加快库存周转速度。

第 4 步，零售空间管理。零售空间管理是指根据每个店铺的需求模式来规定其经营商品的花色品种和补货业务。一般来说，对于花色品种、数量、店内陈列及培训或激励售货员等决策，制造商也可以参与甚至制定决策。

第 5 步，联合产品开发。联合产品开发的重点不再是一般商品和季节商品，而是服装等生命周期很短的商品。制造商和零售商联合开发新产品，其关系的密切程度超过了购买与销售的业务关系，这样可缩短从新产品概念的产生到新产品上市的时间，而且可以经常在店内对新产品进行试销。

第 6 步，快速响应的集成。通过重新设计业务流程，将前 5 步的工作和公司的整体业务集成起来，以支持公司的整体战略。快速响应前 4 步的实施可以使零售商和消费品制造商重新设计的产品补货、采购和销售业务流程。第 5 步使配送中心得以改进，可以适应大批量的小运量的运输，使配送业务更加流畅。

同样，由于库存量的增加，大部分消费品制造商也开始强调存货的管理，改进采购和制造业务，使他们能够做出正确的响应。

最后一步要求零售商和消费品制造商重新设计其整个组织、业绩评估系统、业务流程和信息系统，设计的中心是围绕消费者而不是传统的公司职能。

有时可以先完成最后一步工作，至少是先设计整体体系结构，这样补货的改进和新产品的开发就会尽可能地互相吻合。由此可知，在确定公司核心业务及其发展方向时，应有战略眼光。

（3）有效顾客响应

有效顾客响应（Effective Customer Response, ECR）战略的核心是要求零售商、批发商和制造商紧密协作，为顾客提供更多的价值。如何能为顾客提供更多的价值呢？首先要理解顾客的需求和欲望，然后通过后勤或者供应链方面的努力来高效地满足这些需求和欲望。

有效顾客响应的核心是通过向消费者传递价值来提高业绩。利用信息技术并关注消费者的需求，零售商和制造商可以针对某一产品品种制定优化的产品定价、促销和渠道管理战略。制造商、批发商和零售商可采取下述 4 种战略来实现这个目标。

1）有效的店内布局。此战略的目的是通过有效地利用店铺空间和店内布局来最大限度地提高商品的获利能力。零售商可通过空间管理系统来提高货架的利用率。有效的商品分类要求店铺储存消费者需要的商品，把商品范围限制在高销售率的商品上，这样可提高所有商品的销售业绩。

研究发现，单品总数减少 10%～15%不会对销售额产生任何影响。这样可将其占用的资金释放出来，用在获利更多的业务领域上。

2）有效的补货。此战略的目的在于降低系统的运行成本，从而降低商品的售价。它的目标是以最有效的方式将适当数量的适当商品在适当的时间、适当的地点提供给消费者。

有效补货的构成要素有：POS 机扫描；店铺——单品预测；店铺的电子收货系统；单品的价格和促销数据库；计算机辅助订货系统（CAO）；集成的采购订单管理；配送系统；仓库的电子收货；直接出货；自动化的会计系统等。

3）有效的促销。有效促销的主要内容是简化贸易关系，将经营重点从采购转移到销售上来。例如，许多经营快速周转消费品的企业把资源放在促销活动上，使消费者从这些促销活动所带来的低成本中获利。

一般而言，主要有3种促销活动：消费者广告、消费者促销和贸易促销。近年来，很多行业的促销重点渐渐地从消费者广告转到贸易促销，而消费者促销基本上没有大的变化。出现这种转变的主要原因是，在市场增长比较缓慢的情况下，企业需要获得短期的销售增长和市场份额，而消费者对价格促销的反应要比广告快，但由于消费者对价格更加敏感，所以这种短期战略损害了顾客的品牌忠诚度。

4）有效的产品导入。任何一个行业的新产品导入都是一项有重要创造价值的业务。它们为消费者带来了新的兴趣和价值，为企业创造了新的业务机会。为了鼓励零售商接受新产品，制造商一般会提供货架位置折扣和其他奖励。这些奖励会产生两种相反的效果：阻碍销量低的新产品的出现，这样可提高供应链的总效率；阻碍创新新产品的开发，因为说服零售商本应拒绝的一种新产品，这会使整个系统的效率都降低。据估计，食品业的新产品开发和导入成本占总销售额的4%。

现在的制造商是通过大众广告和促销来与消费者进行沟通的，广告和促销活动使消费者对产品产生了潜在的需求，从而降低了零售商在选择产品中所起的作用。这种方法使零售商根据店内消费者的需求来评价新产品变得很困难。

有些制造商尝试在零售商和消费者之间重新建立起以前的那种联系。一种有效的方法是通过消费者卡（如现金卡或平常的会员卡）来识别消费者，通过把卡上信息与本地人口统计信息联系起来，零售商就可以构造一个数据库来了解他们的顾客及其购买模式。这些顾客数据库是非常有效的。品种管理经理可以分析哪些顾客对哪些促销活动有反应、谁是品牌忠诚者等。而这些信息又有助于促销、定价、店内空间管理、产品的引进和淘汰等决策。这些数据库工具也可以更有效地帮助新产品的导入。

有效的产品导入包括让消费者和零售商尽早地接触到新产品。首要的策略就是零售商和制造商应为了双方共同的利益而紧密合作。这个业务包括把新产品放在一些店铺内进行试销，然后按照消费者的类型分析这些试销的结果。根据这些信息决定如何处理这种新产品，如淘汰产品、改进产品、改进营销方法或采用不同的分销策略等。

（4）建立电子企业

电子企业是实施供应链管理的个体，电子企业的竞争优势表现在真正意义上电子商务的实现上。电子商务可以分为多种层次，表面层次就是通常所说的电子商务，以个别的商业交易为中心，通过网络进行交易，目前多数企业的电子商务行为主要表现在建立电子商店，介绍和销售产品，发布公司的新闻和采购的信息，而现阶段还做不到全程自动交易。

深层次电子企业，是通过电子化手段在战术与策略上改变商业关系。电子企业的电子化程度不仅停留在现有的电子商务阶段，还可以通过改变企业对消费者、企业、企业内部，甚至是消费者对消费者的关系，来促进整个组织的效率、速度和创新。现在国际上很多成功的企业，如麦当劳、UPS、联邦快递等，对公司各个分部的管理都是通过网络进行的，是真正意义上的电子企业。

电子商务的最后层次就是电子经济，电子经济为实际的商业行为提供了一个电子场所，是在电子企业、供应链网和供应链网中网形成的基础上，配合政治、法律、经济关系实现的。

电子商务到达第三个层次以后，就不只是单个企业实现电子化，而是供应链上所有企业都实现电子化，并在这些企业之间实现电子化的管理和交易。

判断一个企业是否是电子企业，关键看它是否具备 EIP（企业管理咨询）系统、ERP（企业资源规划）系统和电子供应链管理系统。EIP 系统是企业的电子门户系统，建立在协同商务的概念之上，它是支持整个企业的员工、客户及合作伙伴进行交流的平台，还支持与其他管理系统的连接；ERP 系统是企业内部的供应链管理系统，集中企业内部价值链的所有信息，合理调配企业各方面的资源；电子供应链管理系统则充分利用电子数据交换等技术手段，集中协调供应链上不同企业的关键数据，包括订货、预测、库存状况、生产计划、运输安排、销售分析、资金结算等数据，并让管理人员迅速、准确地获得这些信息，达到各个过程的自动管理，协助降低成本。

企业实现了电子化以后，就可以通过收集大量信息来指导生产，真正实现客户需求，拉动产品和供应链的运作，对整个供应链进行有效整合，在降低成本的同时提高服务水平，形成有效的竞争优势。

（5）业务外包

供应链管理的另一个重要的方面，就是利用业务外包，把资源集中在企业的核心竞争力上，以便获取最大的投资回报，那些不属于核心能力的功能应该被弱化或者外包。业务外包可以充分利用联盟企业的资源，获得更大的竞争优势。

随着资讯业的高速发展，大规模生产时代正逐步走向大规模定制时代，关键的资源也从资本转向信息、知识和创新的能力，企业能否真正获利在于企业是否具有资源组合的智慧。一个没有新鲜血液的企业，因为它的资源组合的智慧是有限的，所以很多企业开始采用借用外脑的方式，如与专业的顾问公司合作，来提高企业的智慧，所谓旁观者清，不断吸收外来的新智慧，可以更好地推动企业的创新。

业务外包可以利用的资源还有时间和资金等。业务外包可以获得多个联盟企业的协作，缩短产品周期，在最短的时间内推出最新的产品，而且它还可以利用联盟企业的资金，降低自身的风险，从而更轻松地获得竞争优势。

物流实践

行业分析：移动技术在供应链中的应用

移动技术的发展产生了创新性的供应链应用，例如，移动设备可以部署在华氏–20度的食品工业冷冻箱中。这些移动设备都非常坚固耐用，即使在华氏 90 度、湿度 90%的环境中运行也毫不费力。结果是，无论一名员工必须在哪里处理库存，他都能成功使用条形码并读取托盘和包装，这增加了检查的安全性和质量。

但是，产生最大影响的仍然是在移动设备部署更成熟的供应链领域实现的。这些关键领域依然是：仓库（库存管理）、物流（运输和交付）和销售网点事务，如重新订货的库存盘点和自动客户结账。

“从历史上看，仓库/配送中心使用遗留系统的绿屏和专用应用程序把信息批量从仓库上传到集中系统，” Intermec 行业营销高级总监 Tim Eusterman 说，“今天仓库已经转向 WMS（仓库管理系统）应用程序，使用无线局域网和移动设备管理所有员工活动并实时记录事件。今天，移动设备可以提供各种各样的应用程序，从成像接收到高层货架扫描、到语音拣货和装货码头 RFID。移动计算有能力让正确的人在正确的时间使用正确的信息做正确的工作，这是提高生产率、准确性和降低劳动力成本的主要优势。”

手持、可穿戴或安装在叉车上的移动设备使用无线局域网和蓝牙技术，有些甚至具有语音驱动激活功能，这避免了可能对后端系统产生不利影响的数据键入错误。对于在ERP（企业资源规划）系统上投入了数百万美元的公司，自动数据输入可以为公司带来巨大的收益，因为只有为他们提供准确的数据，他们的系统才能运行得更好。

“现代制造业的仓库设施有数十万平方英尺大小”，Reik Read 这样说道，“这些设施上的任何点具有实时移动性，使得公司可以进行人员和资产跟踪。如果你在叉车上安装了移动设备，您就不必每天给司机一份领料单。生产和仓储环境是动态的、不断变化的，通过实时移动通信的优化，您可以瞬时把变化发送给司机，这使生产过程实现了更大的可见性。”

把供应链可见性扩展到物流领域

以上所述的供应链可见性正在扩展到部署移动技术的物流领域。

“我们看到一些车队已经使用了供应链移动技术，无论是公司内部的车队或大型商业车队，” Descartes 系统集团产品策略高级副总裁 Ken Wood 说，“一些车队单位使用所谓的被动监测，实际上是把黑匣子连接到卡车上，然后使用 GPS 跟踪卡车；其他跟踪设备如智能手机可以为司机提供与 GPS 跟踪的交互。这些都是强化的手持设备，不仅为车队提供了 GPS 跟踪，实现了交货的物流目的，还包含了包装扫描和签名等应用程序。”

在送货路线上的司机可以使用移动设备跟其他人实时交流正在和即将交付的包装信息，使用实时信息比每两小时（过去）更新一次的效果更好，同时，安装了 GPS 的移动设备还可以帮助优化路线。

在零售商店中，无线移动技术被用来检查现有库存，在店内库存降低时激活重新订货点。现在，库存检查也使用移动设备进行管理，更多的零售店也部署了客户自动结账设备。在某些情况下，这些信息将在一天结束前实时反馈回供应链中。

"移动扫描的实现减少了代价高昂的数据输入错误，改善了报告，提高了从仓库到商店货架的周转速度。集成系统允许直接从仓库中"拉出"货物，不需要发出正式的采购订单；由于不再使用手动跟踪，从而降低了劳动力成本，而商店可以更灵活地响应客户的商品请求。使用移动技术，企业可以快速响应客户需求或缺货状况。"Gartner 行业分析师 William Clark 指出。

8.4.3　电子商务供应链管理的主要内容

1．订单处理

通过电子商务系统进行订单分析和订单状况管理。当收到客户订单时，核心企业要及时分析所需产品的性能要求，判断是否能达到订单中的技术指标，在能够达到要求的条件下进一步分析订单中产品的成本、数量和利润。如果能够从该订单中获利，便可与客户签订订货合同，之后查询现有库存，若库存中有客户需要的产品，便立即发货，否则及时组织生产。借助电子商务进行处理，供应链可以急剧地减少订单成本和订单处理的出错率，缩短订单的循环周期，大大提高营运效率。

2．生产组织

一般来讲，生产组织是供应链中最难管理的环节，但利用电子商务可以通过改善供应商、核心企业和客户之间的通信来有效地降低生产组织的困难程度。核心企业使用电子商务系统，协调与供应商的准时供应程序，与多个供应商之间协调制定生产计划。此外，由于在订单处理中可以提供核心企业有关产品销售和服务的实时信息，因此在一定程度上会使销售预测变得精确，同时又大大改善生产组织管理。

3．采购管理

通过电子商务系统，有效地实现与供应商的信息共享的快速传递。一方面，通过因特网提供给供应商的有关需求信息和商品退回情况，同时获得供应商的报价、商品目录、查询回执，从而形成稳定、高效的采购、供应体系；另一方面，通过网上采购招标等手段，利用集成采购招标和因特网优势，扩大采购资源选择范围，使采购工作合理化，大大减少采购人员，有效降低采购成本；此外，也使核心企业与供应商之间的协作变得合理化。

4．配送与运输管理

通过电子商务系统，对配送中心的发货进行监视，对货物运至仓库的过程进行跟踪，同时实现对配货、补货、拣货和流通加工等作业管理，使配送的整个作业过程实现一体化的物流管理。此外，通过对运输资源、运输方式、运输线路的管理和优化，对运输任务进行有效的组织调度，从而降低运输成本，并实现对运输事项和货物的有效跟踪管理，最终确保指定的货物能够在指定的时间内运送到指定的地点。

5．库存管理

通过电子商务系统，核心企业通知供应商有关订单的交货延迟或库存告急，使库存管理者和供应商共同追踪现场库存商品的存量情况，获得及时的信息以便更有准备；实现对存储物资有效管理，及时反映进销存动态，并且实现跨区域、多库区的管理，提高仓储资源的利用，进而促使库存水平降低，减少总的库存维持成本。

6．客户服务

应用电子商务系统，核心企业的客户通过因特网可以非常方便地联络有关服务的问题，通知并要求解决所发生的任何服务问题，而核心企业则通过因特网接受客户投诉，向客户提供技术服务，与客户互发紧急通知等。这样一来，可以大大缩短对客户服务的响应时间，改善与客户间的双向通信流，在保留住已有客户的同时，吸引更多的客户加入到供应链中来。

7．支付管理

通过电子商务系统，与网上银行紧密相连，并利用电子支付方式替代原来的支票支付方式，用信用卡方式替代原来的现金支付方式，这样既可以大大降低结算费用，又可以加速贷款回笼，提高资金使用效率。同时，利用安全的电子交易协议，保证交易过程的安全，消除对网上交易的顾虑。

物流实践

跨境电商供应链管理的核心

根据国家商务部的数据，截至2013年年底，中国已经成为世界上最大的电商市场，超越美国。另外，B2C全球跨境电商的成长速度也很快。2013年的中国进出口贸易额接近25万亿元，跨境电商的交易额约占12%。现在国内约有20多万家从事跨境电商的公司，大部分都是中小企业，而以前跨境电商进出口交易主要是大型的B2B平台型企业。但现在越来越多的是以B2C模式来慢慢发挥跨境电商的潜力。也有很多国内的工贸型企业和中国品牌，开始试水利用跨境电商这个途径“走出去”，去熟悉海外市场、适应海外市场，为将中国制造、中国设计的产品带向全球开辟新的战线。很多知名的中国品牌如富安娜、蓝弦等，也通过跨境电商走到了国外，实现自己的成长。

跨境电商其实不是什么新的洪水猛兽，只是近年被较少关注的一环。随着国内电子商务的普遍应用、信息技术的发展、全球宏观经济的变化、消费者需求的改变、国际贸易壁垒的更迭及海关政策的配合，又重新被市场重视。

跨境电商蕴含着挑战和机遇。首先，政策及国际政治经贸变化必须时刻关注。

其次，企业从事跨境电商要先确定自己的定位是什么？电商平台？B2C 零售商？物流商？B2B2C 批发商？不要偏离自己的核心能力，试图跨界。跨境电商的运作和思维跟传统进出口不同。

此外，成熟市场的消费者由于身处多元化的商业环境、对商品与服务质量有更高的要求。他们期待无异于“零售标准”的网购体验，如免费退换货、更快的送货速度、准确详细的商品描述等。为满足消费者上述需求，卖家需要严格把控商品质量、提升管理与运营团队的效率、采用系统化管理软件、建立海外仓、做好客服等，从而更好地在成熟市场获得长期持续的发展。

中国的物流配送尤其是消费者的配送体验，跟外国的体验是很不一样的。中国的跨境购物经常可以享受到达至一定金额免费配送，但国外正常的配送日期是 3~5 天，提前要额外付费，所以定价和运费要一起考虑。支付方面国外也跟中国不同，中国的消费者大部分用支付宝或网银进行网上支付。但是在欧美消费者都是用信用卡来付款，里面含信用卡的手续费及汇兑。

在中国，小件快递方面一直没有形成标准化和规模化，只有通过标准化和规模化才能将跨境物流的价格降下来，才能提高跨境快递的速度，这对于整个跨境电商市场都是非常重要的。

另外，海外仓的广泛使用将改变跨境电商零售出口产业的物流生态。物流配送是在中国还是海外仓发货对成本还有客户体验都有很大影响。用海外仓直接对客户发货，还需要提供当地的客服，用英文或当地的语言去支持客服。产品上线的时候，产品描述、配送细节等要写得很详细，也要符合当地的产品法及规范。还须注意的就是产品搜索关键词、知识产权、国内外产品尺码的不统一等。凡此种种，已经超越了电商的技术基础层面，而涉入产品管理、供应链管理的环节。

总而言之，跨境电商供应链管理的 4 个新核心：品牌定位、“零售标准”、差价定价、物流流程掌控。

本章小结

本章主要介绍电子商务供应链管理的基本概念和相关知识。因特网、交互式 Web 应用及电子商务的出现，将改变现有供应链的结构，传统多层的供应链将转变为基于因特网的开放式的全球网络供应链；基于电子商务的供应链管理是电子商务与供应链管理的有机结合，它以客户为中心，集成整个供应链过程，充分利用外部资源，实现快速敏捷反应，极大地降低库存水平；协同商务和经营创新、电子企业、业务的外包体现了电子商务供应链管理的核心思想；最后简单介绍了电子商务供应链管理的主要内容。

综合实训

实训任务：供应链管理的策略分析。

1．实训目的

（1）掌握供应链管理的相关知识；

（2）熟悉某种商品电子商务供应链管理的策略；

（3）理解供应链管理策略的引入为企业物流管理带来的变化。

2．实训内容与要求

实训内容：针对上述目的，分析某种商品的供应链管理策略的应用，并对其效果进行分析与总结。

实训要求：

（1）每 5～8 人为一组，要求他们分别选择不同的供应链管理策略作为研究内容；

（2）在教师引导下进行课堂讨论；

（3）结合实际应用进行总结，提交调研报告。

思考与练习题

（1）供应链管理的目标是什么？

（2）供应链管理的内容有哪些？

（3）建立供应链管理的方法有哪些？

（4）电子商务对供应链管理有哪些冲击和影响？

（5）电子商务供应链管理的核心思想是什么？

第9章

电子商务下的国际物流

学习目的

- 了解国际物流的概念、特点；
- 掌握国际物流运作和国际物流系统；
- 掌握国际物流组织；
- 了解国际物流发展历程。

工作任务

出口危机时代的电子商务——三态电子商务（深圳）有限公司

三态电子商务（深圳）有限公司是加拿大SUNTEK国际企业集团在中国的独资企业成员，同时也是eBay推荐的物流合作伙伴，旨在为电子商务的零售卖家（eTailers）提供增值服务，包括国际包裹配送、库存寄放和管理、借卖DropShip等。公司一直秉持"为客户创造价值"的经营理念，在国际电子商务、国际物流两大业务领域稳定、快速地发展壮大，灵活、高效、务实、创新的业务模式让公司在过去的一年中增长迅猛，在业内享有很高的知名度。

1．国际电子商务逆势拓展海外市场

三态电子逆势拓展海外市场，依托电子商务外贸门户eBay等平台，凭借其在软件和电子商务领域有着丰富管理经验，整合北美最新的网络渠道分销和供应链服务业务，利用IBM Web Sphere平台，为eBay卖家和大型贸易公司提供多网络渠道销售服务，公司业务在短时间内增长迅猛，成为eBay中国区超级大卖家。

2. 国际物流

如果将电子商务的物流需求仅仅理解为门到门运输、免费送货或保证所订的货物都送货的话，那就错了。因为电子商务需要的除了传统的物流服务外，还需要增值性的物流服务。

（1）增加便利性的服务

一切能够简化手续、简化操作的服务都是增值性服务。公司在整合国内外知名快递公司，如国内联手联邦快递和 CCES 上门取件，国外通过与 UPS、EMS、DHL、FedEx 等合作，为客户提供快速、安全、经济的国际快递服务同时，还提供仓储、配货、材料包装等一条龙服务。

（2）降低成本的服务

物流成本居高不下，有些企业可能因为根本承受不了这种高成本而退出电子商务领域，优化电子商务的流通渠道，发掘第三利润便是所有电子商务卖家所要考虑的问题。针对这种情况，三态联合美国邮局 USPS 推出精确计重（首重 30 克，续重也是 30 克）的中美专线快递服务。

以 200 克货物为例，价格对比如下。

运输方式		基本费用	燃油附加费	总费用(元)	三态货运代号	递送时间(工作日)	可追踪	按材积重量计费
	三态中美专线	58.95	0	58.95	USPS3DR	2-6	YES	NO
EMS	外国EMS	81.95	0	81.95	WWEMS	3-7	YES	NO
UPS	中国UPS	86.18	8.39	94.57	CNUPS	2-4	YES	YES
EMS	深圳EMS	117.95	0	117.95	SZEMS	5-7	YES	NO
DHL	香港DHL	114.95	8.40	123.35	HKDHL	2-3	YES	YES
FedEx	中国联邦快递经济型服务	126.61	9.33	135.94	CNSFEDEX	2-4	YES	YES
SpeedPost 特快专递	香港EMS	136.95	0	136.95	HKEMS	2-6	YES	NO
FedEx	中国联邦快递优先快递服务	130.07	9.61	139.68	CNFEDEX	1-3	YES	YES
	东南亚专线快递	136.45	5.06	141.51	EAEXP	3-7	YES	YES
UPS	香港UPS	150.7	15.48	166.18	HKUPS	2-4	YES	YES

请思考：

电子商务卖家应如何实现高效的电子商务物流？如何提供电子商务化物流增值服务？

9.1　国际物流概述

电子商务的推广，使国际物流在整个商务活动中占有举足轻重的地位。随着国际电子商务网络的迅猛发展和全球经济发展一体化，所有的商品交易都可以在同一个虚拟的大市场中进行。而高效的国际物流可以通过集铁路、公路、海运的多方式国际联运的电子信息电子信息化，不断提高国际电子商务的效率，扩大国际电子商务的市场范围，使国际电子商务的供应链更加完善与高效。国际电子商务的发展离不开国际物流的支持，而国际物流也必将顺应国际电子商务的需要不断发展。

9.1.1　国际物流的概念

国际物流是国际贸易的必然组成部分，各国之间的相互贸易最终都将通过国际物流来实现。

国际物流是一种跨国物流概念，它是指合理组织货物在国际流动。其目的是以最佳的方式和途径，以最小的费用和风险，保质、保量、适时地将货物由一国的供方运输到另一国的需方，为国际贸易和跨国经营服务。

广义的国际物流包括国际贸易物流、非贸易国际物流、国际物流投资、国际物流合作及国际物流交流等。狭义的国际物流主要是指国际贸易物流，就是组织货物在国际间的合理流动，也就是发生在不同国家之间的物流，即在国际商务活动中与商品移动相关的运输、配送、保管、包装、装卸、流通加工及信息活动。

9.1.2　国际物流的发展历程

国际物流在 20 世纪的发展经历了以下几个历程，表 9-1 是对这几个阶段的特征概括。

表 9-1　国际物流的发展历程

序　号	时　间	特　征
1	第二次世界大战前	国际经济交往规模较小，国际物流地位不被重视
2	20 世纪 60 年代	国际经济交往活跃，形成国际间大规模物流
3	20 世纪 70 年代	国际贸易量巨大，物流服务水平提高，国际集装箱及国际集装箱船大发展，带来了高水平的国际联运
4	20 世纪 80 年代	物流量持续扩大，出现“精益物流”，物流信息系统和 EDI 系统开始导入
5	20 世纪 90 年代至今	因特网、条形码及卫星定位系统在物流领域普遍应用，国际物流步入信息化时代

国际物流的概念提出的时间虽然不长，但随着国际贸易和跨国经营的发展，越来越受到人们的重视。

9.1.3 国际物流的特点

1. 国际物流研究的范围更加广泛

企业物流是将企业作为一个系统，研究原材料从进厂到通过加工，将产品输送到市场上的物流过程；城市物流研究的对象是城市系统，它是一个庞大的社会系统；而国际物流研究的对象，大大地超过了企业物流和城市物流，其研究对象是国际贸易中的物流现象及其规律。

2. 物流环境存在差异

这里的物流环境主要指物流软环境。不同国家有不同的与物流相适应的法律，使国际物流复杂性增强；不同国家的不同经济和科技发展的水平，使国际物流处于不同科技条件的支撑下；不同国家的不同标准，使国际物流系统难以建立；不同国家的风俗人文，也使国际物流受到很大局限。

3. 国际物流的流量结构正在发生重大的调整和转移

国际物流的流量结构是同国际产业结构调整相联系的。世界产业结构演变的共同趋势是：劳动密集型向资本密集型转变并向技术知识密集型转变。产业结构的这种演变规律，使得各国进出口商品的结构不断地调整，因此，国际物流的流量结构也必须随之进行调整与转移。

4. 国际物流的输送形式主要是以海运或空运为主

国内物流，无论是企业物流，还是城市物流，其输送方式主要是以公路运输、铁路运输、内河运输为主。国际间的物品流动，由于其距离远，当运量大，希望成本低时，以海上运输为主；当价值高，希望速度快时，以空运为主。

5. 国际贸易对物流基础设施有特殊要求

国际贸易对物流基础设施有特殊要求，如在货物运输中以集装箱运输为主等。

6. 国际物流要求有高效率的信息系统

由于国际市场瞬息万变，如果没有高效率的信息传递渠道，就会影响物流功能的正常发挥。因此，国际物流对信息的要求更高，必须建立高效率的信息系统。

7. 国际物流客观上要求缩短物流中转过程

由于国际物流是两个不同国家的物流公司（或企业）相互提供的不同服务，因此，客观上要求缩短物流的中转过程，于是，直达运输便成为货物运输的一种有效途径。

8．国际物流的标准化要求极高

要使国际间物流畅通起来，统一标准是非常重要的。可以说，如果没有统一的标准，国际物流发展的脚步会受到阻碍。

9.1.4　国际贸易与国际物流

国际贸易（International Trade）泛指世界各国（或地区）之间所进行的以货币为媒介的商品交换活动。它既包含有形商品（如实物商品）的交换，也包含无形商品（如劳务、技术）的交换，又可称为世界贸易（World Trade）。

国际物流是随着国际贸易的发展而产生和发展起来的，成为影响和制约国际贸易进一步发展的重要因素。国际贸易与国际物流之间存在非常紧密的关系。

首先，物流是国际贸易的必要条件。世界范围的社会化大生产必然引起不同的国际分工，任何国家都需要国际间的合作。国际间的商品和劳务流动由商流和物流组成，前者由国际交易机构按国际惯例进行，后者由物流企业按各个国家的生产和市场结构完成。为解决矛盾，要求开展与国际贸易相适应的国际物流。只有物流工作做好了，才能将国外客户需要的商品适时、适地、按质、按量、低成本地送达，从而提高本国商品在国际市场上的竞争能力，扩大对外贸易。

其次，国际贸易促进物流国际化。第二次世界大战后，由于重建工作的需要，各国积极研究和应用新技术、新方法，促进生产力迅猛发展，世界经济呈现繁荣兴旺的景象，国际贸易发展得极为迅速。同时，由于一些国家和地区资本积累达到了一定程度，本国或本地市场已不能满足其进一步发展的经济需要，加之交通运输、信息处理及经营水平的提高，出现了为数众多的跨国公司。跨国经营与国际贸易的发展，促进了事物和信息在世界范围内的大量流动和广泛交换，物流国际化成为国际贸易和世界经济发展的必然趋势。

与此同时，国际贸易对物流提出了新的要求。随着国际贸易的规模扩大、时效性增强，要求物流采取新技术、新方法，以及新的管理思想与之相适应。

物流实践

顺丰为全球化梦想再度发力，推出“全球顺”夺食跨境电商

1．行业业态

2014 年，跨境电商继续迅猛发展，硝烟弥漫的国内电商物流，已经无法满足消费“全球化”的趋势。行业数据显示，2013 年中国跨境电商的交易额约 3.1 万亿元，中国海外

代购交易规模连年翻番，2018年该数字很可能将突破700亿元。从赢利来说，跨境物流的收益空间远远高于国内电商物流。面对竞争日益激烈的国内快递市场，快递企业想要在未来发展中立于不败之地，必须充分利用自身的优势开拓海外市场。继2014年2月美国申通正式运营后，6月申通国际宣布正式牵手俄罗斯驿马快递；5月，韵达快递宣布进入跨境电商领域。对于拥有全球化梦想的顺丰来说，跨境电商一直是着重发力的领域，继2013年9月上线“SFbuy”后，顺丰近期又针对境外电商类客户专门推出“全球顺”服务，全力争夺跨境电商市场。

2. 顺丰的“全球顺”意欲何为

顺丰2014年5月初刚刚推出一项针对国内小件批量发货商家的“小盒服务”，报出“同城8元，跨省价12元”的史上最低价，无限贴近四通一达。此次，针对境外电商类客户再推“特惠”经济型进口电商产品，只要月票达到500（含）以上，位居美国、中国香港地区的客户，就可享受该服务，无疑又是抛向市场的一枚重磅炸弹。

（1）卡位跨境经济型快递

顺丰推出此项服务意在满足电商客户寄递经济型快递的需求。

“全球顺”产品价格：“香港—大陆”首重33元/kg，续重21元/kg；“美国—中国”首重37元/磅，续重31元/磅。同时针对客户的发货量不同，“全球顺”服务还提供阶梯折扣。

卡位跨境经济型快递，时效优势保证服务，顺丰该产品之所以可以做到实用又不贵，是经过精心的产品细节设计。例如，要求客户统一做件、包装；在约定时间段，由客户将快件集中送至顺丰指定的营业网点（含中转场）；且必须使用顺丰电子面单，不支持纸质运单等，通过量化、标准化进一步降低物流成本，使得价格让利客户的同时，自身服务品质也得以保证。

（2）时效优势保证服务

1）时效优势：香港至大陆是7～9天，美国纽约至大陆7～12天，“全球顺”服务通过定时定点集散中转的模式保证稳定的时效。

2）增值服务：支持超范围转寄服务，维持豁免偏远地区附加费以及派件出仓时推送预计派件时间等服务。

3. “全球顺”的后续发展

顺丰虽然在电商领域起步较晚，但跨境物流相比通达系一直领先。此举既进一步深挖了电商市场、弥补自身短板、后发制人，同时又利用自身优势更好地掘金跨境物流，可谓一举多得。

就未来的市场开拓，“全球顺”目前已开放给部分跨境电商客户使用，在满足美国、中国香港跨境电商需求的基础上，逐步增设中国台湾、日本、韩国等其他线路。顺丰快速布局不无道理，因为跑道上的对手正在不断向前。2014 年上半年阿里巴巴已经牵手中国邮政、澳大利亚邮政、巴西邮政，入股新加坡邮政，一张跨境电商物流的大网正在铺开，群雄逐鹿下的跨境电商物流究竟会如何发展，我们将持续关注！

9.2　国际物流运作

以计算机网络为基础的电子商务催化着国际物流的革命，提高了国际物流各个环节的运作效率。

9.2.1　交易前的准备工作

交易前的准备工作包括选择目标市场、选择交易对象、制定进出口商品经营方案等。

9.2.2　对外磋商阶段

对外磋商阶段包括：

1）询盘，即邀请对方提出报价及相应的运输、保险等条款（如卖方报价单）。

2）发盘，即由发盘人提出报价单。

3）还盘，即受盘人不同意或完全不同意发盘人在发盘中提出的条件，并对此提出修改意见。

4）接受，即受盘人接到对方的发盘或还盘后，同意对方提出的条件，愿意与对方达成交易，并及时承诺。

9.2.3　签订合同

交易成立后，由当事人一方以交易内容及条件制成书面文件寄交对方，由对方签署确认。这类文件包括：

1）订单（由买方制成交卖方签署确认）。

2）销售确认书、销售合同（由卖方制成，并交买方签署确认）。

9.2.4　履行合同

1. 进口合同的履行（按 FOB 成交）

1）进口签订后，按照合同规定填写开立信用证申请书向银行办理开证手续（如信用证）。

2）履行 FOB 交货条件的进口合同，应由买方负责派船到对方口岸接运货物，卖方在交货前一定时期内，应将预计装运日期通知买方，由买方向船方办理租船订舱手续。

3）在办妥租船订舱手续后，应按规定的期限将船名及船期通知卖方，以便卖方备货装船。

4）货物装船后，卖方应及时向买方发出装船通知，以便买方及时办理保险和接货等项工作。

5）FOB 交货条件下的进口合同，保险由买方办理。每批进口货物，在收到国外装船通知后，应将船名、提单号、开船日期、商品名称、数量、装运港、目的港等项内容通知保险公司，即作为已办妥保险手续。

6）卖方开户银行收到买方开户银行寄来的汇票及单据后，对照信用证的规定，核对单据的份数和内容，如核查无误，则由买方开户银行对卖方开户银行付款。

7）进出口公司用本国货币按照国家规定的有关折算牌价向银行买汇赎单。

8）进口货物到货后，由进出口公司或委托外贸运输公司根据进口单据，填写“进口货物报关单”向海关申报，并随附发票、提单及保险单。如属法定检验的进口商品，还需随附商品的检验证书，经检验合格方可放行。

9）进口货物运抵港口卸货时（见图 9-1），由港务局进行卸货核对，如发现短缺，应及时填制“短卸报告”交由船方签署确认，并根据短缺情况向船方提出保留索赔权的书面声明（同时，保险公司和商检局也将做出相应处理）。

10）此后，如订货或用货单位在卸货港所在地，则就近转交货物；如订货或用货单位不在卸货地区，则委托货运代理将货物转运至用货单位。

11）如进口商品的品质、数量、包装等不符合合同规定，则根据造成损失的不同原因，及时分别向卖方、轮船公司、保险公司索赔。

图 9-1　外贸出口中的集装箱装卸

（资料来源：中国航贸网）

2. 出口合同的履行步骤（按 CIF 成交）

1）出口合同签订后，需做好备货工作，包括备齐与合同规定的品质、数量、包装、唛头一致的货物。

2）凡属国家规定或合同规定必须经卖出国进出口商品检验局检验出证的商品，在货物备齐后，应向商品检验局申请检验，合格者由商检局发给合格的检验证书，海关方可放行。

3）履行信用证付款的合同，主要包括催证、审证和改证。催证是指如果合同中对买方开证时间未作规定，而当卖方因某种情况而拖延开证，故买方应催促卖方迅速办理开证手续。审证通常由银行和进出口公司共同承担审证工作。改证指买方对不符合当地政策、影响合同执行及安全收汇的信用证，应要求卖方通过开证行进行修改，并坚持在收到银行修改信用证通知书后才能发货，以免造成损失。

4）在 CIF 或 CFR 条件下，租船订舱是卖方的责任之一。基本程序如下：首先，由进出口公司填写托运单作为订舱依据；其次，船公司或船务代理公司在接受托运人的托运单据后，随即发给托运人装货单；最后，货物装船后，由船长或大副签发收货单，托运人凭收货单向外轮代理公司交付运费并换取正式提单，并向买方发出装船通知。

5）出口货物装船出运前，还需提供合同副本、发票、装箱单、原产地证明书及其他有关证件，向海关申报。

6）按 CIF 价格成交的出口合同，卖方在装船前，须及时向保险公司办理投保手续。

7）汇集有关单证，在信用证规定的交单有效期内，递交银行办理议付结汇手续，办法包括收妥结汇、押汇、定期结汇。

9.3　国际物流系统

电子商务下，国际物流系统是由商品的包装、储存、运输、检验、流通加工、其前后的整理、再包装及国际配送等子系统组成。运输和储存子系统是其主要组成部分。国际物流通过商品的储存和运输，实现其自身的时间和空间的效益，满足了国际电子商务对物流的要求。

9.3.1　国际物流系统组成

1. 国际物流中的仓储子系统

国际货物的存储、保管使货物在其流通过程中处于一种或长或短的相对停滞状态，然而，这种停滞是完全必要的。因为，国际货物的流通是一个由分散到集中，再由集中到分散的源源不断的流通过程，所以库存作为一种“储备”，是维持正常生产、保持连续、应付不测所必需的。

国际货物的存储与保管主要是在各国的保税区内进行的。保税制度是对特定的进口货物而言的，在进境后，尚未确定内销或复出的最终去向前，暂缓缴纳进口税，并由海关监管的一种制度。保税仓库是经海关批准专门用于存放保税货物的仓库。

入库存是企业之间或部门之间在衔接上出现了一定的问题所导致的，这种问题可能是主观的，也可能是客观的。但商品不应长时间地停留在仓库内，应尽量减少存储时间及存储量，加速货物和资金周转，实现国际物流的高效率运转。

2. 国际物流中的报检、报关子系统

由于国际贸易和跨国经营具有投资大、风险高、周期长等特点，这就使得商品检验已成为国际物流系统中重要的子系统。通过商品检验，确定交货品质、数量和包装条件是否符合合同规定。如发现问题，可分清责任，向有关方面索赔。在买卖合同中，一般都写明商品检验条款，其主要内容有检验时间与地点、检验机构与检验证明、检验标准与检验方法等。

另外，由于进口商品的流通要在不同的国家进行，因此商品的出入境还须申请通关，即国际货物的报关。

相关链接　　　　　　　　**报　关**

报关是指出口商（或其代理人）、进口商（或其代理人）向海关申报出口或进口，接受海关监督与检查，履行海关规定的手续后，经海关同意，货物得到放行的过程。报关手续通常包括申报、查验、征税和放行 4 个基本环节。对于进口货物，当货物运抵进口国港口、车站或机场时，进口商或其代理人应向海关提交有关单证和填报由海关发出的表格。一般情况，除提交进口报关单、提单、商业发票或海关发票外，往往还根据海关的特殊规定，提交原产地证明书、进口许可证或进口配额证明、品质证书和卫生检验证书等。当报关人员填写和提交单据给有关单位后，海关按照海关法令与规定，查审、核对有关单证，并查验货物、计算进口税额、结清进口税款，当办完通关手续后，准予货物结关放行。

3. 国际货物运输子系统

国际货物运输是国际物流系统中的动脉子系统。它克服了商品使用价值在空间上的距离，创造了物流的空间效益，使商品实体的位置由卖方转移到了买方。

国际货物运输是国际物流系统的核心。通过国际货物运输作业使商品在交易前提下，由卖方转移给买方。在非贸易物流过程中，通过运输作业将物品由发货人转移到收货人。这种国际货物运输具有路线长、环节多、涉及广、手续繁杂、风险性大、时间性强、内外运两段性和联合运输等特点。其中，所谓国际货物运输的两段性，是指国际货物运输的国

内运输段（包括进口国、出口国）和国际运输段。

4．国际货物保险子系统

在国际物流中，货物的交接要经过长途运输、装卸和存储等环节，在整个运输过程中，货物遭遇自然灾害或意外事故而造成损失的可能性较大。为了转移货物在运输中的风险损失，货主或其代理人便需要办理货物运输保险。

国际货物运输保险是以对外贸易运输过程中的各种货物作为保险标的保险，是投保人为了规避自然灾害和意外事故风险而采取的一种经济措施。通过投保，当货物所遭到损失的范围在承保范围内时，投保人便可以从保险公司及时得到经济上的补偿，这有利于国际物流业务更好的运转。

对外货物的运送有海运、陆运、空运及通过邮政快递等多种途径。国际货物运输保险的种类以其表现的标的运输形式相应分为 4 类：海洋运输货物保险、陆上运输货物保险、航空运输货物保险和邮包保险。

9.3.2　国际物流网络系统

国际物流系统以实现国际贸易、国际物资交流大系统总体目标为核心。国际商品交易后的合同签订与履行过程，就是国际物流系统的实施过程。国际物流系统在国际电子商务信息系统的支撑下，借助运输和储运等作业的参与，在进出口中间商、国际货代、承运人的通力协助下，借助国际物流设施，共同完成一个遍布国内外、纵横交错、四通八达的物流运输网络。

国际物流网络系统是指由多个收发货的“节点”和它们之间的“连线”所构成的物流网络及与之相伴随的信息流动网络的集合。

相关链接　　　　**节点与连线**

收发货的节点是指进、出口过程中所涉及的国内外的各层级仓库，如制造厂仓库、中间商仓库、货运代理人仓库、口岸仓库、国内外中转站仓库及流通/加工/配送中心和保税区仓库。国际贸易商品和交流物资，就是通过这些仓库的收进和发出，并在中间存放保管，实现国际物流系统的时间效益，克服生产时间和消费时间上的背离，促进国际贸易系统和国际交往的顺利进行。

连线是指连接上述国内外众多收发货节点和运输连线，如各种海运航线、铁路线、飞机航线及海、陆、空联合运输线路。这些网络连线代表库存货物的移动即运输的路线与过程；每一对节点有许多连线，表示不同的线路、不同产品的各种运输服务。各节点表示存货流动的暂时停滞，其目的是更有效地移动（收或发）。信息流动网上的连线通常包括国内外邮件，或某些电子媒介（如电话、电传、电报及因特网、E-mail 和 EDI 报文等），其信息网络的节点，则是各种物流信息汇集及处理之点，如员工处理国际订货单据、编制大量出口单证或准备提单或计算机对最新库存量的记录；物流网络与信息网并非独立，它们之间的关系是密切相连的。

国际物流网络系统研究的中心问题是确定进出口货源点（或货源基地）和消费者的位置、各层级仓库及中间批发商（零售点）的位置、规模和数量，从而决定了国际物流系统的布局合理化问题。

在合理布局国际物流网络系统的前提下，国际商品由卖方向买方实体流动的方向、规模、数量就得以确定，即国际贸易的贸易量、贸易过程（流程）的重大战略问题，进出口货物的卖出和买进的流程、流向、物流费用、国际贸易经营效益等，都一一确定了。

国际物流合理化的措施包括：合理选择和布局国内外物流网点，扩大国际贸易的范围、规模；采用先进的运输方式、运输工具和运输设备，加速进出口货物的流转。通过这些国际物流合理化措施以达到费用省、服务好、信誉高、效益大、创汇多的物流总体目标。

9.4 国际物流组织和管理

9.4.1 国际物流组织

物流组织通常可以理解为物流活动的组织，也就是为了有效地完成物流活动而建立的一个有机的整体，并且和其他部门合作，实现物流工作目标。国际物流组织作为物流组织的一种形式，具有国际化的特点。由于国际物流组织所实现的物流活动是国际化的，必须要有全球化的信息中心和服务网络，通常采用网络等电子手段，保证物流活动的完成。同时，国际物流组织一般采用分权化的思想，通过管理的层次化结构，保证协调一致的计划、指导和控制。

9.4.2 国际物流组织形式

服务于电子商务的国际物流组织形式可从不同的角度加以分类。

1）按照运输方式分类，可以分为海洋运输、公路运输、铁路运输、航空运输、邮政运输、多式联运等。

2）按照产品流动的方向分类，可以分为出口国际物流组织和进口国际物流组织，又可以进一步细分为 5 种组织形式：

- 厂商通过出口部门，向另外一国进口部门出口产品的形式；
- 贸易额大的商业公司，在进口国设立分公司或者驻外机构来组织物流的形式；
- 出口厂商与另一国的进口部门直接合作的形式，这种形式减少中间环节，有利于物流合理化；

- 厂商在进口国设立驻外机构的形式，这种形式将产品出口，在进口国进行组装，以扩大销售；
- 厂商在进口国设立工厂进行生产、销售、向第三国出口的形式。

9.4.3　国际物流管理的内容

电子商务的发展，必然推动国际物流管理迈上新的台阶。国际物流管理的内容主要包括国际物流经济管理、国际物流质量管理和国际物流工程经济管理 3 个方面。通过这 3 个方面实现对国际物流活动各个要素的管理，即采购、包装、流通加工、存储、保管、装卸、运输及信息管理等内容。

1．国际物流经济管理

国际物流经济管理就是指以商品的国际流动过程为主体，运用各种管理职能，对商品的流动过程进行系统的统一管理，从而降低国际物流成本，提高物流的经济效益的活动。

（1）国际物流计划管理

它是指对商品的国际化生产、分配、交换、流通整个过程的计划管理，是指在国际物流大系统计划管理的约束下，对国际物流过程中的每个环节都要进行科学的计划管理，具体表现为国际物流系统内各种计划的编制、执行、修正和监督等。

（2）国际物流统计管理

它是指对国际物流过程中经济活动的数量进行统计研究，对所统计的数据进行分析和研究，从而发现问题，改进流程，提高运营水平。

（3）费用成本管理

国际物流活动中的很大比重是物流成本。由于国际物流发生在全球范围内，物流成本高，所以通过控制物流成本就可以提高物流的效益。

（4）国际物流设施管理

它是指在国际物流过程中为商品流通服务的所有设施。例如，交通运输设施及仓储设施等，它们是国际物流活动中不可缺少的物质基础，是保证商品以最快的速度和最少的消耗从生产到国际消费领域的重要前提。

2．国际物流质量管理

它是指对商品的质量保证及改善。国际物流过程不仅是保护和转移商品，还可以通过采用加工等手段来改善和提高商品的质量及物流服务质量。整个国际物流的目标，就是提高客户对其服务质量的满意度。由于国际物流发生在不同的国家之间，语言交流的误会，会引起客户的不满，因此，国际物流活动中，一定要明确掌握和了解客户的要求。物流工作质量，是指对物流的各个环节，如运输、搬运、装卸、保管等进行的质量保证。提高国际物流的工作质量应在设施、工作方法上予以加强。国际物流活动是一个包含人、商品、设备、方法、环境等多个要素的系统工程，各个环节之间的联系和配合非常重要，要从工程的角度提高物流的质量。

3．国际物流工程经济管理

它是指物流工程的经济效果问题，也就是物流技术的可行性和经济合理性问题，实际上是对物流工程客观经济规律的研究。

9.4.4 国际物流管理的步骤

1．对国际物流计划的管理

国际物流计划要确定国际物流所要达到的目标，以及为实现这个目标所进行的各项工作的先后次序，还要分析研究在国际物流目标的实现过程中可能发生的任何来自外界的影响，尤其是那些不利因素，并制定出相应的对策及措施。

2．确定国际物流计划后，对物流实施阶段进行管理

在国际物流的各个阶段，计划中的各项活动的执行受到检验和管理，从中发现问题，并解决问题。

3．对国际物流评价阶段的管理

物流活动结束后，将计划和具体的实施结果进行对比分析，从而确定国际物流计划的合理性，总结实施阶段的成果和不足，为以后制定物流计划提供经验和材料。

9.4.5 信息技术在国际物流组织管理中的应用

由于国际物流市场瞬息万变，因此，国际物流必须要有高效的电子信息系统。目前，普遍采用的信息技术是：全球卫星定位系统（GPS）和因特网。

GPS 是结合了卫星及无线技术的导航系统，具备全天候、全球覆盖、高精度的特征，能够实时、全天候为全球范围内的陆地、海上、空中的各类目标提供持续的三维定位、三维速度及精确时间信息。通过使用 GPS，实现了无地域限制的货物跟踪显示，降低了物流公司为建立监督中心所担负的费用。同时，采用 GPS，还可以对国际物流实行实时监控，实现了双向通信、动态调度运输活动。

因特网是一种集通信技术、信息技术和计算机技术为一体的网络系统。因特网的引入将物流的空间概念转化为时间概念，减少了硬件设施的投入，降低了成本，同时，更有利于对现有资源的整合。因特网的引入也为物流企业的发展提供了机遇。通过因特网，客户可以对货物进行实时查询，并且可以及时反映问题。

9.4.6 国际物流的标准化

1. 国际物流标准化的概念

标准化是对商品、工作、工程或服务等普遍的活动规定统一的标准，并进行贯彻实施的整个过程。标准化的内容，实际上就是经过优选之后的共同规则，为了推行这种共同规则，世界上大多数国家都有标准化的组织，如英国的标准化协会（BSI），我国的国家标准化管理委员会等。在国际上，日内瓦的国际标准化组织 ISO 负责协调世界范围的标准化问题。

国际物流标准化是指以国际物流为一个大系统，指定系统内部设施、机械装备、专用工具等各个分系统的技术标准；指定系统内各领域如包装、装卸、运输等方面的工作标准；以系统为出发点，研究各分系统与分领域中的技术标准与工作标准的配合性，按照配合性的要求统一整个国际物流系统的标准。研究国际物流系统与相关其他系统的配合性，进一步谋求国际物流大系统的标准统一。

2. 物流标准化的方法

在物流体系的标准化方面，各个国家都还处于初始阶段，标准化的重点在于通过制定标准的模数尺寸来实现全物流系统的贯通，取得提高物流效益的初步成果。

（1）确定物流的基础模数尺寸

物流基础模数尺寸的作用和建筑模数尺寸的作用大体相同。基础模数一旦确定，设备的制造、设施的建设、物流系统中各环节的配合协调、物流系统与其他系统的配合等都有了依据。目前 ISO 中央秘书处及欧洲各国基本认定 600 毫米×400 毫米为物流基础模数尺寸。

（2）确定物流模数

物流模数即集装基础的模数尺寸。物流标准化的基点应建立在集装的基础之上，还要确定集装基础模数尺寸（最小的集装尺寸）。

集装基础模数尺寸可以从 600 毫米×400 毫米按倍数系列推导，也可在满足 600 毫米×400 毫米的基础模数的前提下，从卡车或大型集装箱的分割系列推导出来。

（3）以分割及组合的方法确定系列尺寸

物流模数作为物流系统各环节的标准化的核心，是形成系列化的基础。依据物流模数进一步确定有关系列的大小及尺寸，再从中选择全部或部分，确定为定型的生产制造尺寸，从而完成某一环节的标准系列。

目前，ISO 对物流标准化的研究工作还在进行中，对于物流标准化的重要模数尺寸已大体取得了一致意见并拟订出初步方案。作为物流标准化的基础和物流标准化首先要确定数据，几个基础模数尺寸如下：

1）物流基础模数尺寸为 600 毫米×400 毫米。

2）物流模数尺寸（集装模数尺寸）以 1 200 毫米×1 000 毫米为主，也允许 1 200 毫米×800 毫米及 1 100 毫米×1 100 毫米两种情况。

（4）识别与标记标准

1）传统的识别与识别的标准方法。在物流系统中，识别系统是必要的组成部分之一，同时也是最早实现标准化的系统之一。在物流领域，识别标记主要用于货物的运输包装上。传统的标准化将包装标记分为以下 3 类：识别标记、储运指示标记、危险货物标记。

2）自动识别与条形码标志。“自动识别+条形码”是在“人工识别+条形码”基础上的一大进步，这种技术识别将速度提高几倍甚至上百倍，使识别的准确程度达到 100%，是提高效率的重要措施。

（5）自动化仓库的标准

自动化仓库标准的主要内容有以下几个部分：名词术语的统一解释，自动化仓库内部定位名称，操作、运行的指令、术语等。

9.5 电子商务下的国际物流方式

电子商务使国际贸易、企业经营、个人生活方式发生了一场革命。电子商务在流通领域的应用，可以降低库存，增加库存周转次数。由于网上交易费用低廉，可极大地降低销售和运营的成本，因此电子商务对现代物流理论和技术产生了深远的影响。

在商业运行中，不同的交易方式会产生不同的物流模式。在电子商务这种交易方式下，物流模式的特点将是国际物流、跨区域物流不断增加，与之相应，第三方物流模式将成为一种最频繁的选择。以下主要分析消费者和企业之间、企业和企业之间在电子商务下的跨区域物流问题。

9.5.1 电子商务下的消费者——企业间跨区域物流

企业对消费者的业务 B2C，又称为直接市场销售，主要包括有形商品的电子订货和付款、无形商品和服务产品的销售。

9.5.2 电子商务下的企业——企业间的跨国物流

电子商务的另一种模式是企业与企业之间的网上交易 B2B，主要是通过 EDI 进行的，主要包括：

- 企业与其他供应商之间采购事务的协调；
- 物料计划人员与仓储、运输及产品的公司间的业务协调；
- 销售机构与其产品批发商、零售商之间的协调；
- 客户服务；

- 公司日常运营活动，内部员工的交流等。

9.5.3　第三方物流——完善跨区域物流

对于 B2C 电子商务交易模式，如果出现跨区域物流，流通费用将大大增加，最理想的解决方法是由第三方物流帮助卖方完成商品的送货。第三方物流就像完善的邮政系统，人们在寄邮件时，只要将邮件投放到信箱，另一方就可收到邮件，而不必关心邮件的递送过程。

采用第三方物流模式，明显的优点是：首先，网上商店的优势是投资少、收益高、经营灵活。网上商店一般是新建的企业、公司，这些公司在成立初期，不可能大力投资建设自己的配送网络，如果利用第三方物流企业完善的网络系统，为这些网上商店送货，网上商店则可节省大笔的费用，第三方物流企业的专业送货，也比网上商店自己送货更为迅速、更有保证。其次，在跨区域物流中，顾客是网上商店难以送达的异地用户，如果选择处于异地的第三方物流公司送货，则这种送货可轻易完成。当第三方物流非常发达的时候，网上购物才会得到迅速的发展。

对于 B2B 电子商务交易模式，物流成本在商品交易成本中占很大比重。在跨国交易中，如果没有良好的物流系统为双方服务，这种成本增加的幅度会更大。如果各自组建自己的物流系统，不仅难度很大，而且双方在出、入境时仍然存在衔接不畅的问题。跨国性的第三方物流企业可给双方提供最佳的服务，实现门到门的送货。EDI 通过信息将交易双方联系在一起，而第三方物流企业则通过物流将双方联系在一起。

案例分析

1. 美国海贸国际运输公司借助电子商务发展国际物流

“所谓物流，并不仅仅是把货物从一个地方运到另一个地方，更重要的是把货物运送的信息准确地传递给顾客，而因特网技术恰好为此提供了极大的方便。”美国海贸国际运输公司执行副总裁 John Knapp 在接受记者采访时强调说。

美国海贸国际运输公司（以下简称海贸）是中远美洲公司直属机构，专门负责中国到北美航线的集装箱进出口运输业务，它拥有全球 40 多个办事机构，航线遍布全球各大港口城市。目前，海贸已经计划在中国由单纯的国际运输企业转向集国际物流、物流信息网络、物流信息服务为一体的物流综合企业。为此海贸对中国各大港口城市进行了全面考察，并选择了厦门作为海贸中国物流发展的基地，投资成立了厦门海环计算机软件有限公司，专门负责国际物流信息系统的开发与推广，并着手建立全球最大、最专业的国际物流网站。目前海贸已经与多家国际著名的 B2B 网站：www.alibaba.com（阿里巴巴）、www.chinaproducts.com（中国出口商品网）等达成战略同盟关系，为其世界各地的客户提供完整的国际物流解决方案。

2．中国外轮代理公司的国际物流

我国的大型运输、仓储企业，无论是基础设施还是业务条件，都已具备了开展国际物流服务的基本能力。例如，中国外轮代理公司（以下简称外代）的货运在近10年中得到了迅速发展。据统计，1998年外代代理的货运量已占中国市场的10%。它在中国建立了78个口岸公司和近200个货运网点，通过密集的网络分布可以将货物用各种运输工具送往全国的每一个城市。通过多年的努力，建立起了一套比较完善的管理制度，已通过了ISO 9002质量体系认证。外代自行开发了外代货运系统，成为国内最先应用计算机信息管理系统的运输相关企业。目前全系统自有仓库6.7万平方米（其中，保税库6 350平方米），堆场53.9万平方米，各种运输车辆237辆，在硬件上为发展物流创造了良好条件。外代已经获得交通部和铁道部联合颁发的第0001号《国际集装箱多式联运经营许可证》。作为国内首家取得许可证的多式联运经营人，他们的目标是竭诚为客户提供“全天候、全方位、全过程”的服务，并充分利用枢纽港口发达的海、陆、空运输条件，对进出口货物进行分拨、集拼，形成外代系统辐射全国的“门到门”多式联运服务网络体系。

外代总公司与海关总署签订了《关于共同加强报关运输管理的合作备忘录》，在各口岸设立专业报关行，是促进外代的业务发展、方便货物进出口报关、提高外代物流服务效率的具体手段和措施。为满足小批量货物的需要还开辟了“高速集运班车”快速运输特色服务，形成了以大连、青岛、上海、宁波等枢纽港口为中心，辐射东北、华北及华东地区5省一市的集运、分拨服务网络。

目前，外代已经成功地为美商宝伦鞋业、日本东丽化纤、南汽集团、厦华三宝计算机、英国皇家马戏团来华巡回演出等项目提供了完美的物流服务，获得了国内外顾客的一致认可和好评。外代系统致力于与顾客建立一种相互信赖、相互依存的新型战略伙伴关系，在业务交往中双方互惠互利、共同发展。

思考题

（1）中国外轮代理公司是如何发展自己的业务的？

（2）中国外轮代理公司有哪些成功的经验可以给同行业借鉴？

相关链接　　改变世界的箱子——集装箱

《集装箱改变世界》是近期颇受关注的一部商业图书，从一部产品史衍生出有趣的经济史，视角独特，充满智慧。后来赢得“集装箱运输之父”尊称的马尔科姆·麦克莱恩是《集装箱改变世界》着墨最浓的一位人物，他曾被《福布斯》列入1950年以来改变世界的10个人之一。

在第二次世界大战刚刚结束后的那段时期，美国的经济迅速发展。然而，航运业的发展却很缓慢，效率低下。由于有保护性政策，航运业并没有感受到多少直接的变革压力。于是，改造航运业的使命就留给了对航运一窍不通的外行、白手起家的卡车运输大亨马尔科姆·珀塞尔·麦克莱恩。

集装箱运输这种运输方式的问世，使全球运输业发生了革命性的变革，实现了海陆联运，大大提高了运输效率。在不到半个世纪后，全世界 90%的货物都是通过集装箱运输的。麦克莱恩创办了世界上最大的集装箱运输公司——海陆联运公司。2000 年，麦克莱恩被“国际海运名人堂”命名为“世纪伟人”，被同行誉称为“集装箱运输之父”。

麦克莱恩在 1931 年出生于北卡罗来纳东南部的小镇麦克斯顿。麦克莱恩喜欢把自己的人生描绘成著名美国作家霍拉肖·阿尔杰笔下的故事：他的母亲怎样让他拎着柳条筐到路边去卖鸡蛋，怎样给他提成，怎样教会了他做生意。

当年轻的马尔科姆在 1931 年高中毕业时，正赶上大萧条最严重的时期，靠着家族的关系他在当地的一家食杂店干上了整理货架的工作。当一家石油公司在附近的红泉镇上需要一名加油站经理时，这些当地的社会关系再次帮了他——家族的一个朋友借给了他一笔钱，让他买回了第一车汽油。

1950 年的《美国人》杂志上叙述说，当马尔科姆得知一个卡车司机把油从 28 英里外的费耶特维尔运到加油站能赚 5 美元时，他就看到了自己发迹的机会。麦克莱恩提出自己来做这项工作。加油站的所有者让他使用一辆停在院子里生锈的旧拖车。麦克莱恩卡车运输公司在 1934 年 3 月开业了，而麦克莱恩还在管理加油站，是那里唯一的司机。不久之后，麦克莱恩买到了一辆二手的自卸卡车。靠着这辆自卸卡车，麦克莱恩赢得了为公共工程发展总署拉土的合同。这次项目的结果，让他能雇用上一位司机，并用赚到的钱买了一辆新卡车。

这个从赤贫到暴富的传说显然不能公正地评价麦克莱恩的雄心壮志。到了 1935 年，尽管麦克莱恩只有 22 岁并且只开了一年车，但他已经拥有了两辆卡车和一辆牵引拖车，雇用了 9 名自备运输工具的司机，并且已经开始从北卡罗来纳向新泽西运送钢鼓、向新英格兰的纺织厂运送棉纱了。到了 1940 年，由于美国的参战准备带动了经济的复苏，创立 6 年的麦克莱恩卡车运输公司已经拥有了 30 辆卡车，赚得的总收入达到了 23 万美元。

1946 年的时候，麦克莱恩公司的总收入达到 220 万美元，几乎是 1940 年时的 10 倍。不过 34 岁就已经富有起来的麦克莱恩仅仅把这看成一个开始。正如他在几年后所写的：“我认识到，我唯一的机会就是要不断地壮大、壮大、再壮大，要把一个相对较小的卡车运输公司变成一个非常庞大的企业。”

马尔科姆·麦克莱恩不是一个坐下来享受成功的人。对成功的商业人士来说，参与社会和慈善活动是少不了的，但他却不感兴趣。他是一个不安分的人，喜欢竞争和盘算，时刻想着经营。

通过十几年的不断实践和潜心钻研，麦克莱恩发明了储装箱，解决了装船慢、货物累积量小的历史性难题。1955年，他收购PAN、大西泽公司，着手将自己的发明付诸现实，把公司里的油轮改造成储运货物的大金属箱——现代集装箱的雏形。

1956年4月16日，他的第一支集装箱船队“理想6号”驶出港口，从此世界储运史悄悄地翻开了新的一页。

《集装箱改变世界》的作者马克·莱文森认为马尔科姆·麦克莱恩的根本性认识在于，航运业的业务是运货而不是通航。这种认识让他形成了与以往完全不同的集装箱运输的新概念。麦克莱恩认识到，降低货运成本所要求的不仅仅是一只金属箱子，而是一整套货物处理的新方法。这个系统的每个组成部分，港口、轮船、起重机、储存设施、卡车、火车以及发货人自身的操作等，都必须做出改变。他的这种认识几乎要比当时运输业中的每个人都超前很多年。这些见识所引发的变革如此富有戏剧性，以至于连几十年来一直在推动集装箱运输的国际集装箱局的专家们都为之震惊。该组织的一位领导者后来承认说：“我们并没有意识到，当时的美国正在发生一场革命。”

（资料来源：互联网，物流指闻）

本章小结

国际物流是国际贸易的必然组成部分，是指合理组织货物在国际间流动。其目的是以最佳的方式和途径，以最小的费用和风险，保质、保量、适时地将货物由一国的供方运输到另一国的需方，为国际贸易和跨国经营服务。国际物流运作主要包括：交易前的准备工作、对外磋商阶段、签订合同、履行合同。国际物流系统包括：国际物流中的仓储子系统；国际物流中的报检、报关子系统；国际货物运输子系统；国际货物保险子系统。其中运输和存储子系统是国际物流系统主要组成部分。国际物流管理的内容主要包括：国际物流经济管理、国际物流质量管理和国际物流工程经济管理3个方面。标准化是对商品、工作、工程或服务等普遍活动规定统一的标准，并进行贯彻实施的整个过程。电子商务对现代物流理论和技术产生了深远的影响，其基本模式有：电子商务下的消费者与企业间跨区域物流、电子商务下的企业与企业间的跨国物流、第三方物流与完善跨区域物流。

综合实训

通过因特网，寻找一种你完全不熟悉的产品（如发电机）。查看有多少家企业提供这种产品，多少家企业有产品目录或网站，多少家企业提供网上订购服务，多少家企业可提供传真材料。写一份 400 字左右的报告，总结你对这种产品的了解及该产品在因特网上销售的情况。

思考与练习题

（1）怎样理解国际物流？
（2）简述国际物流在 20 世纪的发展历程。
（3）国际物流的意义有哪些？
（4）国际物流运作阶段包括哪几个步骤？
（5）国际物流系统包括哪几部分？

第10章

电子商务物流相关法律问题

学 习 目 的

- 了解电子商务物流有关的法律问题；
- 掌握电子合同、电子支付、电子商务下的货物运输保险有关知识。

工作任务

电子签名

《电子签名法》的颁布给电子签名应用带来了巨大的商机，但是，如何规范认证服务、统一标准和实现交叉认证等还是制约电子签名应用的障碍，目前存在的问题如下所述。

首先，已有电子认证的“归属”问题。我国《电子签名法》和《电子认证服务管理办法》的出台是在国内已经有了70多家的电子认证服务机构及已发出上百万张数字证书之后制定的，这些认证机构有行业的、区域的，这些数字证书也发给了企业和个人，这部签名法如何面对这些“既成事实”就成了实施中的重要一环。目前，应当遵循尽量实现平稳过渡、充分利用现有资源的原则，只要是符合《电子签名法》和《电子认证服务管理办法》规定的电子认证服务机构，都可以得到相应的许可。

其次，低估电子商务认证机构运行的难度。电子商务认证机构要维持其运作，就要有相应的用户规模，同时用户要相信认证机构提供的数字身份证。这就不仅要有相应的安全保证和严格的管理规章，还要有经济方面的支持，有大量的资金投入才能保证认证机构的长期运行和其安全性；此外，认证机构还需要有完善的内部管理制度和业务流程控制。

最后，认证标准有待互联互通。电子签名的认证在未来会在各种认证手段之间实现互联互通。而在目前情况下，如果电子签名认证采用的技术标准不止一个，就会在很大程度上影响电子签名的普及和应用。例如，美国的电子签名并未得到很好的发展，一个重要的原因就是没有特别确认电子签名的标准。因此，尽快确认电子签名的标准，实现电子签名认证手段之间的互联互通也是一个亟待解决的问题。

请思考：

（1）电子签名有何意义？

（2）如何保证电子签名的有效性？

市场经济的运行主要依靠市场规律来自动调节，从而市场经济才能体现出其完美的一面。但是自由、平等的市场经济必须由相应的法律、法规来规范，使其当事人应有的权利不受侵犯，使参与者在平等、明晰、规范的市场中从事经济活动、行使经济权利、履行经济义务，从而规范经济秩序，使经济最终为社会服务，所以说市场经济是法制经济。

电子商务物流也是市场经济的一部分，是市场经济的一种实现形式，具有其他经济形式的共同特点：受价值规律的调节，需要相应的法律、法规的规范来有效地实施。因此，电子商务物流的规范及法律问题也就必然与其他经济模式的规范同等重要，没有法律的支持和保障，电子商务物流也不会有更好的发展。

同时，一方面，电子商务独特的运作方式对物流涉及的法律也提出了更高的要求和挑战。传统的经济往来中经济行为的可验证性，如合同、契约等，使得经济行为容易规范，出现问题容易裁定。而首先，电子签名是一串数字、密码或使用精密扫描工具扫描的其他文字或符号，取消了书面签字带来相应的一系列问题；其次，电子商务如果仅靠信用体系运作是不可能的。良好的信用体系固然是经济行为中可以信赖的一面，但是它毕竟不能提供最终的保证。信用是经济活动中的一种手段，不能代替法律基础，信用是道德范畴的东西，没有法律的强制性很难提供最根本的保证，电子商务必须同时依靠法律。

在另一方面，人们担心网络的安全性，担心没有一个网络系统是绝对安全的。一般情况下采用链路加密技术，或者采用节点加密技术， 又或者在网络中心及关键之处建立专用的防火墙，但在病毒的入侵和黑客的攻击面前这些安全措施并不是天衣无缝的。对这种方式的违法犯罪的界定及处罚，对出现的不安全责任的追究和责任承担的大小等问题，只有通过相应的立法才是最可靠的解决办法。

本章仅就电子商务物流有关的电子合同、电子支付、电子商务下的货物运输保险等有关的法律问题进行探讨。

10.1 电子合同的法律问题

与物流相关的商务往来一般都要通过缔结合同达成，传统的合同是通过达成协议并在纸质合同上签名盖章才生效，而在虚拟的网络空间里，人们无法通过纸质合同来达成协议，只有采取电子函件等数据电文的方式签订电子合同来达成协议。

相关链接 电子合同

所谓电子合同，是指在专用的或公开的网络环境里通过数据电文达成的非纸质的数字化合同。它有许多种分类，按照是否可以更改这一达成协议的方式可以分为定式合同和协议合同。定式合同是格式合同，它通常是一种在页面上已经写好固定内容的合同，购买人直接用鼠标单击选择从而制定的合同；按照在何种网络空间达成合同可以分为在公开的因特网上通过电子函件签订的电子合同和在专用网络里签订的电子数据交换EDI达成的电子合同等。

目前，随着因特网的迅速发展，以电子数据交换达成的电子合同因为在专有网络上进行，具有安全性高、成本高等特点，这种形式现在正逐渐减少并逐渐向因特网的电子合同靠拢。在因特网上达成的电子合同具有成本极低、风险较大的特点，但随着因特网的迅速普及和上网人数的迅猛增加而随之迅速发展，并日益成为未来经济的主要方式，电子商务正在成为各国新的生产力和经济增长点。电子合同与传统纸质合同的最大不同就是它的内容具有可编辑性。

1．电子合同的特征

首先，电子合同具有可编辑性。可以由人们随意编辑、修改、增加或删除而没有明显的修改痕迹，传统合同签订后签字人各执一份合同原件，原件一经修改就可以很明显地分辨出来。即使通过传真方式签订的合同，发件人仍有一份原件。电子合同的上述特征，给法院认定证据效力方面带来许多困难。其次，签订电子合同的数据电文具有易消失性，数据电文是无形物。最后，电子合同易受侵害。数据电文是通过键盘输入的，用磁性介质保存的，容易受到物理灾难的威胁同时容易受到计算机病毒或黑客的攻击。

2．电子合同的要约和承诺

合同一般是由要约和承诺构成的。提出订立合同的人是要约人，提出订立合同的意思表示为要约，对要约内容表示完全同意的是承诺，接受要约的人是承诺人。一个合同通常经过不断的要约和承诺才能达成协议，合同一定是当事人的真实意思表示并经过当事人达成完全一致才能生效。如果签约人对合同有重大误解或该合同显失公正，该合同可以被宣布无效或可被撤销。

传统合同通常是缔约人通过人工达成协议并签订书面合同而成立的（除及时清洁可以达成口头合同外），而电子合同是完全自动化的无纸合同，缔约方通过利用计算机进入因特网或专有的网络自动发出要约和承诺，订立合同是非面对面、自动化完成的。在这一订立合同的过程中，由于是在网络空间中非当面达成的协议，合同的要约和承诺可能会被黑客等人修改而不反映当事人的真实意思表示，合同被错误地执行，同时，由于数据电文的修改可以不留痕迹，所以如何解决这一问题显得相当重要。欧洲共同体委员会在《关于通过电子商务订立合同》的研究报告中提出解决这一问题的方案：可以把对计算机拥有最后决定权的人看作同意计算机发出的要约人或承诺人，由他对计算机系统所做出的一切决定承担责任。

3．电子合同生效的时间和地点

电子合同生效的时间和地点相当重要，它不仅确立了当事人权利和义务的开始，而且也是发生纠纷确定管辖权和所适用法律的依据之一。不同的法系和国家对合同成立的时间和地点的规定各不相同。大陆法系国家通常采用“到达生效原则”，承诺的函电一到达要约人，合同就发生法律效力，以承诺到达时间和地点为合同成立的时间和地点。英美法系采用“发出生效原则”或“邮箱规则”，承诺一旦发出，合同就成立，以承诺发出的时间和地点为合同生效的时间和地点。“只要正确写明收件人并加贴邮票，一项采用邮寄方式（或类似方式）的发盘接受，在发送时即可构成一项合同。如果该信件发送不当，则在发盘人收到信件时接受才生效，这就是著名的邮箱原则，它只适用于接受。”（摘自《赛博空间和法律》第 54 页）

电子合同的订立是在不同地点的计算机系统之间完成的。对电子合同的签订人，随着手机的上网，可以在任何地点发出数据电文签订电子合同，如发出人通过手提计算机或手机上网可以在任何地方发出数据电文承诺，从而签订电子合同，在合同成立的时间上，不论是“发出生效原则”和“到达生效原则”，通过不同时区的时间可以确定合同生效的时间再转换成统一的时间，如通过英国最近提出的格林威治电子时间可以确定全球统一的电子商务合同生效时间。由此可见，合同成立的时间是容易确定的，但合同生效的地点如果以“发出生效原则”，在网络空间里将难以确定，采取“到达生效原则”来确定合同生效的地点则易于确立合同生效的地点，因为数据电文到达要约人总是有一个固定的接受地点，因此很容易确定，这样“到达生效原则”确定合同生效的地点成为发展的趋势，既有利于确定合同的管辖权所适用的法律，又有利于当事人预见可能发生纠纷的处理结果。联合国国际贸易法委员会所制定的《电子商务示范法》是采用承诺到达的地点作为合同生效的地点。

4．我国《合同法》对电子合同的法律规定

我国原先的《经济合同法》、《技术合同法》、《涉外经济合同法》并不承认收据电文签订的非纸质合同，1999 年 10 月 1 日实施的新《合同法》则用功能等同法认可了电子合同属于书面合同。新《合同法》第十一条规定：“书面形式是指合同书、信件和数据电文（包括电报、电传、传真、电子数据交换和电子函件）等可以有形地表现所载内容的形式。”该法第十六条规定：“要约到达要约人时生效。采用数据电文形式订立合同，收件人指定特定系统接收数据电文的，该数据电文进入该特定系统的时间，视为到达时间；未指定特定系统的，该数据电文进入收件人的任何系统的首次时间，视为到达时间”。第二十六条第二款规定：“采用数据电文形式订立合同的，承诺到达的时间适用于本法第十六条第二款的规定”。由此可见，我国采用大陆法系的“到达主义”，这既与我国通常的做法一致，又和国际上的做法接轨，而且符合技术发展的趋势。

相关链接 合同生效的确定

我国《合同法》第三十四条规定：“承诺生效的地点为合同成立的地点。采用数据电文形式订立合同的，收件人的主营业地为合同成立的地点；没有主营业地的，其经常居住地为合同成立的地点，当事人另有约定的，按照其约定。”这是采用大陆法系的“到达生效原则”来确定合同生效的地点的。在点击式电子商务的格式合同中，由于数据电文的传递非常快，无论是采用“投邮主义”还是“到达主义”对合同成立的意义都不是很大，因为点击式合同的“投邮”和“到达”几乎是同一时间，所以一旦点击并通过信用卡、电子支票或数字货币支付来购买数字产品，如软件或音乐等也仅是相隔很短的时间，整个交易就可完成，除非信息在传递过程中路径不通或对方的服务器发生故障无法接收信息。

对于电子商务的点击电子合同，新《合同法》第十九条规定：“采用格式条款订立合同的，提供格式条款的一方应当遵循公平原则确定当事人之间的权利和义务，并采取合理的方式提醒对方注意免除或者限制其责任的条款，按照对方的要求，对该条款予以说明。格式条款是当事人为了重复使用而预先拟订，并在订立合同时未与对方协商的条款。”第四十条规定：“格式合同具有本法第五十二条和第五十三条规定情形的，或者提供格式条款一方免除其责任、加重对方责任、排除对方主要权利的，该条款无效。”第四十一条规定：“对格式条款的理解发生争议的，应当按照通常理解予以解释。对格式条款有两种以上解释的，应当做出不利于提供格式条款的一方的解释，格式条款与非格式条款不一致的，应当采用非格式条款。”新《合同法》之所以这么规定，既考虑到传统法律的规定及买方没有得到参与合同制定、无讨价还价的余地的情况，也根据网络空间的消费者可以来自世界各地的实际情况加以考虑，因而这一规定有利于保护消费者。

通过签订电子合同来进行电子商务虽然具有方便、快捷、成本低、市场全球化等优点，但也存在一定的风险：电子合同通常是在开放网络中利用数据电文这一信息流来传递的，虽然可以采取加密的方式进行传递，但在传送过程中仍然会发生信息被他人截获、篡改、被病毒侵蚀等情况，从而导致电子合同的内容变更。为此，新《合同法》第三十三条规定："当事人采用信件、数据电文等形式订立合同的，可以在合同成立之前要求签订确认书。签订确认书时合同成立。"无疑这一规定在网络经济刚刚兴起，电子商务正在迅速发展，而法律严重滞后的情况下是必要的，在防范电子商务下电子合同的风险起到了相当大的作用。这也是我国从工业社会向信息社会过渡中一种桥梁和暂时的法律措施。

5．电子合同与相关的证据法问题

传统的书面文件（包括合同和各种单据）因其本身直观、明了、可以长久保存，改动和增删又都会留有痕迹，通常不难察觉，所以各国法律均承认其可以作为证据。电子数据能否作为法律上的证据，直接关系到电子交易中当事人合法权益的保护，关系到网络电子商务的顺利发展。各国法律专家、技术专家都在努力寻求好的解决方案，以便电子数据能被纳入法律中证据的范畴。

相关链接　　**电子数据作为证据的判定**

在英美法系中，传闻证据规则和最佳证据规则是英美证据法的两大基本原则，正是这两条规则成为今天英美法系采纳电子数据作为证据的主要障碍。但是英美法系中还存在许多例外。关于传闻证据规则，英国 1968 年制定的《民事证据法》即包括了关于计算机输出文件的具体规定。此外，英国 1979 年制定的《银行业法》中明文承认银行的账簿包括用微型照片、磁带或其他保存数据的机械用电子形式所保存的数据可以作为证据使用。在美国法中，判例一向认为传闻证据有一项例外，即所谓"商务记录例外"原则。这项例外后来被纳入 1965 年美国《统一证据法规则》中，并经大多数州略加修改后采纳为州法。现在美国判例能援引这项例外原则，承认计算机输出文件的可采性。关于最佳证据规则，按照英国判例法，凡当事人能证明他无法取得正本时可以使用抄本证明正本内容。这一例外，成为英国法院采纳计算机输出文件作为证据的依据之一。在成文法方面，英国 1968 年《民事证据法》第五条规定，可以采纳计算机输出文件的抄本作为证据。美国法律与英国法律判例类似，允许如果当事人能证明无法取得正本可以采用抄本作为证据，在判例中，美国法律还对"无法取得"这一概念做了较宽大的解释。

我国现行立法、司法中对计算机数据是否能成为合法证据态度尚不明朗，是一个亟待解决的问题。目前，比较妥善的办法是通过立法或司法解释的方式，对法定证据之一的书证或视听材料做扩大解释，将计算机数据纳入法定证据的范畴，以促进电子商务在我国的有序发展。

10.2 电子商务支付的法律问题

随着电子商务的发展，消费者通过因特网享受物流服务，通常需要安全、快捷的支付服务。要想达到这点，最好的方式是采取网上支付。目前，网上的支付手段种类较多，常见的是信用卡进行的网上支付和“数字货币”支付。利用现有的信用卡结算体系进行网上支付是目前比较普遍，也是比较成熟的一种。

1．信用卡网上支付的法律问题

（1）传统信用卡支付方式

信用卡根据资金的来源可以分为贷记卡和借记卡。在利用信用卡进行消费之前，往往是持卡人与银行签订一个协议，而银行与商家也就是特约商户之间也有协议。支付过程是，持卡人在选购好商品以后，把信用卡交给商家，商家用压卡机压卡，制作出签购单。持卡人审查签购单，检查没有问题之后，就在签购单上签字。商家拿到这些签购单之后，就向信用卡的发卡银行提交这些单据，要求银行付款。发卡银行向商家付款，并收取一定的手续费。然后，发卡银行再根据业务的规则，向持卡人发出付款通知书，持卡人向银行付清款项。

这是一个比较简单的过程，只涉及消费者、商家和发卡银行。在信用卡使用比较发达的地区，关系会比较复杂，可能会有发卡行和收单行，有时发卡行和收单行不是一家。因此在信用卡使用的过程中，会出现一些问题，如伪造信用卡、利用信用卡进行欺诈等，有时还会有民事上的纠纷。这就涉及各个当事人之间责任的分担。比较常见的情况是信用卡遗失或被别人冒用，这时，在无法追究冒用人责任的情况下，如何分担这一损失是关于信用卡的法律中要解决的一个十分重要的问题，并直接涉及信用卡的发展。如果持卡人否认一笔交易，不向发卡银行支付账款，那么发卡银行也不会向收单行付款，收单行由于已经付了款，因此所承受的风险较大。

（2）信用卡的网上支付方式

利用信用卡在因特网上购物有许多方式，根据当事人在其中所起的作用，大致可以分为两种。

一种是商家起主导作用。在这种方式中，商家通过自己的因特网网址展示有关商品的信息（价格、型号、品牌等），并提示可以用信用卡进行支付。消费者通过选择好需要购买的商品之后，根据计算机屏幕上的指示，将自己有关信用卡号码、密码等信息通过网络传给商家。在传送信息的时候，消费者通常对信息进行加密传递给商家。商家收到这些信息之后，送给收单行的处理器进行处理，确认是否是真实的信用卡、有关信息是否正确，如果正确，商家就确认交易，然后再发货。最后，商家再主动把信息传递给银行确认并获得款项。

在上一过程中，商家所起的作用比较大，而在另外一种方式中，消费者所起的作用较大。在这种方式中，选择商品、使用信用卡进行支付同前一种系统都是一样的。唯一不同的是，消费者在传送有关信用卡信息的时候，使用了一种特殊的软件，有人把这种软件称为“电子钱包”。因为这种软件将信用卡信息进行了加密，像一个钱包一样把代表金钱的信息包起来，实际上是一个数据包。消费者通过因特网将经过加密的信用卡数据信息包传送给商家，商家收到信息后，转送给银行的处理器，银行进行解密，再确认信用卡是否真实。银行的处理器向商家确认某一信用卡信息是真实的以后，商家再发货，最后再进行各个当事人的支付和结算。

（3）信用卡网上支付的法律问题

信用卡是目前消费者经常使用的一种支付工具。规范信用卡发卡、授权、结算、挂失等环节的法律很多，涉及各个当事人之间的权利和义务。但其中最核心的是未经授权使用信用卡所造成的损失如何分担，是商家承担，消费者承担，还是发卡银行承担？或者采取一种什么样的规则来处理所造成的损失？这种损失分担的机制直接影响到各个当事人使用信用卡的积极性，从而使信用卡的发行量、普及率受到影响。因此，以信用卡为基础的网上支付体系也必须考虑这种损失的分担问题。

此外，由于通过因特网传送有关的信用卡信息，而因特网是一个开放的网络，所以如何保护这些信息不被黑客等人非法利用或受病毒侵蚀是一个新的法律问题。

从现在各国信用卡的法律规定来看，虽然内容各不相同，但是基本都偏重于保护消费者，因为消费者承担的责任有限。

例如，美国调整信用卡使用人和商家、银行之间关系的法律主要是《Z 条例》。该条例在几个方面做出了对消费者保护有利的规定。首先，消费者承担的责任有限。对于未经授权而冒用的信用卡，持卡人的责任承担只限于 50 美元以内。因此，损失大部分由商家和收单行承担。它们之间的责任分担由双方之间已经达成的协议规定来处理，如规定收单行在发卡行拒绝付款时，能从商家账户上扣回多少自己的垫款。相对来说，对欺诈产生的损失，商家承担较大的风险。其次，调查责任主要由发卡行承担。对于未经授权而冒用的信用卡，持卡人在发现之后一定时间内必须报告发卡行。发卡行应在规定的时间里通知特约商户拒绝接受此卡。在这个时间内，持卡人可以拒绝支付那些有争议的款项。

这些规定都是调整信用卡在物理空间运作产生的法律关系，而以信用卡为基础的网上支付是否还适用这一做法，目前还难以定论。因为采用 SET 交易模式，所以引进了认证中心和数字签名能够很好地保证当事人的身份和交易安全，尤其通过联网，信息传递非常迅速，凡是列入黑名单的人很快就可以被止付。同时，电子商务又是商务往来的发展趋势，信用卡支付有各种便利之处，我国大力发展信用卡的“金卡工程”就是一个好的证明。法律会朝着同等保护参与者的方向发展。认证中心和数字签名的合法性在很多国家和地区已经得到了确认，但是认证中心和商家、银行之间的关系却仍然需要进一步规范。目前，美国正在进一步征求意见，希望《Z 条例》能够继续适用于通过信用卡进行的网上支付，但还需要进一步的完善和修改。

2．数字货币支付产生的法律问题

（1）数字货币的概念

数字货币是以电子化数字形式存在的货币，是由 0 和 1 排列组合成的，通过电路在网络上传递的信息电子流。其发行方式包括存储性质的预付卡（电子钱包）和纯电子系统形式的用户号码文件等形式。

数字货币比起传统的实际货币有着明显的优点：传统货币有较大的存储风险，除昂贵的运输费用外，还在安全保卫及防伪造等方面投资较大。数字货币与信用卡不同，它是层次更高、技术含量更多的电子货币，不需要连接银行网络就可以使用，且方便顾客，并具有不可跟踪性。但从技术上讲，由于各商家和个人都可以发行数字货币，如果不加以规范控制和统一标准，将不利于网上电子交易的正常发展。

（2）数字货币的主要种类

1）数字现金。数字现金是被誉为数字货币之父的乔姆博士发明并发行的数字化现金，此外他还开发出了支付这种现金的系统和相应的实施软件。当用户想要把这种电子现金转化到其所在银行的 E-Cash Mint 普通账户里时，可以用电子函件或其他方法通知银行并存入现金。当用户想用电子现金时，可通过公司开发的电子现金软件把其在 E-Cash Mint 里的钱下载到自己计算机的硬盘里，以后便可以在接收数字化现金的联机商店里使用。用户也可以和使用这种软件的其他用户进行电子现金交易。通常所有交易都通过发行银行实时结算，从而可以把数字现金的序列号与自己花掉的现金的数据库进行比较。

为了确保数字化现金使用人的隐私和数字化现金不被重复使用，Digi Cash 公司采用了给数字化现金编号的办法，这种有编号的数字现金没有匿名性，交易涉及的信息和个人消费习惯最后会被某个公司或个人存入他的数据库，就像今天已被跟踪的个人借贷信誉一样。

数字化现金的序列号码为向外界传播信息提供了最大的机会，当今的纸币在流通中，纸币的序列编号丝毫不会向外泄露任何与交易的双方有关的信息。但是，一个“铸造”电子现金的公司完全可以用一个数据库按序列编号记录下谁用过这张钞票，买了什么东西。如何将匿名性“铸造”进电子现金？目前使顺序号看不见就是一种最简单的方法。乔姆博士就运用了这种方法。当客户获取数字化现金时，计算机为该现金运算出序列的编号，再生成一个随机数。这个随机数就是用来使编号不可见的致盲系数。致盲系数乘序列编号可以得到电子现金匿名后的编号。实际使用中，银行用自己的密钥编出匿名的编号，再把金额记在借方客户的账号上，然后把验证过的现金过户给受方客户，由受方客户把致盲系数去掉。按照这种方式，消费者可以任意使用银行的合法现金，而银行不可能留下任何记录。但这种数字化现金也存在缺点：如果计算机硬盘发生故障或者计算机被盗，这种没有备份的电子现金可能无法恢复。通常这种数字化现金的每个交易都必须集中授权。

Digi Cash 公司通过数字记录、集中控制和管理现金的方法开发的无条件匿名电子现金支付系统，是一种相对安全的电子交易系统。

2）电子现金（Netcash）。Netcash 和相应的可记录匿名电子现金支付系统是由美国南加州大学信息科学研究所的科兰德诺曼和甘那迪玛文斯基发明设计的，这种电子现金具有很强的匿名性。Netcash 电子现金支付系统的主要特点是设置分级现金服务器来验证和管理电子现金，从而使电子交易的安全性得到保证。但当收款人离线操作时，这一系统本身并不安全。这种支付系统较为简单，系统设计者认为将会有许多银行和电子现金服务商为顾客服务，客户可据此挑选他们信任的银行和现金服务商。如果银行愿意，这一系统允许银行跟踪他们顾客的消费信息；如果客户认为必要，可与他选择的服务银行签订合同，禁止银行持有客户不公开的网上交易记录和跟踪他的消费习惯。

Netcash 支付系统的活动中心是现金服务商，现金服务商被政府允许“铸造”数字化现金；作为回报，现金服务商支付一定数额的准备金给政府作为进行支付的担保。

这一支付系统的安全依赖于认证。现金服务商公开它的公共密钥，但并非每个顾客都在自己的计算机中拥有一把。顾客通过随机选择的私钥加密返回的信息可确保这一交易不被诈。同时，如果顾客愿意，他的身份可以保密，因为可以不公开他的公钥或他的身份给与之相联系的认证机构。

3）Mondex 系统。Mondex 系统是 1996 年由英国威斯敏斯特银行开发的电子现金，它是一种与信用卡近似的智能卡，有自己的微处理器和稳定的存储器，除可以到传统银行通过计算机下载金额到卡中外，还可以通过 ATM 电话、因特网等直接从银行（包括网上银行）下载金额到卡中，并通过便携式读取终端机将金额在两卡之间转移。随后，威斯敏斯特银行又与英国的米德兰银行（Midland）合作，共同出资成立了一家经营 Mondex 这一电子现金的公司，并发明了 Mondex 电子现金支付系统。Mondex 模式内部集成了加密算法，可确保买卖双方和银行的安全。买方不会发生被盗现象，因为每次采购都是从智能卡存储的现金里扣除货款。它还有一个交易审查跟踪记录，用这种卡接收付款的卖方不一定知道买方的身份，只有买方愿意的情况下，可出示自己的身份。当卖方存入 Mondex 付款时，只须把新付款加到自己的智能卡里，并通知银行他收到了多少现金，而不必出示买方身份。因此，不希望暴露身份的买方可以避免给零售商和银行留下任何记录。然而，实施 Mondex 的主要障碍是要使用专用的卡片读写器。1997 年年初，MastelCard 公司购买了 Mondex 51% 的股权。Mondex 的合作伙伴包括 AT&T、Hewlett-Packard 及其子公司，以及世界各地许多大银行，其发展势头较猛。

数字货币的发展虽然已经比较完善，但是仍在不断发展过程中，发展的方向是更加安全、简便、实用，更加高科技化。

（3）数字货币产生的法律问题

数字货币通过因特网上的 E-mail 或任何其他的计算机网络系统，在线进行交易和支付，具有优于信用卡的优点，同时，数字货币可以被使用在纸币从不被用的某种特定目的的花费上，如可用来发给雇员作为购买小额办公用品的费用等。可以说，虽然它在网上支付还不是很普遍，但它是最便捷的网上支付工具。当然，数字货币的使用会产生许多法律问题。例如，谁将被允许发行数字货币；如何规范数字货币；如何对使用数字货币的交易进行征税（而且许多交易是跨越国界的）；谁来制定数字货币的标准；如何使数字货币使用者相信通过因特网所进行的支付是安全的；如何保护消费者；如何防止通过利用私人网络进行洗钱和防止伪造数字货币等。

1）数字货币可以跨国界、脱离银行网络由个人或商家发行，这样将严重侵害个别国家的货币发行主权和制定货币政策的完整性。

如果数字货币被广泛使用又不受中央银行调控，那么货币的作用将下降，而且相关的借款不受银行最低准备金的限制，新增信贷的规模可能会膨胀，同时，数字货币流入一国过多，可以使该国的宏观货币调控机制的活动空间减少甚至失效，将冲击该国的货币市场，对中央银行的货币发行权构成挑战。为确保金融稳定，国家应制定法律来明确谁具有数字货币的发行权，并规定通过数字货币转账仅属于银行业务范畴，数字货币必须与现行的结算系统相结合，发行数字货币须向中央银行提供准备金。同时，世界各国政府和中央银行应通过协商确定数字货币的价值和含金量，这样才能确保与各国的货币进行兑换时具有可比性，从而确定汇率机制。但目前所有这些都没有法律规定，仅有欧盟禁止未经批准的个人在因特网上发行和接受数字货币，美国、德国的立法尚处于研究阶段，这也是作为电子商务最佳交易货币媒介的数字货币难以流通的主要原因之一。

2）不可重复使用性。数字货币必须是：能存储于计算机系统、智能卡等而不被所有者重复使用；可用性，即使用数字货币必须是既快又有效；可靠性，即数字货币的使用者必须对使用过程有信心，确信无论是系统配件出故障还是任何系统运载情况下，都能正常使用。

3）安全性。数字货币必须是难以伪造或假冒的，这包括防止或查明复制机制。应确保存储数字货币的设施，如智能卡或计算机硬盘不容易被伪造或篡改；而一旦它被篡改，这种变动的证据将会立即出现。此外，一个数字货币的接受者必须能证明他收到的数字货币是真实的。数字货币的使用依赖于加密技术，安全性主要通过加密和发行单位的在线证明来达到，还须利用必要的设施来防止同一数字货币被多次使用。

4）消费者保护。还必须确保数字货币的使用者不易被欺诈、骗取或在一个诈骗交易中错误地被牵连，他们应受到保护而不受到窃取者和伪造者的侵害。因此刑法应制定打击利用数字货币犯罪的条款。

5）犯罪问题。执法人员担心广泛使用的匿名数字货币将极大地妨碍他们处理诸如洗钱、毒品走私和恐怖主义犯罪等案件，尤其担心这么大数量的数字货币通过因特网转移，转移的地方易于隐瞒，而传递又是即时的，因而国家的边界变得虚无。这样的数字货币可以很容易地大范围地用于洗钱，出入一个国家而不被查明。利用数字货币逃税也是个明显的问题。更严重的是，伪造者可能复制一系列数字从而生成数字货币。因此，一国的政策将很难控制无国界的数字货币。

虽然数字货币存在许多问题，尤其是法律问题尚未解决，但从长远来看，随着科技的进步，数字货币是货币发展的必然趋势，也是发展电子商务的支付手段的最佳选择；就近期而言，数字货币只有纳入现有的货币、银行发行支付体系，才有可能得到有效的实施，否则将会严重影响一国的金融体制，进而威胁到一国的金融主权。鉴于此，我国政府、金融界、科技界及法律界应加大研究力度，尽快使数字货币在我国能得到很好的运用。

10.3　电子商务下的货物运输保险

1. 货物运输保险

货物运输保险是以运输过程中的各种货物作为保险标的保险。

不论是对外贸易还是国内贸易，一笔交易的货物从卖方到买方，都需要经过运输过程，在此过程中货物碰到自然灾害或意外事故而遭受损失是难以避免的。货物运输保险正是对这种货损加以赔偿的一种经济补偿行为。

货物运输保险承保的是运输过程中的货物。现代化的运输要具备道路、运输工具、动力及通信设备 4 大要素。就运输方式而言，它可根据道路的不同，分为公路运输、铁路运输、水路运输、航空运输及管道运输。这些运输方式各有其特点，在商品经济活动中都有十分重要的作用。由于国际贸易中的绝大多数商品是通过海上远洋运输来实现空间位置的转移的，因此海上运输货物的保险问题也是货物运输保险的起源形式。

货物运输保险的种类，可以按保险单的各类或按保险标的种类来划分，也可以按不同的运输方式来划分。按照不同的运输方式，货物运输保险主要有以下几种：海上运输货物保险、陆上运输货物保险、航空运输货物保险及邮包保险。

货物运输保险的险别是保险人与被保险人考虑双方权利和义务的基础，也是保险公司承保责任大小、被保险人缴付费多少的依据。货物运输保险的险别主要是在海上货物运输保险的基础上发展起来的，根据我国的保险习惯，将货物运输保险的险别分为主要险、附加险、特别附加险和特殊附加险。

在实际业务中，货物运输保险主要分为：投保、承保、理赔、追偿4个环节。

（1）投保

货物运输保险的投保，是指投保人在办理投保时应该如何选择险别，要办理哪些手续，注意贸易合同中的保险要求及办理投保有关工作的实务。投保是拟订保险合同的开始，是整个承保工作的基础，做好这项基础工作，对保证承保质量很重要。投保工作为两个方面：一个是投保人的要约；另一个是保险人的承诺，也就是申请投保和接受投保。因此，需要保险与被保险双方共同来做好工作。

相关链接 **投保时险别的选择**

投保人在投保时需要选择符合实际需要的险别，既要考虑能够获得足够的经济保障，又要能够节省不必要的保险费支出。因为如果不考虑货物的性能和遭损的可能性，漫无目的地选择投保保障最大的险别，那么相应的需要支付很多的保险费，这样增加了额外的负担。反之，如果只考虑节省保险费，投保保障最小的险别，而不考虑商品的性能和遭损的可能性，虽然保险费是节省了，但不能获得应有的保障。因此，根据货物的种类、性质、特点、包装、运输方式、运输路程及港口等不同情况来选择保险险别，是投保人必须考虑的问题。

由于货物运输保险是任何对外贸易的必要组成部分，因此买卖双方在签订贸易合同时，必须将保险由谁办理、如何办理在合同中加以明确。至于国内贸易，在售货合同中也要将保险条件写清楚，明确买卖双方各自的责任，以免发生损失时由于责任不清引起纠纷。

特别提示 **重视投保实务**

投保实务是办理投保时的实际程序和手续，这是投保人所必须注意的事项，因为实务上的差错，会导致手续不全而影响被保险人的利益。对贸易商来说，这是业务经营中的一项重要内容，否则可能导致经济上的重大损失；对一个国际贸易商来说，更为重要。保险公司接受保险是根据要求保险人的申报来确定；出立的保险单则是按照要求保险人的填报内容为依据的。要求保险人称为投保人，要求保险的具体内容则填写在投保单及各种形式的代投保单内。申报是否确实，填报内容是否齐全，往往直接影响到被保险人的利益。

（2）承保

承保工作从广义上讲，是指保险公司将一笔业务承揽下来要做的全部工作，包括争取业务、接受投保、拟订费率、出立保险单、出具批单、结算保险费、危险管理和安排分保等。简单地从形式上看，出立保险单证，似乎只是一个具体手续，实际上它包括选定险别、费率开价、拟订保险条件和危险控制等重要内容。保险单证的缮制是上述各项工作的结果；出单水平的高低，反映承保工作的质量。同时，由于保险人与被保险人双方签订的保险合同，其主要内容也是通过保险单上的各个项目和条件、条款来表达的，因此又是保险双方权利义务的依据。

（3）理赔

理赔工作是指处理保险赔案的全部过程，包括损失通知、保险索赔、损失确定、责任审定、赔款计算及赔款给付。保险的职能是补偿，被保险人保险的最终目的是在保险货物受损后，能及时地得到经济保障。保险理赔是具体办理经济补偿、处理赔案的工作，直接体现补偿作用。这项工作既涉及被保险人的切身利益，又关系到保险作用的正确发挥。做好这项工作对促进生产、促进贸易、促进对外经济交往和树立保险的对外良好形象有重要作用。

（4）追偿

保险责任范围内的损失，有相当一部分是由第三者的责任造成的。对于这类由第三者责任造成的损失，被保险人可向责任方请求赔偿，也可向保险人请求补偿。如保险人赔偿了这类损失，被保险人就应将向第三方追偿的权利转让给保险人，保险人可以自己的名义或以被保险人的名义向责任方追偿。我国《财产保险合同条例》第十九条规定："保险标的发生保险责任范围内的损失，应由第三者负责赔偿的，投保方应当向第三者要求赔偿。如果投保方向保险方提出赔偿要求时，保险方可以按照保险合同规定，先予赔偿，但投保方必须将向第三者追偿的权利转让给保险方，并协助保险方向第三者追偿。"在货物运输保险中，因第三方造成的货损主要责任人是承运人。

2．网上货物运输保险业务

电子商务下的货物运输保险业务可借助网络进行。虽然网上信息都是总体介绍，不能包括所有的情况和保单，要想获得具体信息、提交保单，需要通过电话、电子函件与保险方联系争取保险方提供帮助。如果对保单的条件满意，希望投保，只需填好指定内容，如地址、城市、联系方式等。

顾客可以通过网上表格得到货物运输保险的报价，在交易环节中，可以通过该公司的安全交易系统付款，或者可以要求进行保单变更。如果运输途中发生事故或丢失财产，可以随时在网上提出索赔。

（1）得到报价

每笔货物运输保险业务都很复杂，包含很多信息，投保时在网上提供的信息越多，保险方给出的报价就越准确。但是这份报价是基于投保方所提供的信息而确定的同类保单的价格的，最后的价格将由保险方的代理人在核实了所有必要的信息后来决定。

（2）网上交易

通常在网上交易，可以要求变更保单或选择交易选项决定付费方式。保单变更要求对投保人进行重新审查以确定所有要求事项都已填好，保险方会告诉投保人何时进行。付费过程隔夜完成，将在正常交易日的中午登记到投保方的账户上。

（3）网上理赔

该服务提供一个理赔号码，处理客户的索赔，以及向客户提供有关的索赔报告的信息。

10.4 我国现行的有关物流的主要法律、法规

随着我国法制建设的逐步完善，与物流有关的法律、法规也相继出台。

1. 已经颁布的与物流有关的现行法律

1）规定企业主体资格和权利义务的《中华人民共和国公司法》。

2）规定企业诚信经营、保护消费者利益的《中华人民共和国消费者权益保护法》、《中华人民共和国反不正当竞争法》。

3）调整市场经济条件下经济主体之间关系的《中华人民共和国合同法》。

4）规定专项物流业务的《中华人民共和国海商法》、《中华人民共和国铁路法》。

2. 国务院颁布的涉及物流的具体行政法规

（1）第一类：关于运输业务及其管理

1）《公路货物运输合同实施细则》。

2）《关于发展联合运输若干问题的暂行规定》。

3）《水路货物运输合同实施细则》。

4）《铁路货物运输合同实施细则》。

5）《航空货物运输合同实施细则》。

6）《国务院关于进一步改革国际海运运输管理工作的通知》。

（2）第二类：关于流通设施，如道路交通和仓储管理等的法规

1）《中华人民共和国航道管理条例》。

2）《中华人民共和国海港管理暂行条例》。

3）《民用机场管理暂行条例》。

4）《仓储保管合同实施细则》。

5）《中华人民共和国公路管理条例》。

6）《国务院关于搞活农产品流通的通知》。

7）《关于进一步发展国内集装箱运输的通知》。

3．由国务院各部委颁布的涉及物流的规章、通知、条例等更为具体的行政法规

（1）关于运输规范化的法规细则

1）《铁路和水路货物联运规则》。

2）《中国民用航空国内货物运输规程》。

3）《水路货物运输规程》。

4）《联运工作条例》。

5）《陆运口岸进口货物运输管理暂行办法》。

6）《公路运输管理暂行条例》。

7）《关于改善和加强公路运输管理的暂行规定》。

8）《关于发展联合运输若干问题的暂行规定》。

9）《铁路货物运输规程》。

10）《中华人民共和国水路运输管理条例》。

11）《国家经委、铁道部关于加快发展铁路集装箱运输的通知》。

12）《危险货物运输规则》。

13）《商品运输定额损耗》。

14）《商业运输管理办法》。

15）《中华人民共和国交通部汽车货物运输规则》。

16）《关于运输烟花爆竹的规定》。

（2）关于仓储、包装等的法规

1）《国家粮油仓储设施管理办法》。

2）《冷库管理规范》。

3）《棉花储备库管理条例》。

4）《国家物资储备局仓库设施完好标准》。

5）《国家粮油仓库管理办法》。

6）《商业仓库管理办法》。

7）《关于商品包装的暂行规定》。

8）《商业部关于进一步做好商品包装工作的通知》。

9）《商业、供销社系统商品包装工作规定》。

（3）关于货物交付管理、货物运输管理和流通监管的法规

1）《港口水上过驳作业暂行办法》。

2）《港口装卸作业办法》。

3）《关于加强空运进口货物管理的暂行办法》。

4）《关于港口、车站无法交付货物的处理办法》。

5)《木材运输监管管理办法》。

6)《中华人民共和国海上国际集装箱运输管理规定》。

7)《进口粮油接运管理暂行办法》。

8)《铁路货物集装化运输组织管理办法》。

9)《商业部、中国人民保险公司关于进一步做好商业部门货物运输保险工作的通知》。

10)《关于加快发展国际集装箱联运的通知》。

从上面列举的法律法规中可以看到，我国政府非常重视物流行业的管理和监督，相关的法制建设也正在逐步加强和完善，现存的法律和规章等基本上维护了传统物流业的经济秩序，对促进我国物流业的发展起到了重要作用。但是，当代经济发展很快，我国的相关法律常常跟不上形势，有些法律法规和规章，已落后于当前经济发展的需要，物流业缺乏专门的法律规定，如对于综合性物流业就缺少相应的法律依据。因此，应当对原有的法律法规进行一定的修订，废止过时的内容，增加符合市场经济要求的新的法律条文，以适应新环境的需要，尽快建立一个专业性强的、有权威性的物流法律体系。

总之，在市场经济条件下，法律是国家管理经济活动必不可少的手段，需要依靠法律手段去理顺物流过程中的各种经济关系。随着物流基础设施建设迅速推进，必须有相应的法律法规与之相适应，必须要建立一个以市场公平竞争为基础的物流法规体系，按法律规定的程序和原则，对物流业实行干预和监督。

本章小结

本章介绍了与电子商务物流有关的法律问题，主要从电子合同、电子支付、电子商务下的货物运输保险、相关的物流法律几个方面进行了阐述。

思考与练习题

(1) 电子合同有什么特点？

(2) 电子合同如何生效？

(3) 电子支付有什么优缺点？

(4) 电子支付的形式有哪些？

(5) 货物运输保险的实务过程如何？

参考文献

[1] 刘磊，等．电子商务物流[M]．北京：电子工业出版社，2014.

[2] 吴军，等．电子商务物流管理[M]．杭州：浙江大学出版社，2009

[3] 刘小卉．物流管理信息系统[M]．上海：复旦大学出版社，2006.

[4] 孙秋菊．现代物流概论[M]．北京：高等教育出版社，2009.

[5]（美）道格拉斯·兰伯特，詹姆士·斯托克，莉萨·埃拉姆．物流管理（修订本）[M]．张文杰，等，译．北京：电子工业出版社，2013.

[6] 彭欣．现代物流实用教程[M]．北京：人民邮电出版社，2004.

[7] 梁军．电子商务物流管理[M]．北京：清华大学出版社，2011.

[8] 高本河，缪立新，郑力．仓储与配送管理基础[M]．北京：海天出版社，2004.

[9] 王崇鲁．如何进行运输与配送管理[M]．北京：北京大学出版社，2004.

[10] 赵忠光．企业物流管理模板与操作流程[M]．北京：中国经济出版社，2004.

[11] 彭扬．物流信息系统[M]．北京：中国物资出版社，2006.

[12] 叶萍，孙丽芳．物流信息技术和信息系统[M]．北京：电子工业出版社，2007.

[13] 王小宇．电子商务物流管理[M]．北京：北京大学出版社，2012.

[14] 徐常凯，郑金忠．二维条形码技术及其在军事物流中的应用研究[J]．物流技术，2002.

[15] 吕延昌．基于条码技术上的物流及供应链管理[J]．交通标准化，2004.

[16] 张铎．电子商务物流管理（第三版）[M]．北京：高等教育出版社，2011.

[17] 卢国志，董兴林，杨磊．新编电子商务与物流[M]．北京：北京大学出版社，2005.

[18] 商玮．电子商务物流管理[M]．北京：中国财政经济出版社，2008.

[19] 罗闻泉．电子商务与物流[M]．北京：机械工业出版社，2005.

[20] 吴健．电子商务物流管理（第二版）[M]．北京：清华大学出版社，2013.

[21] 周长青．电子商务与物流（第二版）[M]．重庆：重庆大学出版社，2011.

[22] 杨晓雁．供应链管理．上海：复旦大学出版社，2005.

[23] 张润彤. 电子商务（第三版）[M]. 北京：科学出版社，2014.
[24] 查先进. 物流与供应链管理[M]. 武汉：武汉大学出版社，2004.
[25] 李波，洪涛. 供应链管理（SCM）教程[M]. 北京：电子工业出版社，2006.
[26] 屈冠银. 电子商务物流管理（第 2 版）[M]. 北京：机械工业出版社，2011.
[27] http://www.ec.org.cn/中国电子商务协会
[28] 凌守兴. 电子商务物流管理（第 2 版）[M]. 南京：华东理工大学出版社，2009.
[29] 陈文汉. 电子商务物流（第 2 版）[M]. 北京：机械工业出版社，2012.
[30] 魏修建. 电子商务物流（第 2 版）[M]. 北京：人民邮电出版社，2008.
[31] 王晓平. 电子商务物流（第 2 版）[M]. 上海：上海交通大学出版社，2009.

电子工业出版社经济管理分社

书　　号	书　　名	定　　价	作　　者
零距离上岗·高职高专国际经济与贸易专业系列规划教材			
978-7-121-17417-9	国际市场营销理论与实训（第2版）	28	张卫东
978-7-121-15626-7	WTO基础知识（第2版）	28	王玲
978-7-121-13828-7	国际商法（第2版）	32	孙金刚
978-7-121-12698-7	外贸函电（第2版）	26	李卫
978-7-121-14615-2	国际货运代理实务（第2版）	32	申纲领
978-7-121-15680-9	报关实务（第2版）	30	仇荣国
978-7-121-04445-8	报检实务	26	金焕
978-7-121-14035-8	国际贸易实务（第2版）	29	李卫
零距离上岗·高职高专连锁经营管理专业系列规划教材			
978-7-121-21158-4	连锁企业采购管理（第2版）	32	马丽涛
978-7-121-17951-8	连锁经营管理原理	28	郭伟
978-7-121-17746-0	连锁企业促销策划（第2版）	28	李建
978-7-121-17488-9	连锁企业人力资源管理	33	赵根良
978-7-121-17384-4	店长实务	28	高洁
978-7-121-07815-6	连锁企业门店营运与管理	32	张明明
978-7-121-07643-5	连锁店铺开发与设计	27	李卫华
978-7-121-07816-3	连锁经营管理原理	26	陈新玲
978-7-121-07563-6	特许经营实务	29	文志宏
978-7-121-07195-9	连锁企业配送管理	28	周蕾
零距离上岗·高职高专旅游管理专业系列规划教材			
978-7-121-21488-2	旅游人力资源管理	33	陈彦章
978-7-121-19557-0	旅游心理学（第2版）	32	苏立
978-7-121-08750-9	旅游资源规划与开发	26	李卉妍
978-7-121-08471-3	旅游管理信息系统	28	孙义
978-7-121-07252-9	旅游经济学	22	李卉妍
978-7-121-07253-6	客源国（地区）概况	25	熊国铭
978-7-121-06395-4	旅行社经营与管理	25	杨雷
978-7-121-06215-5	旅游人力资源管理	24	肇静玮
978-7-121-05403-7	旅游英语（含光盘）	24	范育红
978-7-121-05271-2	中国旅游地理	28	邢淑清
零距离上岗·高职高专财会专业系列规划教材			
978-7-121-17104-8	经济学原理（第2版）	35	崔东红
978-7-121-17348-6	行业会计比较（第2版）	33	马昊光
978-7-121-16833-8	投资与理财（第2版）	29	魏涛

书　　号	书　　名	定　　价	作　　者
978-7-121-14767-8	基础会计（第 2 版）	33	陈岩
978-7-121-13766-2	基础会计模拟实训教程（第 2 版）	25	王满亭
978-7-121-11396-3	财务管理模拟实训教程	19	赵伟
978-7-121-05894-3	成本会计模拟实训教程	19	金玲
978-7-121-11025-2	财务会计	29	薛启芳
978-7-121-07249-9	税法	28	关玉红
978-7-121-06571-2	财经应用写作	29	刘家枢
978-7-121-05825-7	财经英语	18	刁力人
978-7-121-04594-3	统计学	24	李卉妍
978-7-121-04107-5	经济应用数学	28	耿玉霞
978-7-121-08938-1	管理会计	28	范抒
零距离上岗·高职高专人力资源管理专业系列规划教材			
978-7-121-21356-4	人力资源管理实用文案（第 2 版）	32	孙悦
978-7-121-10253-0	人员招聘与配置（第 2 版）	29	张维军
978-7-121-10065-9	人力资源管理基础（第 2 版）	32	李莉
978-7-121-09908-3	绩效考评（第 2 版）	26	何强　张偶
978-7-121-09750-8	人力资源规划（第 2 版）	24	刘明鑫
978-7-121-09731-7	人力资源培训与开发（第 2 版）	29	唐静
978-7-121-09580-1	劳动关系管理（第 2 版）	25	陈丽
978-7-121-09557-3	员工薪酬福利管理（第 2 版）	29	吴晓姝
978-7-121-09525-2	人员素质与能力测评（第 2 版）	29	张钊
零距离上岗·高职高专金融管理与实务专业系列规划教材			
978-7-121-19868-7	外汇交易实务（第 2 版）	32	杨向荣
978-7-121-17916-7	金融信托与租赁实务（第 2 版）	28	丁贵英
978-7-121-17519-0	证券投资基金实务	26	张存萍
978-7-121-18089-7	金融英语（第 2 版）	28	冯晓霞
978-7-121-17767-5	商业银行经营管理（第 2 版）	25	朱静
978-7-121-17522-0	证券经纪人岗位实训（第 2 版）	30	张存萍
978-7-121-17738-5	税务筹划（第 2 版）	33	姜春毓
978-7-121-17520-6	证券投资分析（第 2 版）	32	郑宏韬
978-7-121-17584-8	投资银行业务(第 2 版)	30	栾华
978-7-121-16903-8	金融企业会计（第 2 版）	32	黄群
978-7-121-10704-7	理财规划与设计	28	孙晓宇
978-7-121-10079-6	金融风险控制与防范	25	董华
978-7-121-09739-3	国际金融	28	李军燕